DU BIENHEUREUX

JEAN GRANDE

DIT LE PÊCHEUR

DE L'ORDRE DES FRÈRES DE SAINT-JEAN DE DIEU

PRÉCÉDÉE

D'UNE NOTICE SUR L'ORDRE DE SAINT JEAN DE DIEU

ET SON RÉTABLISSEMENT EN FRANCE

PAR

L'abbé Auguste COUDOUR

CURÉ DE L'IMMACULÉE-CONCEPTION A LYON

NOUVELLE ÉDITION

BAR-LE-DUC

DE L'ŒUVRE DE SAINT-PAUL

de la Banque, 66

1894

VIE DU BIENHEUREUX JEAN GRANDE

APPROBATIONS

Nous avons lu la *Vie du bienheureux Jean Grande* et la *Notice sur le rétablissement en France de l'Ordre de Saint-Jean-de-Dieu*. Non seulement nous en permettons l'impression, mais nous en recommandons la lecture aux fidèles. L'esprit de foi avec lequel est écrit cet ouvrage donnera un nouvel aliment à leur piété et leur fournira de nombreux motifs d'encouragement à pratiquer eux-mêmes ce dévouement dont ils apprendront à connaître de si beaux exemples. Ils verront aussi, dans la renaissance au milieu de nous de l'*Ordre de la Charité*, combien est toujours féconde la sève d'amour qui circule dans les veines du catholicisme, et comment elle sait faire refleurir des tiges qui paraissaient à jamais desséchées.

Donné à Lyon, 11 juillet 1858.

J. BEAUJOLIN, *Vic. gén.*

Nous permettons d'imprimer une nouvelle édition de la *Vie du bienheureux Jean Grande dit le Pêcheur*, par M. A. Coudour.

Lyon, 26 octobre 1891.

P.-M. BELMONT, *Vic. gén.*

VIE

DU BIENHEUREUX

JEAN GRANDE

DIT LE PÉCHEUR

DE L'ORDRE DES FRÈRES DE SAINT-JEAN-DE-DIEU

PRÉCÉDÉE

D'UNE NOTICE SUR L'ORDRE DE SAINT-JEAN-DE-DIEU

ET SON RÉTABLISSEMENT EN FRANCE

PAR

L'abbé Auguste COUDOUR

CURÉ DE L'IMMACULÉE-CONCEPTION A LYON

BAR-LE-DUC

IMPRIMERIE DE L'ŒUVRE DE SAINT-PAUL

36, rue de la Banque, 36

1894

AU PIEUX LECTEUR

Ce n'est point une œuvre littéraire que nous vous présentons. C'est pour satisfaire notre piété et répondre à la confiante prière des dignes enfants de saint Jean-de-Dieu que nous avons écrit cette Vie. Jeté par la volonté de Dieu et de nos dignes supérieurs au milieu des incessantes occupations d'une laborieuse fondation de paroisse, nous avons dû souvent prendre et quitter plusieurs fois la plume, et il nous est arrivé de voir s'écouler des mois entiers sans que nous ayons pu ajouter une seule ligne à notre travail.

Nous y sommes néanmoins toujours revenu avec plaisir comme à un pieux délassement. Notre cœur se reposait dans la contemplation de la virginale beauté du bienheureux JEAN GRANDE, et le récit d'une vie si remplie de charité et de dévouement stimulait notre paresse et nous faisait plus impérieusement sentir la nécessité de mieux répondre à la sainteté de notre vocation.

Nous avons déjà recueilli une ample récompense pour notre peine dans la satisfaction que nous avons trouvée à nous l'imposer. Nous nous estimerions heureux, ami lecteur, si nous réussissions à faire passer quelquefois dans votre âme quelques pieuses émotions et à vous inspirer quelques saints désirs. Nous en demandons humblement la grâce à Dieu par l'intercession de notre Bienheureux, sous la protection duquel nous mettons notre œuvre et notre personne.

DÉCLARATION

Fils obéissant de la sainte Eglise romaine, nous protestons que dans tout le cours de ce récit nous avons voulu respecter ses saintes lois, et que dès lors, en ce qui concerne les vertus et les grâces extraordinaires que nous avons attribuées au bienheureux Jean Grande et à quelques autres enfants de saint Jean-de-Dieu, et sur lesquelles le Saint-Siège ne s'est pas encore prononcé, nous n'avons point prétendu donner à nos paroles d'autre force que celle d'un témoignage purement historique. Que si nous avons donné quelquefois à notre Bienheureux, ainsi qu'à d'autres personnages, la qualification de *saint*, nous n'avons eu l'intention de le faire que dans le sens autorisé par le décret du Souverain Pontife Urbain VIII, relatif aux titres qu'on décerne aux serviteurs de Dieu.

INTRODUCTION

NOTICE HISTORIQUE SUR L'ORDRE DE SAINT-JEAN-DE-DIEU

ET SUR SA RESTAURATION EN FRANCE (1)

Il est dans notre beau pays de France de vastes hospices créés et dirigés par des religieux dont les armoiries sont : une grenade entr'ouverte, symbole de la charité, et surmontée d'une croix, image de ce que coûte ici-bas l'exercice de cette vertu. Leur devise est : CHARITAS.

Avant de parler de leur œuvre dans cette notice, nous croyons utile de dire un mot de leur saint fondateur, sur les traces duquel ils marchent avec tant de mérites pour leur âme, tant de bien pour les malheureux qu'ils soulagent et tant d'édification pour tous.

I

PREMIÈRES ANNÉES DE JEAN CIUDAD. COMMENT DIEU LE PRÉPARE AU SERVICE DES PAUVRES

Vers l'an de grâce 1503, à Montemor-o-Novo, dans le royaume de Portugal, un enfant de huit ans, nommé Jean Ciudad, s'échappait de la maison paternelle, à la suite d'un prêtre, pour aller voir de ses yeux les magnificences de la piété espagnole dans la royale ville de

(1) Une partie de cette notice a paru dans le *Journal des Bons Exemples*, année 1855.

Madrid. Abandonné sur la route entre les mains d'une personne charitable, Jean fut destiné à la garde des troupeaux sur les rives du Tage. Toujours d'une grande pureté de mœurs, exact à remplir les devoirs de la religion, pieux surtout envers la sainte Vierge Marie, il atteignit ainsi l'âge de vingt-sept ans. Sans se douter peut-être encore des desseins de Dieu sur lui, il refusa de s'engager dans les liens du mariage, et devenu soldat, pour échapper sans doute aux pressantes sollicitations de son maître qui voulait l'unir à sa fille, il se laissa malheureusement entraîner en des occasions fatales à sa vertu ; mais un accident qui faillit lui coûter la vie et un châtiment injuste qui lui fut infligé le ramenèrent à son Dieu et à ses premières occupations. Parti de nouveau pour combattre les Turcs en Allemagne, il sut se distinguer par sa fidélité aux règles du service non moins que par son exactitude aux lois de la religion, et, la guerre finie, il ne songea plus qu'à mener une vie pénitente.

A la recherche d'un lieu où il pût vivre dans la retraite, Jean retourna pour la troisième fois à la garde des troupeaux. Pour cela il se mit au service d'une personne fort riche. Le calme avait succédé à l'agitation. Rentré en lui-même, il conçut un vif désir d'expier des désordres auxquels il avait, du reste, renoncé depuis plusieurs années. Prêt à tout entreprendre pour satisfaire à la justice divine, il sentit bientôt que Dieu l'appelait à d'autres soins et à d'autres travaux que ceux de berger de brebis. Déjà il avait eu comme le pressentiment de sa vocation. Il avait demeuré quelques jours dans un hôpital de pèlerins ; la charité qu'on y exerçait envers les malades lui avait mis au cœur un secret attrait qu'il ne comprit pas encore, mais qui le remuait fréquemment. Déjà plusieurs années auparavant, servant dans les écuries d'un comte et voyant les riches caparaçons dont on parait les chevaux aux jours de cérémonie, il lui était venu dans la pensée de comparer ce luxe brillant de housses et de harnais avec les guenilles des mendiants qui se trouvaient là pour recevoir l'aumône, et il avait éprouvé un sentiment de tristesse qui l'eût fait se consacrer plus volontiers à vêtir ces pauvres qu'à parer des chevaux. Maintenant, considérant le bon état de ses troupeaux et songeant à la misère d'un si grand nombre de ses frères : « Que tu serais bien mieux employé, se disait-il, à nourrir tes semblables qui meurent de faim qu'à passer ta vie à engraisser des bêtes ! »

Mais que pouvait-il faire, pauvre comme il était lui-même ? Il avait beaucoup entendu parler des souffrances des chrétiens esclaves chez les Maures d'Afrique. Tout à coup il crut que le ciel voulait qu'il passât sur cette terre infidèle, pour faire à ses frères tout le bien qu'il pourrait. Il s'embarqua donc à la suite d'un gentilhomme portugais que son roi avait dépouillé de ses biens et condamné à l'exil. Jean aborda à Ceuta avec lui et s'y dévoua aux plus rudes travaux et aux plus cruelles privations pour entretenir ce seigneur, devenu malheureux, avec sa femme et ses quatre filles. Sur ces entrefaites, l'apostasie d'un ami que Jean s'était fait en ce pays le plongea dans un trouble inexprimable. S'imaginant que ses propres péchés étaient la cause de ce malheur, il fut pris de violentes tentations de désespoir et obligé, par ordre de son directeur, pour recouvrer la paix, de repasser en Espagne.

C'était le théâtre où Dieu voulait qu'il exerçât la charité la plus sublime et qu'il acquît les plus rares mérites.

Arrivé à Gibraltar, Jean partagea sa vie entre le travail et la prière. « Comme il séjourna quelque temps dans cette ville, il réunit par son travail assez d'argent pour acheter des images, quelques livres de prières et des catéchismes qu'il allait vendre dans les rues et à l'entrée des églises, jugeant que cela lui donnerait plus de facilité pour pratiquer la piété envers Dieu et la charité à l'égard du prochain.

« Il vivait d'une manière si sobre et si mortifiée que ce petit commerce prospéra rapidement. Il eut bientôt un petit magasin qu'il s'avisa de rendre plus attrayant en y plaçant des histoires fabuleuses, dont le goût était général en Espagne ; mais ce n'était qu'une pieuse industrie de sa part ; car, comme ses livres, qu'il choisissait avec réserve, attiraient plus de curieux et d'acheteurs, si quelqu'un lui en demandait, il prenait de là occasion de lui démontrer l'inutilité et l'inconvénient de ces sortes de lectures et relevait adroitement l'avantage que procurent les lectures pieuses..... S'il voyait que le prix trop élevé d'un bon livre arrêtait le désir de l'acheteur, il ne balançait pas à le céder avec perte, estimant un assez bon gain le profit spirituel d'autrui. Cette méthode et ces conseils produisaient les plus heureux fruits. Mais c'était surtout en vendant, par la ville et les villages, des images et des catéchismes aux gens simples et aux enfants, que l'ardeur charitable de sa piété et le zèle qui animait ses paroles paraissaient davantage (1). »

Devenu dans la suite, après sa canonisation, le patron des libraires et des imprimeurs d'Italie et d'Espagne, il semble bien mériter de l'être aussi de cette association nouvelle de colportage établie dans le Midi, dont il a été le précurseur et qui doit en quelque sorte continuer son œuvre (2).

Le succès de son entreprise porta Jean à se fixer à Grenade, où il établit une librairie fort belle pour l'époque. Il espérait sans doute y consumer sa vie ; mais Dieu l'appelait à d'autres destinées.

Le fameux J. d'Avila prêchait à Grenade, Jean alla l'entendre ; au souvenir de ses péchés, saisi d'un vif sentiment de douleur et de crainte, à peine le sermon fini, il versa un torrent de larmes, remplit l'église de ses cris, sortit en se frappant la poitrine, se déchirant le visage, s'arrachant la barbe et les cheveux, se heurtant la tête contre les murs et criant à Dieu de toutes ses

(1) M. Ch. Wilmet, *Vie de saint Jean-de-Dieu*, pages 26 et suivantes.
(2) Voyez le *Journal des Bons Exemples*, deuxième année, page 454 (Œuvre du Bon Colportage).

forces : « Miséricorde! » On crut qu'il était devenu fou ;
la populace s'attroupa autour de lui, et les enfants le
poursuivirent à coups de pierres. Mais Jean ne rentre
dans sa boutique que pour en déchirer tous les ouvrages
romanesques ou profanes et en distribuer tous les livres
de piété à la foule qui se presse autour de lui. Il donne
de même ses meubles, son argent, ses propres habits, et,
s'éloignant du rassemblement, il court de nouveau par la
ville, comme un frénétique, nu-pieds, en chemise et en
caleçon, excitant la surprise et la pitié des uns, la risée
et les avanies des autres.

Il est amené au vénérable d'Avila, qui pénètre ce qu'il
y a de surnaturel dans cette conduite extraordinaire, et
l'encourage dans ses desseins. Jean continue donc à
rechercher ardemment le mépris et l'opprobre. Il choisit
la plus grande place de Grenade et y va tous les jours
s'exposer aux dernières humiliations. On l'arrache enfin
des mains du bas peuple, et on l'enferme à l'hôpital des
fous. Le directeur, persuadé de sa folie, le soumet au
régime des maniaques : chaque jour on l'étend sur un
banc, pieds et poings liés, et on le fustige sur la chair
nue à coups de fouet tordu de cordes ; on le relève ensuite,
et on l'enferme tout ensanglanté dans une loge isolée,
pour ainsi recommencer le lendemain. L'extraordinaire
pénitent ne songe nullement à détromper ses gardiens ;
il pense à Jésus-Christ traité comme un fou par Hérode,
et il se réjouit de partager son abjection. S'il parle, c'est
afin de témoigner sa compassion pour d'autres misérables
qu'on fustige comme lui sous ses yeux. « Ah! disait-il,
si Dieu me donnait d'être un jour à la tête d'un hôpital
où je pourrais soigner ces pauvres abandonnés, je les
traiterais bien différemment. »

Cependant il est délivré des terreurs secrètes et des
ténèbres intérieures dont il avait été assailli au temps de
sa conversion ; la joie et la paix ont succédé au trouble et
aux anxiétés ; son âme est inondée de consolations célestes.
D'après l'avis du vénérable d'Avila, il prend alors la

résolution de quitter l'hôpital ; il commence à donner des
preuves de sa raison et du caractère le plus sensé et le
plus doux. Ses infirmiers, charmés de ce changement
qu'ils attribuent à leurs soins, s'appliquent à guérir les
plaies qu'ils lui ont faites eux-mêmes, et Jean emploie
les jours de sa convalescence à voir les malades, à les
consoler et à leur rendre les services les plus bas. Quand
il est sur le point de partir, le directeur lui fait accepter,
comme une marque particulière d'intérêt, un certificat
constatant que Jean est parfaitement guéri de la manie
pour laquelle il a été retenu dans cette maison, et qu'on
peut se dispenser de l'y ramener par la suite. Jean reçoit
ce certificat comme un bienfait, et part le 21 octobre 1539,
après un séjour de huit mois à l'hôpital, dans la qua-
rante-cinquième année de son âge.

Nous n'essayerons pas de justifier cette conduite extraordinaire de Jean auprès des personnes qui ne com-
prennent pas quelle est dans certaines âmes la force du
repentir et de la contrition. Qu'il nous suffise de dire
qu'elle a eu pour approbateurs deux célèbres contemporains, le P. d'Avila et le P. Louis de Grenade, et que,
dans la bulle qui consacre sa sainteté et son culte, le
Saint-Siège la venge et la préconise comme étant le
comble de la sagesse.

II

JEAN SE DÉVOUE A SERVIR LES MALADES. SA SAINTE MORT

Jean est sorti de l'hôpital de Grenade, ne doutant pas
que Dieu ne le mette dans la voie d'exécuter le dessein
qu'il a formé d'être le serviteur des pauvres. Néanmoins
il ne veut rien entreprendre sans avoir invoqué plus
particulièrement la sainte Vierge. Il se met donc en
chemin pour Notre-Dame de Guadaloupe, et fait soixante
lieues, à l'entrée de l'hiver, faible, sans argent, mal vêtu,
la tête, les jambes et les pieds nus, coutume qu'il garda

toute sa vie. Il ne demande l'aumône à personne. Lorsque la faim le presse, il ramasse par les montagnes une charge de bois, la vend pour payer son logement et un morceau de pain, et donne le surplus aux pauvres.

Arrivé au sanctuaire de Marie, elle lui indique merveilleusement sa vocation, il est prévenu d'autres grandes grâces, et, sur l'avis de d'Avila qu'il va consulter, il retourne à Grenade.

A son entrée dans cette ville, la nature lui livre un dernier combat : il éprouve une fausse honte ; mais bientôt il sort vainqueur, et, vêtu d'une robe blanche qu'on lui a donnée à Notre-Dame de Guadaloupe, chargé d'un fagot de bois, il va jusque sur le marché de la grande place ; il y est reconnu ; il y devient un objet de risée et de questions mortifiantes. Jean ne cherche point à se justifier ; seulement il ne répond rien que de fort sage. Il continue longtemps ce métier, et tout ce qu'il en retire, il le porte aussitôt à quelques misérables.

Cette charité est remarquée ; on prend de l'estime pour lui ; des personnes considérables lui confient d'abondantes aumônes qu'il distribue avec une ardeur infatigable. La voie est ouverte, et Jean comprend alors qu'il doit songer à donner de la stabilité à son œuvre pour en assurer les bons résultats.

D'après l'avis des personnes sages dont il reçoit le plus de secours, ce pauvre qui a commencé par vendre un fagot pour s'acheter du pain, devenu l'humble instrument des libéralités de la Providence envers ses frères souffrants, s'occupe déjà des moyens d'en rassembler un certain nombre pour les soigner plus assidûment. Il aperçoit sur la porte d'une maison ces mots : *Maison à louer pour les pauvres;* il y entre, la visite, la loue sur-le-champ, fait accepter sa simple parole pour caution, et y amène autant de malades ou d'estropiés qu'elle en peut contenir, portant sur son dos les plus faibles, et procurant lui seul les premiers ustensiles qu'il peut recueillir.

La nouvelle s'en répand bien vite dans Grenade : si

quelques-uns admirent sa foi et l'étendue de sa charité, un grand nombre le blâment avec amertume, accusent son zèle de témérité, et lui reprochent de s'être engagé dans une affaire qu'il lui sera impossible de soutenir.

De nos jours, que n'a-t-on pas dit de l'admirable abandon en Dieu des Petites Sœurs des Pauvres? Nous avons entendu nous-même des personnes, fort respectables d'ailleurs, s'écrier à leur sujet : « Cette œuvre, dépourvue de toute ressource humaine, ne peut prospérer ; *c'est un défi jeté à la Providence.* » Nos lecteurs savent actuellement comment la Providence a accepté ce défi et s'est plu à déjouer les pronostics fâcheux d'une sagesse encore trop humaine.

Comme les Petites Sœurs d'aujourd'hui, Jean répondit aux critiques par des actes toujours nouveaux d'une confiance et d'une charité inaltérables.

Il n'avait ni revenu fixe, ni provisions à l'avance. Si l'aumône spontanée était insuffisante, il allait la solliciter. « Quand il avait employé tout le temps de la journée à servir ses pauvres, dit un de ses derniers historiens (1), il sortait vers neuf heures du soir pour mendier de nouveaux secours. Il marchait lentement le long des rues et des places, le dos couvert d'une large hotte, et deux grandes marmites pendantes à ses côtés par une corde passée à ses épaules ; il criait à haute voix : « Quelqu'un « veut-il se faire du bien à lui-même ? Eh ! mes frères, « pour l'amour de Dieu, faites-vous du bien à vous- « mêmes ! » Après un moment de silence, il recommençait : « Faites-vous donc du bien, mes frères, faites du bien « pour vous ! »

« Cette manière extraordinaire de demander l'aumône, le ton grave et compatissant dont ces paroles étaient proférées, excitaient la surprise et la curiosité. Il reçut d'abord assez peu ; mais insensiblement l'on se sentait touché, et ce moyen lui procura par la suite de grandes

(1) M. Wilmet, *loc. cit.*, p. 70 et suiv.

ressources. Les dames se mettaient aux fenêtres pour se recommander à ses prières ou pour lui envoyer de l'argent. Il le recevait avec humilité et disait pour les remercier : « Vous ne savez pas maintenant le bien que « vous vous faites à vous-mêmes, mais Dieu vous le fera « voir lorsqu'il vous rendra ces aumônes. » Il parcourait chaque nuit quelque quartier de la ville ; la pluie ou le froid ne l'arrêtait pas ; il ne songeait à rentrer que lorsqu'il était chargé de provisions. »

Va-t-il du moins se reposer alors ? Non ; il doit encore disposer, pour l'utiliser, ce qu'il a recueilli, ou le mettre en place. Les heures de son sommeil sont bien courtes. Il est seul pour apprêter la nourriture, cuire les viandes, éplucher les légumes, laver la vaisselle et rendre toute espèce de soins à ses malades ; il est seul depuis longtemps, et personne n'ose encore se joindre à lui.

Admirable conformité d'épreuves dans les œuvres de Dieu ! Rappelons-nous que les premières Petites Sœurs des Pauvres sont restées quatre seulement pendant plus de trois ans.

Jean travaillait donc beaucoup, mais sans empressement ; son visage était toujours gai, son entretien doux et sérieux. Il accueillait avec grâce les visiteurs de sa maison, qui, charmés de la trouver en si bon ordre, se retiraient émerveillés de ce qu'un seul homme eût à ce point la force et le talent de suffire à un pareil service. Et cette admiration n'était point stérile ; les simples curieux devenaient bientôt des bienfaiteurs.

Un jour don Sébastien Ramirez, évêque de Tuy et président de la chancellerie de Grenade, retint le saint à dîner. « Quel nom portez-vous ? dit-il au serviteur des pauvres. — Je me nomme Jean, répondit celui-ci. — Vous vous appellerez à l'avenir Jean-de-Dieu, reprend le prélat. — Oh ! oui, s'il plaît à Dieu », répliqua Jean. Et c'est ce nom qui est écrit au livre de vie et dans la mémoire des peuples (1).

(1) Plusieurs historiens de notre saint rapportent que Jésus-Christ

Une autre fois, le même évêque, voyant venir le saint avec un habit crasseux et troué qu'il avait repris d'un mendiant, lui dit : « Je vous ai donné un nom ; je prétends aujourd'hui vous donner un habit. Ecoutez ce que j'exige de vous : Vous porterez désormais une robe de couleur grise et le manteau pareil. » A l'instant l'évêque fait venir la bure, commande les trois pièces d'habillement, les bénit et en revêt Jean de sa main. L'ordre de Saint-Jean-de-Dieu avait déjà sa première maison ; désormais il aura son nom et son costume religieux.

Avec son premier habit le saint reçut de Dieu ses premiers compagnons et un puissant protecteur dans don Pedro Guerrero, nouvel archevêque de Grenade (1546). Son œuvre était affermie ; il dut acquérir une maison plus vaste, qui fut bientôt remplie de pauvres. Les aumônes affluaient. Jean, regardant cette abondance de biens comme des talents qu'il devait faire fructifier, donna à l'effusion de sa charité une étendue proportionnée aux libéralités de la Providence. Ne se bornant plus à soigner des malades et à loger des pèlerins, il voulut pourvoir à tous les genres de misères. C'est chose incroyable que ce qu'il fit pour soulager les familles pauvres, pour doter les filles de condition déchues et exposées à se perdre, et pour retirer du vice celles qui y étaient déjà engagées. Son inépuisable amour des malheureux le portait jusqu'à donner à l'instant même, à ceux qu'il rencontrait dans la rue, les secours qu'il venait de quêter quelquefois à grand'peine pour son hôpital. Il ne savait rien leur refuser. Il eût donné jusqu'à son cœur, dit un de ses historiens (1), plutôt que de les renvoyer sans assistance. Aussi Dieu lui donna dès ici-bas une récompense bien douce, qui répandit dans son âme une joie céleste et l'enflamma d'un désir insatiable de se consacrer de plus en plus au soulagement des pauvres.

lui donna lui-même le nom de *Jean-de-Dieu,* lorsqu'il se montra à lui, près de Gibraltar, sous la figure d'un enfant.

(1) Govea, p. 846.

Il avait recueilli un malheureux moribond étendu dans la rue ; il l'avait chargé sur ses épaules et porté à son hôpital. Il se baissait pour baiser ses pieds qu'il venait de laver, lorsqu'une clarté divine lui fit voir sur eux les plaies du crucifiement resplendissantes de lumière et reconnaître dans ce moribond Jésus-Christ qui lui dit : « Jean, le bien que l'on fait aux pauvres est fait à moi-même. C'est moi qui tends la main à l'aumône qu'on leur donne, qui revêts les habits dont on les couvre, et ce sont mes pieds que tu laves autant de fois que tu rends ce devoir à un pauvre. »

La charité du saint revêtait admirablement le premier caractère que saint Paul assigne à cette vertu : la patience. Toujours égal parce qu'il était véritablement humble, s'il se voyait accablé d'injures ou de mauvais traitements, il montrait un visage joyeux, comme un homme qui reçoit un bienfait et qui en éprouve intérieurement une vive satisfaction. Il en était venu à n'avoir plus d'autre attrait que de se glorifier dans la croix de Notre-Seigneur Jésus-Christ. Cette patience était fondée sur l'humilité la plus sincère, humilité, du reste, qui devint héréditaire dans son ordre. Sa confiance en Dieu n'était pas moins remarquable. Quand les aumônes ne suffisaient pas aux besoins de son hôpital, il empruntait, et son exactitude à s'acquitter, augmentant son crédit, redoublait sa propre foi en la Providence, au point qu'elle-même dans l'occasion faisait des miracles.

Un jour, dans un pressant besoin, Jean sollicita d'un Génois avare un emprunt de trente ducats. Celui-ci, pour s'y soustraire, prétexte qu'il ne peut avancer une telle somme sans caution. « Ah ! j'en ai une très bonne », reprend aussitôt Jean ; et, tirant de sa manche un petit Jésus qu'il portait toujours : « Voici, dit-il, celui qui répond pour moi. » Le Génois voit sortir de cette figure des regards si vifs et si doux, qu'il fait immédiatement don des trente ducats, et qu'après la mort de sa femme, il prie le saint de le recevoir parmi ses frères et lui lègue toute sa fortune, dont la moitié est placée en rentes fixes pour l'hôpital et le reste distribué dans la ville.

Pressé par des besoins toujours renaissants, Jean fit des quêtes abondantes dans toute l'Andalousie, et, sur les instances de ses meilleurs conseillers, il passa à la cour de Castille, afin d'y obtenir la faveur du prince envers l'hôpital et de recueillir des grands d'Espagne de nouvelles aumônes. L'empereur Charles-Quint était absent; son fils, Philippe, alors âgé de vingt ans, le reçut. L'audience fut remarquable par la naïveté du pieux solliciteur : « Mon prince, dit-il, les deux genoux en terre, je n'appelle jamais personne que mon frère en Jésus-Christ. Mais pour vous, comme je vous aurai un jour pour mon roi, je voudrais bien savoir quel nom je dois vous donner. — Celui que vous aimerez le mieux, dit agréablement le prince. — Je vous appellerai donc *bon prince*, reprit Jean ; et Dieu veuille vous accorder un bon règne pour mériter de régner ensuite éternellement (1) ! »

Les libéralités de la cour furent magnifiques ; mais Jean avait trouvé des pauvres à Valladolid, et il leur donnait à mesure qu'il recevait. A ceux qui en étaient étonnés il disait : « Lorsqu'on soulage les membres de Jésus-Christ, n'est-ce pas tout de même ici qu'à Grenade? » Il partit néanmoins avec des lettres de change dont il ne pouvait faire usage qu'à son retour dans cette ville, où il continua à se dévouer pour les malheureux, mêlant à la charité compatissante pour les autres des austérités pour lui dont le seul récit fait frémir.

Le spectacle de tant de vertus embrasait tous les cœurs; c'était à qui se surpasserait dans Grenade par son zèle à concourir à l'œuvre du saint fondateur. Les plus éminents personnages, non contents de répandre de grandes largesses, venaient eux-mêmes à l'hôpital, non plus seulement pour le visiter, mais pour y servir les malades et leur rendre les offices les plus bas.

(1) Wilmet, *loc. cit.*, p. 153.

Cependant les travaux excessifs du serviteur de Dieu avaient ruiné ses forces. Le même dévouement qui l'avait fait marcher au milieu des flammes (1) pour en arracher les malades du milieu de l'incendie qui dévorait le grand hôpital de Grenade, le porta à se jeter dans le Xénil débordé pour sauver un jeune homme entraîné par les eaux. Déjà épuisé, il fut saisi d'une fièvre suivie d'accès violents. Il régla les affaires de son hôpital, reçut de son archevêque la promesse que ses dettes seraient payées, et recommanda ses pauvres et ses orphelins à son premier disciple, Antoine Martin. Sentant sa fin approcher, il fit retirer tous ceux qui l'entouraient, sortit de son lit, se tint à genoux en baisant son crucifix au pied de l'autel dressé dans sa chambre, s'écria d'une voix claire : *Jésus ! Jésus ! je me remets entre vos mains !* et rendit ainsi son âme à son Créateur, le 8 mars 1550, à l'âge de cinquante-cinq ans, après douze ans de travaux dans son hôpital au service des pauvres.

Il nous reste à dire quelques mots de sa pieuse postérité et du bien que ses descendants opèrent chaque jour parmi nous.

III

ÉTABLISSEMENT CANONIQUE ET RAPIDE EXTENSION DE L'ORDRE DE LA CHARITÉ

Saint Jean-de-Dieu laissait après lui des disciples qu'il avait formés et sur chacun desquels semblait se reposer son esprit. Le nouvel institut, organisé par Fr. Rodrigue de Siguenza, autorisé par saint Pie V en 1572, approuvé dans ses constitutions par Sixte-Quint, érigé en véritable religion par Paul V en 1611 et 1617, et divisé en deux congrégations dites d'Espagne et d'Italie, se répandit assez

---

(1) Deus, qui beatum Joannem, tuo amore succensum, inter flammas innoxium incedere fecisti. (*Brev. rom.*, 8 Mart.)

rapidement dans toute l'Espagne, ses vastes colonies d'alors et toute l'Europe.

« C'est une vérité constante, prononcée par la bouche du Seigneur, dit un mémoire adressé au roi vers l'an 1780, qu'il y aura toujours des pauvres sur la terre, et qu'ils seront répandus dans toutes les parties du monde, afin d'être l'objet de la charité des fidèles. On peut dire qu'il était en quelque manière nécessaire que l'ordre qui porte le nom de cette vertu et qui la pratique avec autant de zèle s'étendît de tous côtés, et qu'il eût partout des maisons, afin d'être l'arche et le refuge des misérables (1). »

Marie de Médicis, épouse de Henri IV, avait admiré à Florence le zèle et l'utilité des hospitaliers. A peine arrivée en France, elle voulut en doter sa nouvelle patrie. Elle fit donc venir d'Italie, en 1601, Fr. Jean Bonnelli avec cinq autres religieux d'un mérite éprouvé, et les établit à Paris, rue des Saints-Pères, où ils reçurent plus ordinairement le nom de *Frères de la Charité,* tandis qu'en Italie on les désignait par le cri qu'ils faisaient entendre dans les rues en demandant l'aumône, à l'exemple de leur saint fondateur : *Fate ben, fratelli (Frères, faites bien,* ou *faites-vous du bien).*

La maison de Paris (2) édifia toute la France et eut bientôt de nombreuses filles dans les provinces. Partout ces humbles disciples de saint Jean-de-Dieu, ne considérant que la gloire de leur Maître céleste et le soulagement des pauvres malades, signalaient leur présence par le dévouement le plus admirable. Dix-huit d'entre eux succombèrent au siège de La Rochelle, « non pas en versant, les armes à la main, le sang de leurs frères, mais en soignant les pestiférés et les blessés au milieu des plus grands dangers (3). »

(1) Document manuscrit édité par M. Leguay dans son *Etude sur l'ordre de la Charité en France,* p. 31.

(2) L'hospice de la Charité existe encore à présent et renferme deux cent trente lits, répartis dans les six infirmeries d'autrefois.

(3) L.-A. Couturier, *Hospices aliénistes,* p. 20.

Après le siège, le fléau frappait toujours cruellement. Le provincial, profondément attristé de la mort de tant de religieux, convoqua en chapitre ceux qui se trouvaient à Paris, et leur exposa, les larmes aux yeux, qu'il ne pouvait se résoudre à envoyer d'autres religieux à La Rochelle, parce que c'était les vouer d'avance à une mort inévitable. Aussitôt tous se précipitèrent à ses genoux dans un élan admirable de charité, pour le supplier de leur accorder la dangereuse mission de porter des secours aux pestiférés ; et, peu de jours après, une nouvelle colonie de religieux allait remplacer ceux de leurs frères qui avaient été victimes de l'épidémie (1).

Lorsque la révolution de 89 éclata, les frères de la Charité possédaient dans notre pays trente-neuf hôpitaux, dont sept dans les colonies. Trois cent cinquante religieux les desservaient. Le nombre des lits s'élevait à quatre mille cent vingt-trois, dans lesquels étaient reçus annuellement soixante-dix mille malades (2).

Cette immense multitude recevait des frères de Saint-Jean-de-Dieu des soins que la *vocation religieuse* peut seule inspirer et que ne sauraient jamais donner ceux qui se livrent *par métier* à ces délicates et pénibles fonctions. Ce que les uns font pour échapper à la misère et pour un temps qu'ils rendent aussi court qu'ils le peuvent, les autres le font toute leur vie et soutenus par la perspective des récompenses que Dieu réserve à leur dévouement. La religion, qui les consacre au service des membres souffrants de Jésus-Christ, dissipe à leurs yeux toutes les fatigues, toutes les tristesses, tous les dégoûts de leur office. En même temps que leur saint état les forme à la vie d'abnégation, il leur procure la facilité de recevoir d'utiles notions en médecine, en chirurgie, en pharmacie et en économie administrative.

(1) M. Leguay, *loc. cit.*, p. 103.
(2) Ces chiffres sont de Couturier. M. Leguay (*loc. cit.*, p. 130) compte quatre-vingt-cinq mille malades produisant un million de journées par an.

D'où il est aisé de comprendre qu'ils acquièrent une aptitude à leurs différents emplois d'autant plus précieuse qu'ils sont les héritiers de l'expérience de leurs prédécesseurs et pères en religion.

Le mémoire que nous citions tout à l'heure nous apprend comment les frères hospitaliers savaient utiliser ces connaissances non seulement au profit des malheureux qu'ils recevaient dans leurs hospices, mais encore des pauvres malades de la campagne les plus délaissés. « Les religieux de la Charité, dit-il, ne se bornent pas à l'exercice de l'hospitalité dans leurs maisons, ils fournissent encore à tous venants les remèdes dont ils ont besoin, et vont eux-mêmes visiter les malades qui ne peuvent entrer dans leurs hôpitaux, tant dans les villes que dans les campagnes, jusqu'à deux et quatre lieues à la ronde, ce qui rend ces religieux extrêmement intéressants et utiles dans les lieux où ils sont établis (1). » Le défaut seul de ressources les empêchait de répandre ces bienfaits sur un plus grand nombre et les limitait dans la réalisation d'une amélioration qui n'est encore de nos jours qu'un vœu en faveur de l'habitant de la campagne, auquel l'hôpital de la ville est fermé, et qui manque trop souvent des soins et des choses les plus nécessaires.

Est-il besoin d'ajouter que la vie régulière de communauté est une préparation de chaque instant à la pratique de la plus parfaite charité ?

« Ils commencent toutes leurs fonctions, dit un de

____

(1) Apud Leguay, p. 39. « L'hôpital de la Charité, à Charenton, rapporte le même mémoire, p. 63, reçoit, année commune, dans son infirmerie mille malades, dont la majeure partie est affligée des plus graves blessures, à cause des carrières qui s'exploitent dans les environs. En plus de ce nombre de malades traités dans l'hôpital, on donne des soins et on fournit des remèdes à plus de cinq mille pauvres des deux sexes qui viennent journellement demander du soulagement à leurs infirmités. Les religieux fournissent, en outre, la nourriture et l'entretien à plusieurs orphelins qui sont en apprentissage de métiers, et, pendant l'hiver, ils donnent du pain et d'autres secours à plusieurs pauvres familles du village qui périraient sans ce secours, quand la saison ne leur permet pas de travailler en journée. »

leurs historiens (1), et ne se parlent jamais les uns aux autres qu'après avoir dit : *Loué soit Notre-Seigneur Jésus-Christ !* Au moment qu'ils s'éveillent, ils se mettent en la présence de Dieu. L'oraison mentale, le silence, les jeûnes de l'Avent, du Carême et des vendredis de l'année, les disciplines, les renouvellements de leurs vœux, enfin l'exacte observation de leurs règles et constitutions, et plusieurs autres pieux exercices, font assez connaître les vertus qui les animent dans toutes leurs actions. »

C'est fortifiés par cette hygiène spirituelle qu'ils se livrent auprès des malades aux soins les plus propres à les soulager, en leur procurant le repos de l'âme et du corps. « Quand un malade est admis, dit notre mémoire, un religieux lui lave les pieds avec quelques herbes aromatiques et le déshabille ; il lui donne tout le linge nécessaire et l'avertit tout doucement de se disposer à purifier son âme, tandis qu'on travaillera à guérir les maladies de son corps ; ensuite il le conduit ou le fait porter à un lit qui est chauffé, s'il fait froid, et le malade y est *couché seul.* »

Pour bien apprécier l'importance de cette dernière remarque, nous avons besoin de nous rappeler qu'il n'y a pas encore longtemps que, dans les hospices civils, le même lit servait à plusieurs personnes. Ce n'est qu'à partir de 1787 qu'à Lyon on prit des mesures pour ne mettre qu'un seul malade dans un lit où jusque-là on en mettait deux et quelquefois quatre ou cinq. « A l'Hôtel-Dieu de Paris, dit M. Leguay, les lits étaient entassés dans les salles et les malades entassés dans les lits, où ces malheureux se trouvaient couchés quatre et quelquefois six ensemble. A certaines époques on augmentait encore ce nombre au moyen de matelas disposés sur l'impériale des lits, et on ne parvenait à cet endroit que par une échelle. Enfin, on assure qu'en 1693 l'affluence des malades devint telle à l'Hôtel-Dieu, qu'on fut obligé de coucher douze ou quinze pauvres dans un même lit, et,

(1) De Loyac, p. 354.

indépendamment des divers étages dont ces lits étaient composés, on avait établi au-dessous des tiroirs qui, étant tirés la nuit, recevaient des malades. Qu'on juge des miasmes mortels qui devaient se dégager de tant de corps morbides superposés ! Aussi, l'Hôtel-Dieu perdait le quart de ses malades, tandis qu'à la Charité la mortalité n'était que du huitième (1). » Mais aussi quels sacrifices ne durent pas s'imposer les frères de Saint-Jean-de-Dieu pour maintenir une si salutaire amélioration ! Une décision capitulaire de la communauté rappelle qu'elle se priva longtemps d'un plat à dîner, afin de pouvoir ajouter à l'hospice une nouvelle salle de malades.

Poursuivons, toujours d'après notre mémoire, l'exposé simple de la manière dont ils soignent leurs pauvres infirmes :

« Le médecin se trouve prêt pour faire la visite, dans laquelle il est accompagné de trois religieux. L'infirmier expose la maladie, on interroge le malade, les religieux écrivent sur un livre ce que le médecin ordonne, et ils l'exécutent au temps marqué... Dans une heure de tranquillité qui précède ces exercices, on fait la prière à haute voix en chaque infirmerie, puis on dit la messe aux autels qui y sont dressés. Un peu avant de servir le dîner, un religieux donne à laver les mains aux malades, et un autre les essuie ; deux autres étendent leurs serviettes, rangent proprement leurs lits, accommodent leurs petits couverts et les invitent à dire avec eux un *Pater* et un *Ave* pour les bienfaiteurs... On sonne le signe : les religieux apportent, en psalmodiant quelque psaume, les bouillons, les potages, les œufs et la viande. Le supérieur ou le prêtre dit le *Benedicite,* et le religieux infirmier envoie à chaque malade ce qui lui est prescrit ; les autres aident les malades à prendre leur nourriture (2). »

(1) M. Leguay, p. 46 ; Cuvier, *Rapport à l'Institut*, 17 mars 1817 ; M. le docteur de Polinière, *Considérations sur la salubrité de l'Hôtel-Dieu de Lyon*, 1853, p. 5 et 6.
(2) Apud Leguay, p. 47-48.

Même règle pour chaque repas.

Il y a très peu de différence entre ces pratiques de l'ordre de la Charité, dans les siècles derniers, et celles qui sont fidèlement suivies de nos jours en France par les nouveaux disciples de saint Jean-de-Dieu.

Voici comment se fait encore aujourd'hui une édifiante cérémonie qui suit le souper :

Le prêtre dit les grâces, prend l'étole et récite à l'autel les litanies de la sainte Vierge et le *Salve Regina* avec l'oraison. Il part de là processionnellement avec la croix et deux cierges allumés, et va, accompagné des religieux, donner l'eau bénite aux malades en psalmodiant le *Miserere*. Revenus, ils récitent tous trois *Pater* et *Ave* pour les différents besoins du moment, et les frères se retirent après être venus successivement baiser le crucifix.

Tous les lundis on dit une messe pour les trépassés aux hôpitaux de l'ordre. Chaque année il y a un service funèbre pour les religieux défunts, un pour leurs parents et un pour les bienfaiteurs décédés ; et sept fois le jour les religieux prient pour ceux qui sont vivants comme pour ceux qui sont morts. « La reconnaissance, on le voit, dit Couturier (1), est toujours là à l'ordre du jour, sous l'aile de la foi. »

Vint la Révolution.

« Il est des naufrages où tout s'abîme ; il en est d'autres où l'équipage sauve encore quelques débris. Tout sombra pour l'ordre de Saint-Jean-de-Dieu en France ; la mer en démence engloutit personnes et biens dans la tourmente de 89 à 93 (2). »

Née au milieu d'immenses ruines, notre génération était heureusement appelée à voir de glorieuses résurrections.

(1) *Hospices aliénistes*, p. 30.
(2) *Loc. cit.*, p. 32.

IV

PREMIERS ESSAIS DU RÉTABLISSEMENT EN FRANCE
DE L'ORDRE DE LA CHARITÉ

Un petit presbytère du diocèse de Valence fut en partie le berceau de la restauration en France de l'ordre de Saint-Jean-de-Dieu, dont il n'y restait plus que des noms et des souvenirs. Recueillis et réchauffés d'un saint zèle par le pieux curé de Rochegude, M. Vincent, devenu bientôt après lui-même, sous le nom de P. Vincent de Paul, l'édification de la communauté nouvelle par ses vertus et la douceur de son caractère, quelques laïques dévoués se sentirent le courage d'accepter cette succession, sans autre titre que celui de leur brûlante charité. Sur ce terrain si cruellement bouleversé par tant de désordres, nulle voie n'était tracée ; pour s'en ouvrir une, à peine avaient-ils le livre des constitutions de l'ordre qu'ils voulaient y établir

Pleins de confiance en Dieu et munis de la bénédiction de leur saint directeur, ils quittent cependant le lieu de leur retraite : ils sont trois. Ils se rendent à Marseille vers le 8 mars 1819, fête de saint Jean-de-Dieu, et ils se font recevoir comme *frères infirmiers* à l'Hôtel-Dieu de cette grande cité.

De pieux infirmiers, dont l'un est encore très actif et zélé, se joignent à eux, et d'autres viennent pareillement augmenter la petite communauté naissante. Dans le nombre, d'anciens militaires viennent avec joie échanger leurs uniformes et leurs insignes contre les livrées de la pauvreté volontaire, et l'on voit déposées aux pieds de Marie et de son divin Enfant des décorations gagnées sur les champs de bataille. Déjà plusieurs de ces différents hospitaliers ont préludé à cette sublime vocation, soit en se livrant à l'étude et à la pratique de la médecine, soit

en s'appliquant aux soins des aliénés, soit en formant
des ambulances dans les guerres de l'Empire, comme à
Wagram, en 1809, et dans la retraite de Russie, en 1812,
et en prodiguant aux malades et aux blessés une sollicitude qui ne s'arrêtait pas à leurs corps, mais qui allait
jusqu'à leurs âmes (1), soit enfin en servant de pauvres
malades.

Quelle réunion que celle de ces premiers hospitaliers !
Des prêtres, des clercs déjà engagés dans les ordres
sacrés, des nobles, des hommes de lettres, des marins,
des officiers de l'Empire, inspirés par le même esprit,
viennent se couler dans le même moule, embrasser la
même discipline et se serrer derrière le même drapeau
de la charité ! Que d'obstacles à vaincre d'abord pour
faire le premier pas et pour persévérer ! Ils puisent leur
force dans l'austérité et l'abnégation de leur vie. Les
vives oppositions des parents comme les railleries d'un
monde léger ne sauraient les arrêter. Le jeudi saint, ils
prennent au nombre de *douze* l'habit des anciens frères ;
ils ont bientôt remplacé les servants des différentes salles
d'hommes et étendent leurs services aux hôpitaux de la
Charité et de Saint-Lazare, ainsi qu'à celui de Salon,
établissant leur noviciat près de cette ville, dans la
solitude Sainte-Croix ou Notre-Dame.

De Marseille ils se répandent dans plusieurs contrées
jusqu'à la capitale, et s'y emploient à diverses œuvres
de miséricorde. Les frères venus dans la Lozère et sou-

(1) En Espagne, les premiers disciples de saint Jean-de-Dieu allèrent
souvent exercer leur mission de charité sur le champ de bataille. Le
Fr. Rodrigue de Siguenza et le Fr. Sébastien Arias rendirent d'importants
services pendant trois années d'une guerre d'extermination qui ensan-
glanta la province de Grenade et les montagnes des Alpuxarres (1570).
Au commencement du xvii⁰ siècle, les religieux de la Charité ouvrirent
leurs hôpitaux aux soldats et poussèrent encore le dévouement jusqu'à
suivre les ambulances pour panser les blessés et assister les mourants,
ce qui leur valut de la part de Louis XIII, en 1636, le don de l'hôpital
Saint-Jean-l'Evangéliste, situé à Roye (Somme). La nécrologie de l'ordre
nous apprend qu'un religieux de la Charité fut tué d'un coup de boulet
au siège de Louisbourg, dans l'Amérique septentrionale.

tenus par l'excellent préfet, M. de Valdenuit, par tout le clergé et de nombreux fidèles, se multiplient admirablement et fondent divers établissements. Ils ouvrent entre autres, au château du Chayla-Danse et à Saint-Alban, deux asiles, l'un pour les hommes, l'autre pour les femmes, dans lesquels sont reçus les aliénés pauvres, jusque-là détenus dans les prisons de l'Etat. Plus tard, ils transfèrent les hommes à Mende et en dernier lieu à Lyon, où ils avaient débuté par le service de l'infirmerie de la prison Saint-Joseph.

Vers le même temps, à Paris, grâce à la généreuse bienveillance des vénérables abbés Lieutard et Augé et des supérieurs de la congrégation de Saint-Sulpice, les nouveaux hospitaliers établissent, dans un bâtiment du collège Stanislas et successivement dans d'autres demeures précaires, une communauté pauvre mais fervente, dont les membres s'appliquent surtout à acquérir les connaissances nécessaires au ministère qu'ils se préparent à remplir. Les uns s'exercent aux pansements dans les grands hôpitaux et suivent les leçons de Dupuytren, de Laënnec, de Récamier, etc., etc.; d'autres s'instruisent en pharmacie. Plusieurs se disposent au sacerdoce en fréquentant les classes des séminaires, ou même en y logeant comme étudiants, ainsi que cela se pratique encore dans l'Institut; leur saint caractère et leur instruction les ont rendus très utiles et fait élever aux dignités principales de l'ordre.

Cependant ces zélés disciples de saint Jean-de-Dieu ne pouvaient voir dans tous ces commencements que des essais fort imparfaits et dès lors éphémères. A l'Hôtel-Dieu de Marseille, par exemple, ils se trouvaient trop mêlés avec les séculiers, et ils y éprouvaient de trop grandes difficultés pour la pratique de la vie religieuse et pour le développement de leur ordre. Ils durent quitter peu à peu cette excellente ville, mais avec l'intention bien arrêtée d'y revenir dès que Dieu leur permettrait de s'y établir sur une base plus solide. Nous verrons plus loin que la Providence devait leur faire acheter la réalisation de ce vœu par une persévérance d'efforts de trente années.

Les tentatives faites dans la Lozère en faveur des aliénés, et qui trouvaient de si grands obstacles dans l'âpreté du climat (1) et dans l'exiguïté des ressources, avaient appelé l'attention des frères sur cette classe d'infortunés qui, à cette époque encore, manquaient presque partout d'établissements spéciaux et d'une assistance en rapport avec leurs besoins.

Déjà, en 1785, Necker écrivait que, dans les hôpitaux de Paris, les femmes aliénées étaient *exposées aux injures de l'air*, et que les frénétiques avaient été *longtemps resserrés dans des lieux dont on osait à peine approcher.* « En 1788, dit à ce sujet le docteur Trélat, les aliénés placés à l'Hôtel-Dieu étaient confondus avec tous les autres malades, sans distinction d'âge ni même de sexe. Ceux qu'on envoyait aux petites-maisons, à Bicêtre ou à la Salpêtrière, étaient détenus dans des loges beaucoup moins saines, moins aérées, et sous tous les rapports moins bien disposées que ne le sont celles des animaux féroces du Jardin des Plantes. Ils étaient chargés de chaînes ; souvent on les attachait à des carcans ; on les laissait croupir dans la malpropreté. Chaque loge en contenait plusieurs ; ils couchaient jusque quatre dans le même lit. Leurs affreux réduits, de six pieds carrés, ne recevaient de jour et d'air que par la porte quand elle était ouverte, et elle s'ouvrait rarement. Les plus malheureux des hommes, les pauvres fous, n'excitaient aucune sollicitude, aucun sentiment de devoir ; ils n'étaient guère visités que par les rats, qui leur faisaient des blessures dangereuses et quelquefois mortelles. L'été, pas d'ombre dans leurs cours ; jamais de feu, l'hiver, dans leurs froides et humides demeures. Il n'était pas de nuit

(1) Les frères ont souffert excessivement du froid, particulièrement au château du Chayla-Danse, où, en hiver, les loups venaient jusque dans la cour d'entrée.

rigoureuse qui n'en fît périr plusieurs, et pendant long-temps aucun cri ne s'éleva pour protester contre de pareilles indignités (1). » Plus tard, vers 1822, lorsque les nouveaux frères de la Charité ouvrirent leur premier asile d'aliénés, il y avait bien peu de traits à changer au sombre récit du docteur Trélat. Sur quinze mille (2) que l'on comptait administrativement en France, à peine la moitié de ces infortunés étaient secourus ; les autres, le plus souvent errants et vagabonds, troublaient la tranquillité publique et effrayaient la société par les accidents les plus désastreux et les plus tragiques. Un grand nombre, sans autre crime que leur malheureuse infirmité, abandonnés en prison aux soins des geôliers, se voyant confondus avec les voleurs et les scélérats, jetés dans d'infects cachots et chargés de fers, devenaient furieux, incurables, se livraient à toutes sortes d'excès, et mouraient désespérés et trop souvent par le suicide. Enfin un rapport officiel, fait à la Chambre des pairs dans la séance du 28 avril 1837, montrait les aliénés *errant dans les villes et les campagnes, tristes objets d'une cruelle dérision, jusqu'au moment où les prisons s'ouvraient pour préserver la population de leurs emportements, et pour les soustraire eux-mêmes aux empressements d'une cruauté brutale.*

C'est à tant de souffrances que les nouveaux hospitaliers de Saint-Jean-de-Dieu songèrent à porter remède en formant des établissements pour ces infortunés. Dès lors, pour les y conduire plus tôt, ils aidaient souvent les geôliers à faire tomber les chaînes qui retenaient ces malheureux dans les cachots, l'ordure, la fureur et le désespoir ; et plus d'une fois leur seule bonté à l'égard de ces pauvres malades suffit pour rendre au calme et à la douceur ceux qui avaient été réputés jusque-là pour être les plus redoutables et les plus dangereux. Ils réali-

(1) *Annales de la Charité*, tom. Iᵉʳ, p. 105.
(2) Nombre bien inférieur à la réalité reconnue plus tard.

saient ainsi le vœu de leur saint patriarche, lorsque, traité lui-même comme fou à l'hôpital de Grenade, il s'écriait : « Quand est-ce que Dieu me fera la grâce d'avoir en mon particulier un hôpital, pour y recevoir les pauvres qui ont l'esprit aliéné et pour les y servir avec tous les soins et l'exactitude dont je suis capable (1)? »

Mais pour que Dieu bénisse cette œuvre et daigne l'affermir, il lui faut une haute consécration, et c'est aux pieds du vicaire de Jésus-Christ qu'on ira la demander.

V

RÉTABLISSEMENT CANONIQUE DE LA PROVINCE DE FRANCE. CONDUITE TOUTE PATERNELLE DE DIEU DANS LES RUDES ÉPREUVES QU'IL LUI ENVOIE.

En 1823, quelques frères détachés des communautés déjà établies (2) se dirigent vers Rome, afin d'y solliciter pour la France le rétablissement canonique de leur Institut. Ils emportent avec eux les précieuses recommandations de Mgr de Beausset, archevêque d'Aix, dont la juridiction s'étendait alors sur l'évêché actuel de Marseille, de Mgr de la Brunière, évêque de Mende, etc. Ils s'embarquent sur un bateau de caboteurs. Assaillis par une violente tempête, ils prennent la résolution, s'ils abordent heureusement, d'aller nu-pieds de la côte aux tombeaux des saints Apôtres, ce qu'ils exécutent aussi fidèlement que les circonstances le leur permettent. Ils ont à supporter bien des railleries et surtout de bien cruelles souffrances en traversant les Marais-Pontins, dont les chemins, en la saison d'été, sont brûlants et fourmillent de lézards, de serpents et de vipères. Leur pieux pèlerinage accompli, ils remettent leurs chaussures

(1) *Vie de saint Jean-de-Dieu*, par Gérard de Ville-Thierry, p. 81.
(2) Trois d'entre eux venaient de la Lozère.

et se rendent à l'hôpital de Saint-Jean-Calybite, où ils sont reçus avec une grande joie par leurs frères en religion, et surtout par le R. P. Pellegrini, général de l'ordre, qui leur avait déjà écrit et envoyé divers objets, entre autres les Constitutions et un modèle d'habit.

Dans la Ville sainte ils trouvent d'autres puissants protecteurs : l'aimable et influent cardinal Galeffi, qu'un d'eux avait connu en France lorsqu'il y était prisonnier, en 1810, avec d'autres cardinaux ; Mgr d'Isoard, doyen de la Rote, devenu plus tard cardinal et mort archevêque élu de Lyon ; le très pieux cardinal prince Doria-Pamphili, chargé alors d'une visite apostolique de l'ordre ; enfin l'ambassadeur de France, le duc de Laval-Montmorency. Ces hauts personnages travaillèrent, par leurs bons offices, à abréger la durée de l'éloignement des frères français de leurs communautés et de leurs affaires. Ceux-ci purent ne faire que deux mois de noviciat au lieu d'un an, et obtinrent que cette dispense fût étendue à une douzaine des principaux de leurs coopérateurs restés en France. Ils firent leur profession religieuse le 20 août, fête de saint Bernard, deux ou trois heures après le décès de Pie VII, de sainte mémoire. Ils étaient quatre. Deux moururent en route : l'un, Fr. Paul UNAL, martyr de la piété et de la pénitence, à l'hospice d'Ancône, confié aux frères d'Italie ; l'autre, Fr. Jacques HUG, à l'hôpital Saint-Esprit de Marseille, d'une épidémie contractée en servant les malades des hôpitaux. Le troisième, P. Jean PAUTARD, ne devait pas tarder à les suivre. Nous dirons bientôt comment il sut mourir en véritable martyr de la charité.

Munis des brefs et facultés nécessaires pour la régulière propagation de leur ordre, les hospitaliers cherchent à s'établir sur des bases solides ; mais Dieu ne leur épargne point les épreuves. Leur restauration, pour être durable, devra s'accomplir au milieu des difficultés, des épreuves de tout genre. Ici, l'indigence des ressources locales l'empêche de prendre racine ; là l'insalubrité du climat

l'étouffe à sa naissance ; ailleurs, des exigences déplorables la resserrent dans des limites trop étroites pour
qu'elle puisse faire le bien dont elle porte le germe
précieux.

Ces véritables frères de la Charité sont loin de se
laisser rebuter par tant d'obstacles. Pendant le carême
de 1824, ils partent à pied de leurs différentes communautés et arrivent à Lyon, avec quelques milliers de
francs de dettes et un écu de six livres, pour commencer
leur fondation. Ils se rappellent que leur saint patriarche,
appuyé sur Dieu seul, le père des pauvres, n'a eu d'abord
que le produit de quelques fagots de bois, qu'il ramassait
lui-même aux environs de Grenade, pour vivre et secourir
les malheureux, et que c'est sur sa pauvreté qu'il a édifié
l'ordre admirable dont il a enrichi l'Eglise. Ils se mettent
aussitôt à quêter avec ardeur dans plusieurs départe-
ments, recueillent deux à trois mille francs, et achètent
de M. Orsel, à la Guillotière, par un sous-seing privé,
une grande maison avec jardins et enclos, au prix de
soixante mille francs payables par annuités de trois
mille francs. Ils songent à y mettre immédiatement des
aliénés et des épileptiques, lorsque, effrayée d'un pareil
voisinage, une famille fort riche, mais sachant faire de
sa fortune un usage qui la fait bénir de Dieu et des
hommes, s'empresse d'envoyer aux frères une somme
de dix mille francs, avec la demande de n'admettre là
aucune de ces deux classes de malades. A l'aide d'un
pareil secours, les frères peuvent acquérir, dans la
même paroisse et par les soins du respectable curé
M. Neyrat, la vaste propriété de Champagneux, où ils
soignent aujourd'hui plus de cinq cents aliénés. Mais qui
pourrait dire tout ce qu'il leur en a coûté pour obtenir
un si magnifique résultat ?

Des circonstances difficiles s'étaient souvent rencon-
trées, et plus d'une fois l'œuvre parut menacée même
dans son existence.

En 1825, les frères ayant formé, dans l'ancienne

abbaye de Savigneux, près de Montbrison, un établissement pour les aliénés de la Loire, de la Lozère, etc., y transportèrent aussi les incurables reçus et soignés par eux dans la maison Orsel, de la Guillotière, que le défaut de ressources les avait forcés de revendre. Mais on dut bientôt céder devant un ennemi avec lequel on n'avait pas compté. Les bâtiments, depuis longtemps abandonnés et accrus de constructions nouvelles, avaient été trop vite occupés. Le terrain sur lequel ils sont situés était d'ailleurs malsain. En 1826, le typhus se déclara : ce fut bientôt une véritable épidémie. Le dévouement des frères fut héroïque. Le P. Jean Pautard, maître des novices, qui avait été ordonné prêtre à Rome et admis à la profession en 1823, et qui n'avait guère plus de trente ans, déclara aux religieux que le moment de se sacrifier était venu, et que la mort pour Dieu et le prochain, que les missionnaires allaient chercher dans les pays infidèles, eux allaient sans doute la trouver en servant leurs malades atteints par le fléau. La joie brillait sur le front de ces charitables disciples de saint Jean-de-Dieu. Huit membres de la communauté moururent, en effet, dans l'exercice de leurs sublimes fonctions. Le P. Pautard, après avoir soigné, administré et enterré son propre père, qui était frère donné, et plus de la moitié de la population de l'hospice (sept religieux et quatre-vingts malades), fut frappé lui-même par l'épidémie. Il surmonta d'abord les premières atteintes du mal et continua à visiter les infirmeries et à prodiguer ses soins aux malades. Quand il ne put plus marcher, il se faisait porter auprès des mourants pour leur prodiguer, avec les restes de sa vie, les douces consolations et les derniers secours de la religion. Quand enfin le mal fut arrivé à son dernier période et qu'il ne fut plus possible de le porter lui-même, il faisait encore approcher sa couche de ceux que Dieu appelait à son tribunal avant lui, et les administrait d'une voix à demi éteinte et d'une main défaillante. Il rendit ainsi son âme au Sauveur, en bénis-

sant et en absolvant comme lui sur la croix. N'aurait-il
pas pu dire aux agonisants qu'il munit des sacrements
de l'Eglise, au moment de leur dernier passage et avant
de passer lui-même, ce que Jésus-Christ, sur le Calvaire,
dit au bon larron : *Aujourd'hui vous serez avec moi dans
le paradis* (1) ?

La maison de Lyon était devenue la maison-mère de
la Province de France. Les jours d'épreuves ne lui manquèrent point non plus.

Les religieux, les aliénés et les incurables qu'il avait
fallu rappeler de Montbrison avaient importé dans l'hospice de Champagneux un fonds de fièvres tenaces et
véritablement ruineuses pour cette maison déjà très
endettée par les frais toujours considérables d'acquisition, de construction et de premier établissement. A
mesure que les frères revenaient de la quête, l'argent
qu'ils apportaient était enlevé par les fournisseurs ; les
maîtres ouvriers, qui, en outre, ne pouvaient attendre,
accablaient les hospitaliers par des poursuites judiciaires,
à tel point que ceux-ci avaient perdu tout crédit dans la
ville. Enfin, vers l'automne de 1826, la gêne était devenue
extrême. Les frères devaient payer, principalement sur
le prix d'acquisition de leur immeuble, une somme de
vingt mille francs. Ils n'avaient pu en réunir que quatre
mille. On était à la veille de l'échéance, et on les menaçait
sérieusement de les exproprier. Un frère breton et médecin reçoit alors deux cents francs de ses parents.
« Cette somme, dit-il au Supérieur, est bien minime

(1) Nous lisons dans M. Leguay, p. 78, que, dans les années 1668 et
1669, la peste désola la petite ville de Roye (Somme), et que tous ses
habitants l'auraient abandonnée si le Fr. Jérôme Lesturgeon, qui exerçait
la médecine, la chirurgie et la pharmacie dans l'hôpital que Louis XIII
avait donné à son ordre, ne se fût offert avec beaucoup d'ardeur et de
charité à soigner les pestiférés. Il parvint à en sauver un grand nombre, et le fléau, qui l'atteignait lui-même, ce qu'il dissimula à ceux qui
l'approchaient, n'arrêta pas les effets de son zèle, ne lui fit pas suspendre ses soins dévoués ; il s'arrêta seulement lorsque la peste disparut,
et il fut assez heureux pour se guérir lui-même après en avoir guéri
tant d'autres.

auprès de celle que nous devons ; son adjonction à nos ressources actuelles ne peut changer en rien notre sort. Ne ferions-nous pas mieux de la consacrer à acheter une statue de la sainte Vierge qui nous manque, de l'inaugurer solennellement, et de nous mettre, nous, nos établissements et toutes nos affaires, sous la spéciale protection de cette Mère compatissante ? Elle se laissera assurément toucher par notre confiance si filiale et nous enverra quelques secours inattendus. »

Ce pieux désir est approuvé. On fait une neuvaine, et on envoie chaque jour un député auprès de Notre-Dame de Fourvière pour la solliciter en faveur de la famille si cruellement éprouvée. C'est pourquoi, le 19 novembre 1826, troisième dimanche du mois, fête du Patronage de la sainte Vierge, après la retraite et la rénovation des vœux, la statue est bénite et placée, avec toute la pompe possible en pareille circonstance, au frontispice du bâtiment principal, à la place de la cloche réglementaire qui venait justement de tomber. Tous les cœurs s'épanouissent à cette fête de famille. Les frères, à genoux aux pieds de Marie et entourés de leurs aliénés, se consacrent d'une manière toute particulière à leur puissante Protectrice. Le pieux Supérieur, au nom des différentes communautés, la proclame à haute voix la Supérieure Générale de la Province française, la charge de toutes les affaires de l'Institut, afin de pourvoir à ses besoins, et, comme pour lui en rendre le souvenir toujours présent, il en fait placer un aperçu sous sa statue.

Bientôt après, menacé de nouveau d'une prompte expropriation qui aurait causé la ruine de la province, il se rend à Lyon et va prendre à la poste les lettres qu'il attendait en réponse aux démarches faites à Paris et à Lille d'un commun accord avec le T. R. P. de Magallon. Quelle heureuse surprise ! Il reçut seulement ce jour-là deux lettres (poste restante). Dans la première qu'il ouvre, il trouve un effet de dix mille francs payable à vue sur M. Guérin, principal banquier de Lyon, et dans l'autre, l'annonce de six mille francs pour le lendemain. La somme, qu'il fallait compter immédiatement aux créanciers, est trouvée. La maison de Lyon, la Province entière est sauvée et les enfants de saint Jean-de-Dieu continueront son œuvre en France, parmi nous.

Voici l'explication de ces secours providentiels.

Un des principaux frères avait écrit en divers lieux pour faire connaître la détresse des établissements de l'ordre et solliciter des aumônes si nécessaires. A Lille, M. Desfontaines, notaire, venait de recevoir cette nouvelle, lorsque, le matin, de bonne heure, il vit entrer dans son cabinet Mme de la Grandville. « Monsieur, lui dit-elle, mon beau-père vient de me remettre six mille francs et m'autorise à les employer en bonnes œuvres. J'allais les partager entre deux maisons de charité que j'affectionne, lorsque, chemin faisant, je me suis subitement sentie arrêtée et inspirée de venir d'abord vous consulter pour cette affaire. — Ah ! madame la comtesse, s'écria tout joyeux et tout ému M. Desfontaines, quel coup du ciel ! C'est justement la somme demandée. Tenez, lisez. » En même temps il met sous ses yeux la lettre qui lui dépeignait la situation presque désespérée des frères de la Charité. Mme de la Grandville, déjà leur bienfaitrice, remet aussitôt pour eux les six mille francs à leur dévoué médiateur.

A Paris, MM^mes de la Rochejacquelein et de Vitrolles, instruites de la même manière des pressants besoins des enfants de saint Jean-de-Dieu, pour qui elles avaient déjà quêté depuis peu, et convaincues qu'elles ne pourraient recueillir de même la somme de dix mille francs qu'on sollicitait de leur zèle infatigable pour l'époque si rapprochée qu'on leur marquait, songèrent à l'emprunter pour quelques semaines seulement, pendant lesquelles elles espéraient pouvoir s'en couvrir par des quêtes et des souscriptions. Elles réussirent d'une manière toute providentielle. Mme de la Rochejacquelein se hâta de porter la somme chez son notaire, le priant de l'envoyer tout de suite à la communauté de saint Jean-de-Dieu, à Lyon. Ce qu'il fit. C'est ainsi que les deux sommes de Lille et de Paris arrivèrent ensemble à Lyon, au moment même où il fallait les compter aux créanciers.

C'est là le côté *humain, raisonnable* de cet événement ; nous sommes persuadé que nos lecteurs aimeront mieux, comme nous, s'arrêter au côté *surnaturel, providentiel.* C'est une chose toute *naturelle,* si l'on veut, mais qui a *tout l'air* d'être un miracle.

Ainsi l'ont toujours cru les frères de saint Jean-de-Dieu.

C'est pour cela que, dans leur vive reconnaissance, chaque année, à leur grande fête du Patronage de la sainte Vierge, ils renouvellent solennellement la cérémonie dont nous avons parlé, aux pieds de *la même statue de Marie,* conservée avec un soin religieux à sa même place, et lui consacrent leurs maisons et leurs personnes.

VI

APERÇU DE LA SITUATION DE L'ORDRE DE LA CHARITÉ EN FRANCE

« Peu éloigné de la ville de Lyon, l'asile de Saint-Jean-de-Dieu est à une distance suffisante pour être à l'abri de tout tumulte importun. Ses fondements reposent sur un plateau à base sablonneuse, assez élevé pour permettre de dominer des yeux l'enceinte d'un clos et de contempler les charmes de la nature répandus avec tant de profusion dans la belle vallée du Rhône (1). »

M. Couturier, dans son livre sur les *établissements aliénistes,* que nous avons déjà cité plusieurs fois, décrit ainsi pittoresquement l'immense enclos des frères. Voulant établir que ses habiles dispositions favorisent les illusions de liberté des pauvres malades : « On y voit, dit-il, sa vigne, son verger, ses arbres ornés de fleurs au printemps

(1) M. Carrier, *Etudes statistiques sur les aliénés traités dans l'asile de Saint-Jean-de-Dieu, près Lyon,* p. 8.

et chargés de fruits en automne... Ici des ormeaux, des tilleuls plus loin, le marronnier, l'acacia partout, prêtent tour à tour le frais de leur ombre à ces têtes souvent brûlantes. De sveltes peupliers, en guerre avec l'orage, apportent, par leur balancement et le bruit de cette lutte, certaines distractions pendant lesquelles la maladie sommeille. Le jardin anglais, ce labyrinthe aux capricieux détours, rappelle les courses sinueuses à travers la vie. Là, dans ces touffes d'arbres et d'arbustes de haute et basse tige, se présente une famille variée où chacun peut embrasser l'arbre de son pays, depuis le noir sapin jusqu'au cèdre du Liban. Ces pauvres arbres s'y disputent l'air, l'espace, la lumière, tout autant que dans le monde les hommes se disputent ces biens précieux. L'arbre élevé opprime le nain. Les racines de l'un étouffent les racines de l'autre. L'arbre de France n'y est pas hospitalier pour la plante étrangère. Jaloux de son climat, il justifie ce dicton des Romains au sujet de nos pères : « Ayons le Franc pour ami et non pour voisin. » La plupart dépaysés, ces végétaux pleurent le sol natal ; ils ont la nostalgie qui les fait languissants. D'autres, comprimés, se jettent dans des écarts, dans des travers de ramifications qui leur vaudraient dans le monde les foudres du parquet. Quelle analogie frappante entre les mœurs de ces êtres vivant à leur manière et les mœurs d'un entassement d'hommes que la civilisation a groupés et qu'elle étiole !...

« On dit qu'une rivalité de chant tient disséminés les rossignols entre eux ; ces verts feuillages et ces ombrages multipliés, où ces oiseaux fourmillent, donnent un démenti à ce préjugé...

« Si de ce spectacle de la vie simple nous passons à la vie factice, il y a dans les salles des livres en abondance et toujours bien choisis. Le billard est tout près, le damier, l'échiquier où le fou n'est pas un embarras, les cartes dont l'invention fut aussi un remède. Le trictrac est encore un des jeux de la salle. Ce jeu mixte, d'après Leibnitz, représente les phases de la vie, où il faut toujours, comme dans la pratique médicale, à la guerre et dans la politique, donner deux tiers au raisonnement et un au hasard. Non loin, l'orgue et le clavier, dont les touches se ressentent des fébriles mains qui les tourmentent, et leur état peu harmonique vient justifier Platon jugeant des mœurs d'un peuple par l'état de sa musique (1). »

La maison, placée sous le vocable de *saint Pierre et saint Paul,* s'est successivement agrandie en même temps que les ressources.

Les succès des frères dans le traitement de la folie avaient attiré l'attention du gouvernement, qui, par la loi de 1838, obligea chaque département à construire un hospice consacré à recueillir les aliénés, ou bien à les placer dans un établissement privé, de même nature. C'est en conséquence de cette disposition que l'asile des frères de Lyon reçoit, moyennant une modique pension, les aliénés indigents du département de la Loire qui a trouvé ce moyen plus avantageux que celui de se construire un asile spécial (2).

La prospérité de sa nouvelle œuvre n'a point permis à l'ordre de Saint-Jean-de-Dieu de se renfermer dans les bornes de la Province lyonnaise; il possède en ce moment deux autres établissements pour les maladies mentales.

A Lille, les frères ont ouvert, sous le vocable de l'*Immaculée Conception* de Marie, un autre hospice d'aliénés. Les premiers commencements en furent petits: mais Dieu bénit le grain de sénevé confié en son nom à la terre de l'inépuisable charité. On ne put d'abord ajouter aux premiers bâtiments pour les aliénés qu'une pauvre maison en bois du prix de six mille francs; aujourd'hui elle s'est transformée et peut contenir près de six cent cinquante lits. Etabli au milieu d'une plaine qui offre des

____

(1) Couturier, *loc. cit.,* p. 9.

(2) Outre les malades placés par l'administration départementale, les frères de Saint-Jean-de-Dieu reçoivent également dans leurs asiles de Lyon, de Lille et Dinan, des pensionnaires aliénés placés sur la demande des familles.

points de vue variés, cet hospice présente de grands
avantages par ses bâtiments commodes, ses préaux
ombragés, son parc et ses dépendances agricoles considérablement agrandies. Il reçoit les aliénés indigents du
Pas-de-Calais, placés sur la demande du préfet.

Les frères ont formé près de Dinan, sous le vocable
des *Sacrés Cœurs de Jésus et de Marie,* un troisième
hospice recevant de l'administration départementale les
aliénés indigents des Côtes-du-Nord, et contenant environ
six cent cinquante lits. Il fut commencé en 1831 dans
l'ancienne abbaye cistercienne de Saint-Aubin-des-Bois,
située près de Lamballe, close de hauts murs et assez
facile à être disposée pour un hospice. Mgr Mathias
de la Romagère, évêque de Saint-Brieuc, l'avait cédée
avec empressement aux frères de la Charité. Mais, deux
ou trois ans après, l'isolement du lieu leur fit donner
une juste préférence aux riants coteaux de Dinan, chef-
lieu d'arrondissement, sur les bords de la Rance. L'appui
du vénérable et saint prélat leur fut de la plus grande
utilité ; son palais et sa table leur étaient toujours
ouverts. Il poussait la charité envers eux jusqu'à les
accompagner dans leurs quêtes, soit à cheval, soit en
voiture, soit même à pied, dans les villes, surtout lorsque ses prêtres ne pouvaient le faire. Son dévouement
pour le bien était, du reste, fort connu, et nous ne pouvons nous empêcher de rappeler ici qu'il aimait à vivre
en communauté avec les ecclésiastiques que leurs vices
le forçaient d'interdire, qu'il mangeait, disait l'office,
prenait ses récréations avec eux, s'assujettissait, en un
mot, à leur règlement, dans l'espérance de les ramener
plus facilement dans la bonne voie.

Les frères de Saint-Jean-de-Dieu eurent aussi de
grandes consolations dans leurs quêtes, surtout parmi
les pieuses populations de la Basse-Bretagne. Munis
d'une provision d'objets de piété, entre autres de cantiques en l'honneur de sainte Philomène qu'ils chantaient
et faisaient chanter dans les veillées des presbytères et

des manoirs de l'hospitalière Armorique, les religieux laissaient, en échange des aumônes qu'ils recevaient, de touchants souvenirs et de nouveaux aliments à la dévotion de ce bon peuple.

Dans la tour du vieux château des ducs de Bretagne, à Dinan, qui sert aujourd'hui de prison, était renfermé un ancien marin, nommé Milet, devenu fou. Sa force herculéenne et ses fureurs l'avaient rendu redoutable. On s'était cru obligé de le tenir continuellement enchaîné sur un grabat dans un cachot. Dans ce misérable état, il remplissait de terreur et de compassion tous ceux qui l'approchaient. Ses vociférations retentissaient tristement sur le boulevard, qui est la promenade de prédilection des habitants. Les frères hospitaliers firent tomber ses fers et l'admirent dans leur établissement. Soumis à un traitement que dictait la charité, il ne tarda pas à devenir calme et à reprendre assez de raison pour qu'on pût le laisser jouir d'une certaine liberté et lui donner quelque confiance. Ses saillies et ses conversations pleines d'esprit naturel le rendirent fort intéressant. Voyait-il arriver Mgr de la Romagère, qui visitait souvent la maison, il s'écriait : « Ah ! voici notre chouan d'évêque ! » Puis il courait à sa voiture, le prenait à bras-le-corps pour le faire descendre commodément, demandait à genoux sa bénédiction, puis l'embrassait *à la bretonne* trois fois.

Milet était très recherché par les visiteurs de l'établissement de Dinan. Il est décédé en 1856.

En 1842, les frères ont encore fondé, à Paris, rue Oudinot, ci-devant rue Plumet, près du boulevard des Invalides, et sous l'ancien vocable de *Notre-Dame* et de *saint Jean-Baptiste,* une maison de santé affectée au soin des malades non aliénés. Elle renferme quatre-vingt-dix chambres particulières et possède un jardin fort agréable, de l'étendue d'environ un hectare. Le but principal de sa création a été de venir en aide aux malades doués d'éducation et ayant joui d'une certaine aisance que l'incons-

tance de la fortune leur a fait perdre. Il n'est pas rare
aussi, à Paris, de voir, privés des secours de la famille,
de vieux célibataires, de jeunes étudiants, des artistes,
des commerçants, des missionnaires ou des prêtres,
venus des provinces ou des pays éloignés à la capitale,
soit pour leur santé, soit pour y traiter de leurs affaires.
Si la maladie les surprend, le séjour à l'hôpital leur est
pénible et peut leur devenir plus nuisible qu'avantageux.
C'est pour eux encore que s'ouvre la maison de santé des
frères hospitaliers ; c'est là qu'ils trouvent, à peu de
frais, avec les remèdes et les soins que réclame leur
corps, les plus précieux secours pour leur âme. Bien
souvent l'action de la grâce sur leurs malades a donné
aux frères de bien douces consolations au milieu de leurs
peines. Que de fois ils ont eu la joie de rendre au service
de Dieu et à la santé ceux qu'ils avaient reçus dans leur
établissement éloignés de toute pratique religieuse et aux
portes du tombeau ! Dans l'année 1854, ils ont eu le bonheur de ne perdre aucun des quarante malades atteints
de fièvres typhoïdes et des dix cholériques qu'ils y ont
soignés (1).

En 1852, ils ont établi, sous le vocable de *saint Joseph,*
à Saint-Barthélemy, près de Marseille, un hospice principalement destiné aux pauvres incurables. Ils peuvent
leur donner actuellement quatre cent cinquante lits. Et
c'est ainsi qu'à trente ans de distance, les premiers restau-
rateurs de l'ordre en France ont pu réaliser en partie le
vœu qu'ils formèrent, en quittant les hôpitaux de Marseille, de revenir fonder dans cette ville un établissement
sur des bases plus solides. Les religieux y ont organisé
une association auxiliaire de personnes charitables des
deux sexes qui, animées d'un esprit tout chrétien, riva-
lisent de zèle avec les hospitaliers eux-mêmes pour
procurer, même par des quêtes souvent fort pénibles, par
des ventes et des loteries, des secours qui assurent la

(1) C'est dans cette maison qu'est mort en chrétien repentant le trop
célèbre Frédéric Soulié.

prospérité du nouvel hospice. Cet admirable dévouement les identifiant en quelque sorte à l'institut de Saint-Jean-de-Dieu, le R. P. Général leur a donné, en reconnaissance, des lettres d'affiliation qui les font participer à tous les biens spirituels de l'ordre (1).

En 1858, ils ont fondé à Paris, quartier de Vaugirard, un asile destiné à recevoir gratuitement les pauvres et jeunes incurables. Il est sous le vocable de *Notre-Dame de Charité* et contient trois cent cinquante lits.

En 1880, ils ont établi à Scorton (Yorkshire), Angleterre, un asile pour les vieillards, contenant cent lits.

En 1882, ils ont formé à Stillargan, près Dublin (Irlande), un asile d'aliénés contenant cent lits.

Enfin, en 1893, ils ont fondé au Croisic (Loire-Inférieure), sur les bords de la mer, un *Sanatorium* destiné aux jeunes garçons ayant besoin de bains de mer. Ce dernier asile contient deux cents lits.

En résumé, la Province de France compte maintenant deux cent quatre-vingts religieux, répartis entre neuf maisons contenant environ trois mille quatre cents lits.

Les frères de Saint-Jean-de-Dieu suivent les anciennes constitutions de leur ordre, sous la règle de saint Augustin, sauf quelques points incompatibles avec notre législation ; ils jouissent à peu près des mêmes privilèges du Saint-Siège qu'avant la Révolution. Leur costume est le même que celui qui fut marqué par les constitutions faites l'an 1616, excepté que le gris est presque noir. Ils continuent d'ajouter le vœu d'hospitalité aux trois vœux ordinaires de religion.

Ils forment deux classes : ceux de la première servent plus directement à l'infirmerie et s'acquittent des fonctions principales ; les autres sont employés davantage aux ouvrages subalternes. Le temps de probation avant

(1) Mgr de Mazenod, évêque de Marseille, non seulement a approuvé cette association, mais il s'est lui-même inscrit en tête comme président d'honneur et pour la fondation d'un lit. Les noms des fondateurs sont écrits sur chaque lit et plus encore dans le livre de vie.

la profession est de deux ans dans la première classe et de six ans dans la seconde.

Les prêtres ont des épreuves moins longues que les laïques.

C'est ainsi que se reconstituent parmi nous les enfants de saint Jean-de-Dieu. Quel cœur pourrait ne pas applaudir à la restauration d'un institut dont le passé rappelle de si précieux souvenirs pour la religion et pour la France ? Nous l'avons déjà dit : tandis que des malades gisaient dans un affreux pêle-mêle sur les lits des hôpitaux, les frères de la Charité entouraient le pauvre d'un bien-être et d'une sollicitude jusqu'à eux inconnus ; tandis que les habitants de la campagne, frappés par la maladie, manquent trop souvent encore aujourd'hui de médicaments et de soins éclairés, les frères, se répandant au milieu d'eux, leur portaient, avec leurs aumônes, les secours de leur expérience ; enfin, tandis que dans nos armées, alors privées d'administration, le soldat blessé ne recevait que de bien tardifs soulagements, les frères, pleins de courage et de zèle, se transportaient sur les champs de bataille ; d'une main ils relevaient celui que la mitraille avait renversé, de l'autre ils présentaient le crucifix aux lèvres du mourant.

Il n'est donc pas étonnant que les efforts des premiers religieux, pour rétablir leur institut en France après la Révolution, aient été admirablement secondés par la divine Providence.

La haute et bienveillante coopération de NN. SS. les archevêques et évêques, le concours du clergé des paroisses et des communautés religieuses, les offrandes d'insignes et nombreux bienfaiteurs et même de plusieurs têtes couronnées ne leur firent jamais défaut. Plus d'une fois des prédicateurs célèbres, entre autres le P. Mac-Carthy, procurèrent par leur éloquence d'abondantes ressources à l'ordre renaissant parmi nous. Des hommes d'Etat, des écrivains distingués, membres de l'Académie française, comme M. de Falloux, écrivirent des pages entraînantes en l'honneur de saint Jean-de-Dieu et en faveur de ses nouveaux enfants, qui, dans leur reconnaissance, conservent pieusement le souvenir de tant de services et appellent chaque jour sur ceux qui en furent les auteurs les plus saintes bénédictions du ciel.

Tandis que Dieu favorisait d'une manière si merveilleuse les divers établissements des frères hospitaliers, sa bonté inépuisable fécondait leur société par un grand nombre de saintes vocations. Jaloux de porter les glorieux titres du plus noble dévouement que leur avaient légués leurs aînés, ils embrassaient avec amour les missions les plus pénibles. Ils faisaient leurs délices du plus rude travail, des dures privations, d'une extrême pauvreté volontaire et des austérités de la plus édifiante pénitence. Fuyant l'éclat et les dignités, ils n'ambitionnaient qu'une chose : les emplois qui répugnent le plus à la nature. Exposés dans leurs quêtes à éprouver d'humiliants refus, à essuyer d'ignobles injures, et à souffrir des traitements brutaux et quelquefois la prison même, par le zèle aveugle de quelques agents subalternes de l'autorité, ils ne se laissaient pas rebuter par tous les obstacles ; mais, toujours animés d'un courage plus généreux, ils bénissaient Dieu de ce qu'ils étaient trouvés dignes de souffrir pour sa gloire et le bien de leurs frères.

Qui d'entre nous n'a pas vu de nos jours ces zélés religieux s'immoler à l'envi sur l'autel de la charité et trouver une mort héroïque dans leur dévouement à servir les malades au milieu des plus cruels ravages du choléra et des autres épidémies ?

Environ deux cent quatre-vingt-dix d'entre eux sont déjà allés recevoir, nous l'espérons, la récompense de leurs vertus et de leurs bonnes œuvres. Nous voudrions pouvoir les nommer tous ici, et dire quelques-unes des choses admirables qu'ils opérèrent parmi nous ; mais l'espace accordé pour une simple notice ne nous le permettrait pas. Nous sommes obligé de nous borner à faire seulement une courte mention d'un petit nombre.

Nous avons déjà parlé des frères *Paul Unal* et *Jacques Huc*, morts à leur retour de Rome en 1823 : le premier à l'hôpital de Saint-Jean d'Ancône, le second à l'Hôtel-Dieu de Marseille. Nous avons aussi raconté la mort héroïque du Père *Jean Pautard* au milieu des malades atteints du typhus à l'hospice de Savigneux, près de Montbrison. Nous allons en nommer quelques autres en passant.

Le frère *Dominique,* de Marvéjols, mort à l'Hôtel-Dieu de Paris, victime volontaire de son amour pour la pauvreté et l'obéissance. Les Pères *Célestin Auriac, Pierre Payant, Etienne Malaval,* tous les trois enfants de la Lozère, tous les trois prieurs et tous les trois usés par les fatigues du dévouement.

Le frère *Antoine Soulier* se distingua par son humilité, sa douceur angélique, qui apaisait les aliénés les plus furieux, et les inépuisables ressources de sa charité ingénieuse. Perclus de rhumatismes, n'ayant plus qu'un bras de libre, il savait s'aider avec ses dents pour rendre encore au moins quelques services à ses chers malades.

Le frère *Jean-Baptiste Desfontaines,* ancien maire de sa commune aux environs de Lille, entra dans l'ordre à la onzième heure, car il avait déjà cinquante-six ans. Sa vocation tardive fut regardée comme la récompense de la charité sublime avec laquelle il venait de soigner et d'assister jusqu'à la mort le vicaire de sa paroisse, atteint d'hydrophobie, et de qui personne autre n'osait s'approcher. Sept ans après son admission parmi les frères, il est mort à Lille au milieu de ses aliénés qu'il traitait en vrai père.

Le frère *Alphonse Brevet,* né à Viriat, près de Bourg, se fit chérir, pendant trente ans de profession religieuse, par l'aménité de son caractère, sa profonde humilité et son zèle infatigable.

Le Père *Vincent de Paul,* natif de Saint-Paul-Trois-

Châteaux, est cet ancien curé de Rochegude dont le presbytère fut, en 1819, comme le berceau de l'ordre renaissant. Entré lui-même dans l'ordre en 1824, il y fit, en 1850, une sainte mort à Dinan. Nous ne saurions trop louer sa ferveur, sa vie austère, son esprit d'oraison, son évangélique simplicité et son zèle persévérant pour tout ce qui contribuait à la gloire de Dieu.

Le frère *Thomas Dubromel,* convers, natif d'Abbeville, sut vaincre les violentes oppositions de sa famille pour suivre sa vocation. Doué d'une grande intelligence et d'une incroyable activité, il pouvait s'acquitter de plusieurs emplois avec une exactitude admirable. Il se livrait à de grandes austérités : sa charité le porta à faire une neuvaine de longues prières accompagnées d'un jeûne continuel au pain et à l'eau pour obtenir la guérison d'un aliéné très agité. Dieu lui accorda cette grâce. Atteint d'une pulmonie et éprouvant de fréquents vomissements de sang, le frère *Thomas* trouvait encore dans sa piété assez de force pour faire à pied le pèlerinage de Fourvières et entendre jusqu'à neuf messes dans ce vénéré sanctuaire, après une marche de près de deux heures.

Le frère *Alype de Longpré,* fils d'un digne officier de gendarmerie, naquit à Bayonne en 1826. Il quitta un poste lucratif qu'il occupait dans l'administration des finances, et, fuyant un parti très avantageux qui lui était proposé avec de vives instances, il vint à Lyon, en 1856, se faire religieux de Saint-Jean-de-Dieu. Après avoir beaucoup édifié ses frères par sa piété, son humble obéissance et son aimable simplicité, il y est mort au mois de mai 1857.

Le frère *Marie-Auguste de Neubourg,* né à Riorges, près de Roanne, s'est endormi dans le Seigneur au mois de mars de l'année 1858, à Paris, à l'âge de quarante-neuf ans, vingt-six ans après son entrée dans l'ordre. Il sut renoncer aux douceurs qu'il trouvait au sein d'une famille aussi chérie qu'honorable, et aux avantages que lui promettaient son nom et sa fortune, pour embrasser la croix de Jésus-Christ et servir avec amour et humilité ses membres souffrants. Il a rendu de signalés services surtout dans les maisons de Lyon et de Paris.

Le frère *Paul Cellier,* de la Lozère, fut des premiers à entrer dans l'ordre après sa restauration. Il a rempli pendant trente ans les fonctions d'économe avec une rare habileté. Il fut d'un grand secours par son aptitude à diriger les constructions, à soigner le temporel, et en général pour toutes les affaires d'administration. Il sut se concilier l'estime et l'affection tant des religieux que des personnes du monde par ses manières prévenantes et son affabilité toute joviale. Il a fait la mort la plus édifiante à Lille, le 4 juillet 1858, à l'âge de cinquante-huit ans.

Le frère *Tobie,* de Marseille, naquit le 8 mars, jour de la naissance et de la mort de saint Jean-de-Dieu. Il semblait avoir hérité de la vocation de son saint patriarche; il avait une foi et une charité telles qu'il disait ingénument : *Quand je sers mes bons vieux malades, il me semble que je suis devant le très saint Sacrement.*

Nous désirerions vivement parler encore avec quelques détails des frères *Vincent,* Belge, *Stanislas, Jean-Grégoire, Jean-de-la-Croix, Jean-Claude,* de Lyon, etc., etc., qui le mériteraient pareillement; mais nous sommes obligé d'aller vite, et nous aimons mieux terminer en reproduisant l'analyse et quelques extraits de la notice que M. l'abbé Bouix fit paraître sur le jeune et très vénéré frère *Edmond Tavaillot,* né le 8 septembre 1818, à Grimault, dans le diocèse d'Auxerre.

L'enfance du frère Edmond fut chrétienne; mais, venu à Paris à l'âge de vingt et un ans pour y chercher du travail, il se laissa entraîner à vivre peu religieusement. Cependant une maladie providentielle l'ayant contraint d'entrer à l'Hôtel-Dieu, il eut le bonheur de s'y convertir avec une très grande énergie et les plus douces consolations. Il a déclaré lui-même « qu'alors ce fut une chose arrêtée qu'il ne pécherait plus, et qu'en effet il ne croyait pas avoir jamais plus consenti avec connaissance et réflexion à aucun péché, ni mortel, ni véniel. »

On l'engagea à entrer dans l'ordre de Saint-Jean-de-Dieu; il y fut reçu, Dieu aidant, malgré qu'il eût une constitution faible et les jambes difformes.

Dès lors il prit la ferme résolution de devenir un saint; Dieu lui inspira une humilité aussi profonde que sincère, une haute estime de sa vocation, un goût prononcé pour les exercices de piété, de charité et de pénitence pratiqués dans l'Institut, une ardente dévotion envers Notre-Seigneur Jésus-Christ, surtout dans ses souffrances et au très saint Sacrement, et envers la bienheureuse Vierge Marie; en un mot, une très vive affection pour toutes les vertus de son saint état.

Le frère Edmond fut tout de suite un modèle parfait d'humilité, d'obéissance et de renoncement à sa volonté propre ; soit qu'on lui ordonnât un long et pénible travail, soit qu'on lui prescrivît un soulagement nécessaire à sa santé, il obéissait avec une égale et joyeuse soumission.

On ne surprit jamais en lui aucun signe de préférence ou de répugnance pour l'emploi, la maison, la cellule, la nourriture ou les vêtements qui lui étaient assignés. Il ne montra pareillement aucune sollicitude pour la prise d'habit religieux, non plus que pour l'émission des vœux, qui ne devait lui être accordée qu'après plusieurs années, étant frère convers ; seulement, pour compenser en quelque sorte ce retard, et d'accord avec son directeur, il avait en son particulier fait vœu de chasteté perpétuelle et de persévérance à vie dans l'ordre, si ses supérieurs ne le renvoyaient pas.

Rien n'altérait sa tranquillité d'esprit ni sa douceur, et il avait toujours le sourire sur les lèvres, ce qui lui donnait un tel ascendant sur les aliénés, qu'ayant été envoyé pour leur service à la maison de Lille, où un préfet venait d'en placer à la fois un grand nombre qui étaient très agités et causaient beaucoup de troubles et de soucis, il sut, par ses bonnes manières, les calmer, se les attacher et en faire, pour ainsi dire, ce qu'il voulait ; en sorte que la maison entière en était tout émerveillée.

Citons actuellement quelques-unes de ses propres paroles si ingénues et si édifiantes, dictées par obéissance à son père spirituel.

« Une fois que j'ai été adonné sans réserve au service de Dieu, il n'a pas permis que cette ardeur pour ma sanctification ait jamais diminué. Je ressentis dès lors la joie de l'obéissance, comme si j'eusse savouré un fruit délicieux.

« Dieu m'a fait la grâce de m'attirer principalement aux austérités qui sont selon la règle ; mais le soin de me mortifier était continuel. Par exemple, pendant les repas, quand j'avais bien soif, je m'abstenais de boire ; ou la nuit, quand je veillais les malades, je ne m'asseyais pas, et autres mortifications. Ce besoin de souffrir pour Dieu était continuel et si violent, que j'aurais eu plus de peine à ne pas lui offrir un sacrifice qu'à l'omettre. C'était le souvenir habituel de Jésus souffrant qui entretenait en moi ce violent désir.

« Mais, depuis que je suis malade, je ne pratique plus la mortification corporelle comme auparavant, parce qu'on me l'a défendu. Le supérieur m'ayant recommandé de suspendre toute austérité, j'ai supprimé toutes ces pratiques, et je suis l'obéissance tranquillement et sans inquiétude. Il me semble cependant que je serais heureux si Notre-Seigneur m'envoyait de grandes douleurs pendant ma maladie, en sorte que je pusse souffrir beaucoup pour son amour.

« Dès mon entrée, je sentis le bonheur de ma vocation et un grand goût pour les exercices de piété, surtout pour la sainte communion, que j'aurais voulu avoir le bonheur de faire tous les jours. Dieu m'a fait aussi la grâce de m'attirer à lui dans l'oraison. Je me figure que je suis avec Notre-Seigneur, que je lui baise les pieds, et choses semblables. Dans ces considérations, je me trouve sou-

vent comme perdu dans une flamme d'amour divin. En
sortant de ces états, j'avais peine à me mettre au travail,
et les frères en attribuaient la cause à un manque d'intelligence. Ces grâces me viennent ordinairement pendant
les prières, ou le soir en me couchant, ou étant couché.

« Il y avait longtemps que je demandais à Notre-Seigneur qu'il me fît une plaie intérieure comme celle de
son sacré côté. Un dimanche, étant allé à la chapelle
après la grand'messe, je sentis mon cœur comme percé
et s'ouvrant, tandis que jusque-là je le sentais comme
fermé. Je disais et redisais : *Donnez-moi donc, mon Jésus,
de l'eau de la vie éternelle*. Je sentis comme si Notre-
Seigneur versait de son sang dans mon cœur, et ce sang
s'enflamma comme si c'eût été un feu. Depuis cette
grâce, mon cœur a été sensiblement ouvert à l'amour
divin ; auparavant il était comme fermé. Aujourd'hui
j'éprouve comme si cette plaie de mon cœur puisait avec
avidité dans le côté entr'ouvert de Jésus. Souvent, après
ces mouvements d'amour, je me sens nourri et à l'âme et
au corps. Je parle depuis au Seigneur comme à un ami.

« Un jour, tout hors de moi-même, je lui dis : « Mon
« Jésus, si vous faisiez sentir quelque chose de cet amour
« à tous les hommes, ils ne s'attacheraient plus aux
« choses terrestres. »

« Un autre jour, je le vis tout embrasé, et il me
dit : « Si tu savais combien j'éprouve d'amour pour les
« hommes ! J'attends toujours que quelqu'un vienne pour
« partager ces flammes et me décharger de leur surabon-
« dance, et presque personne ne vient. »

« Une autre fois je ressentis la douceur du saint nom
de Jésus avec une impression telle, que cette grâce m'a
paru une des plus marquées que j'ai reçues de sa bonté
infinie. Mais c'est surtout dans la sainte communion
qu'il daigne me combler de ses faveurs.

« Une fois j'ai ressenti vivement la joie de la sainte
Vierge quand le Saint-Esprit vint en elle au moment de
l'incarnation du Verbe. Plusieurs fois j'ai eu le bonheur

de passer la nuit en prières auprès de ses statues ou images. »

Le frère Edmond parlait avec beaucoup de justesse des choses de Dieu, et en avait une connaissance fort étendue. Elle ne venait pas de l'étude ni des efforts de son esprit, mais d'une lumière surnaturelle qui l'avait éclairé en peu de temps. « J'ai compris, disait-il un jour à son directeur, ce mot de l'*Imitation : Heureux celui que la vérité instruit par elle-même, et non par des figures et des paroles qui passent* (liv. I, chap. III). » Il l'avait compris en l'éprouvant ; ses connaissances lui étaient venues sans peine et sans aucun secours humain, par l'oraison et l'union de son esprit avec celui qui est la vérité incréée. Il expliquait quelquefois des passages de la sainte Ecriture avec beaucoup de lucidité, et il avait soin d'ajouter à la fin : « Mais vous savez tout cela bien mieux que moi. »

Son renoncement au monde ne fut pas moins exemplaire. Quoiqu'il eût des parents à Paris, il ne demanda jamais la permission d'aller les voir, et il n'en parlait même pas.

Mûr pour le ciel, il soupirait après le moment où son âme pourrait échanger l'exil pour la patrie. Tous les soirs il disait : *Vingt-quatre heures de moins! que Jésus-Christ soit loué.* Le mercredi saint 1846, vers les dix heures du soir, il déclara à son supérieur que définitivement Dieu l'appelait à lui. Celui-ci lui donnant alors le baiser fraternel, il le reçut en disant : *Je n'en suis pas digne.* Une heure après, ayant été pris d'un crachement de sang plus abondant, il expira sans agitation ni agonie.

Dès que son corps fut exposé à la chapelle, le vendredi saint, il fut l'objet d'une grande vénération. On se pressait autour pour considérer l'air de calme et de contentement qui était resté empreint sur son visage ; on lui coupait des cheveux, et on faisait toucher à sa tête et à ses mains un grand nombre d'objets.

Une institution qui produit de tels dévouements et de semblables vertus peut subir des épreuves, paraître même mourir, mais « elle doit renaître de ses cendres, comme le phénix, cet ingénieux emblème de la charité, parce qu'elle a pour base immuable la loi divine que Jésus-Christ a promulguée sur le Calvaire, parce qu'elle procède, en un mot, du *Dieu qui est charité* (1). »

(1) Leguay, *loc. cit.*, p. 136.

AVERTISSEMENT

Pour composer le travail suivant, nous avons eu constamment sous les yeux une Vie italienne de notre Bienheureux, écrite par un prêtre de l'Ordre de Saint-Jean-de-Dieu, et intitulée : *Vita del Beato Giovanni Grande, detto il Pecador, religioso professo del Ordine ospitaliero di San-Giovanni-di-Dio, scritta da un sacerdote dello stesso instituto. Roma, stabil. tip. di G.-A. Bertinelli. 1853.*

Le religieux qui en est l'auteur n'a pas voulu, par suite de cette humilité qui est traditionnelle chez les enfants de Saint-Jean-de-Dieu, mettre son nom en tête de ce livre aussi remarquable par son style que par la sage ordonnance des matières. Heureusement nous sommes tenu à moins de réserve ; et nous nous empressons de révéler à nos lecteurs qu'il s'appelle P. *Jean-Marie Alfieri*, qu'il a été successivement secrétaire général, Prieur du couvent de Vérone et ensuite Supérieur général de tout l'Ordre. Il a beaucoup contribué, en sa qualité de secrétaire général et comme postulateur de la cause de Jean Grande, à hâter la glorieuse conclusion du procès de sa béatification. Il est pieusement décédé à Rome le 3 août 1888.

VIE DU BIENHEUREUX JEAN GRANDE

DIT LE PÉCHEUR

DE L'ORDRE DE SAINT-JEAN-DE-DIEU

> Da pauperi, ut des tibi : da pauperi
> micam, ut accipias totum panem ; da
> tectum, accipe cœlum ; da res perituras
> ut accipias æternas mensuras.
>
> (S. Petrus Chrysologus.
> *Ap. Thesaur. nov. de Sanctis.*)

CHAPITRE PREMIER

Naissance et premières années de Jean Grande.

Vers le milieu du XVIe siècle vivaient à Carmone, petite ville d'Espagne, située en Andalousie, à six lieues de Séville, et célèbre par ses antiques monuments, deux époux heureux par leur modeste aisance, plus heureux encore par leur probité, la bonne odeur de leurs vertus et leur piété envers Dieu, Christophe Grande et Isabelle Romano. Leur union fut bénie par la naissance de l'enfant privilégié dont nous écrivons la vie. Il vint au monde le samedi 6 mars 1546, et fut baptisé le 14 du même mois dans l'église de Saint-Pierre. Il reçut le nom de JEAN, auquel son humilité lui fit ajouter dans la suite celui de

PÉCHEUR. Paul III gouvernait alors l'Eglise universelle, et Charles-Quint régnait en Espagne.

Dieu prédestine ses élus ; aussi se plaît-il quelquefois à les marquer de bonne heure du sceau de la sainteté. Ainsi fit-il pour Jean. Sa pieuse mère aimait à raconter qu'étant travaillée depuis trois jours par le mal d'enfant et cherchant partout un soulagement à ses cruelles douleurs, elle parcourait éperdue sa maison dans tous les sens. Sans y songer, elle entra dans l'étable ; là, elle fut tout à coup frappée par une lumière extraordinaire ; le saisissement qu'elle en éprouva la délivra aussitôt, et elle mit au jour, presque sans aucune souffrance nouvelle, son fils, qui, par le lieu même de sa naissance, sembla appelé à imiter plus particulièrement le divin modèle d'humilité et de pauvreté, Notre-Seigneur Jésus-Christ, né dans l'étable de Bethléem. Les témoins de ce prodige en furent émerveillés, et Isabelle en fut toute remplie de joie et d'espérance.

On rapportait aussi à Carmone que, le jour du baptême de Jean, sa marraine, qui le portait entre ses bras, entra, sans aucune préméditation, dans un hospice voisin de l'église, comme si elle eût voulu offrir, dès son entrée dans la vie spirituelle, aux pauvres et aux infirmes, celui qui devait plus tard se consacrer tout entier à leur service et y cueillir tant de mérites.

Un autre présage de la future sainteté de Jean, plus évident sans nul doute que les deux autres, se révéla aussi dès son berceau, mais d'une manière permanente. Isabelle Romano avait l'habitude de jeûner les mercredi, vendredi et samedi de chaque semaine ; elle avait pu continuer cette mortification tout le temps que dura sa grossesse sans en ressentir aucune incommodité. On remarqua avec étonnement que, dans ces mêmes jours, l'enfant ne prenait qu'une fois, vers midi, le sein maternel, indice infaillible de la rigueur avec laquelle il devait dans la suite traiter son corps.

C'est avec ces signes frappants de la spéciale prédilection de Dieu que se passa la plus tendre enfance de Jean. Déjà commençaient à se révéler au dehors les trésors de grâce dont son âme était comblée. Loin d'imiter les autres enfants, qui pensent et agissent en enfants, le bienheureux, comme un arbre qui porte des fruits déjà mûrs, se comportait en homme consommé, et faisait à son entrée dans le monde ce que les plus vertueux ne font encore que difficilement lorsqu'ils sont près de quitter la vie. En même temps, la bonté de son cœur se reflétait sur son charmant visage et embellissait encore sa beauté naturelle.

Ses parents s'appliquèrent à cultiver de si heureuses dispositions par une éducation toute chrétienne. Ils y donnèrent tous leurs soins. De même, pensaient-ils, que le vase garde longtemps le parfum de la première liqueur qui lui a été confiée, ainsi l'âme d'un enfant conserve plus fidèlement les principes qu'il a sucés pour ainsi dire avec le lait, et qui ont gravé en lui leur ineffaçable empreinte. Rien aussi ne peut mieux le retenir dans le droit chemin, ou l'y ramener au besoin, que si ces bonnes leçons ont été appuyées par les exemples de ceux qui lui ont donné le jour. Ces exemples ne manquèrent pas à Jean : c'est pourquoi cet heureux enfant grandissait, et avec lui croissaient son innocence et son amour pour la vertu. Encore bien jeune, il fut confié, pour recevoir une instruction convenable, à un prêtre capable et pieux, qui était le sacristain de la paroisse.

Les fonctions de son maître fournissaient à Jean la facilité de cultiver avec les lettres humaines, dans lesquelles il fit de rapides progrès, sa précoce inclination à la piété. Il prenait grand plaisir à servir les messes qui se célébraient à Saint-Pierre, et il s'efforçait de se rendre utile dans les autres offices divins. Son amabilité captivait tout le monde ; le curé lui-même, d'accord en cela avec le précepteur, songea à le diriger vers la carrière ecclésiastique et à lui procurer un bénéfice.

Ce pieux enfant avait pris l'habitude de se retirer chaque soir à l'église ; il se plaçait devant une dévote image de la très sainte Vierge Marie, allumait les cierges de l'autel, et s'appliquait à prier avec une ferveur angélique : c'était sa récréation la plus chère. Le sacristain, l'ayant surpris une fois au milieu des épanchements d'un amour qui jetait chaque jour de nouvelles flammes, trouva d'abord sa dévotion trop splendide et trop dispendieuse pour les intérêts de sa fabrique. Il en fit aussitôt des reproches à son jeune élève. *Veuillez remarquer*, répondit celui-ci avec une admirable douceur, *que les cierges qui brûlent devant Notre-Dame ne se consument point.* Apaisé par cette observation, le sacristain en reconnut lui-même avec plusieurs autres personnes l'étonnante vérité, et l'humble simplicité avec laquelle elle lui fut faite le porta à croire que Jean ne soupçonnait pas même le prodige par lequel jusqu'ici la sainte Vierge voulait lui montrer combien sa dévotion lui était agréable.

Nous lisons dans l'histoire de sainte Catherine de Sienne que, dès l'âge le plus tendre, cette glorieuse épouse du Christ aimait à soumettre son corps à de rudes épreuves et à de nombreuses mortifications. Ainsi en était-il de notre bienheureux. Souvent on le surprit se

donnant la discipline sur les routes désertes de quelque
ermitage qu'il fréquentait nu-pieds, ou dans un coin
retiré de la maison paternelle. A défaut d'instruments
commodes, il se servait d'un trousseau de clefs, avec
lesquelles il se faisait quelquefois de larges plaies qu'il
ne découvrait jamais pour les faire panser, et qui toujours néanmoins se trouvaient subitement guéries par
une intervention divine. Par là se manifestait la main
du suprême Artisan. Dieu préparait ainsi son saint, par
des moyens au-dessus de son âge, à mettre toute sa
confiance dans l'appui céleste, et à jeter les fondements
de cette vie pénitente qui devait l'élever dans la suite à
une si haute perfection. Avec combien de raison, dit son
historien, ceux qui voyaient de tels commencements ne
comparèrent-ils pas cet enfant de bénédiction à ce premier rayon du soleil qui blanchit d'abord la cime des
monts et bientôt après éblouit tout l'univers par l'éclat
de sa lumière !

A mesure que Jean croissait en âge, il s'attachait plus
fortement à ses pieuses pratiques ; il leur consacrait
avec amour tout le temps que ne réclamaient pas ses
études. Ses bons parents laissaient à son précepteur
toute latitude à ce sujet, bien qu'ils ne partageassent pas
sa manière de voir dans la direction qu'il voulait donner
pour l'avenir à leur enfant.

Le jeune écolier fréquentait les églises, avide d'entendre la parole de Dieu, et empressé de conformer sa conduite aux leçons qu'il en recevait. Sa dévotion pour
l'auguste Sacrement de nos autels embrasait déjà son
âme de la plus ardente ferveur. En sa présence, il se
tenait toujours dans un recueillement trop rare, hélas !
dans les enfants de son âge ; il s'attendrissait dans la

considération d'un si grand bienfait pour la terre, et, dans ses continuelles actions de grâces, il se répandait en vifs désirs de travailler à la gloire d'un Dieu qui nous a tant aimés, et qui chaque jour nous prodigue de nouvelles marques de sa charité. Aussi, lorsque le Très Saint Sacrement était exposé, il veillait soigneusement à ce que ses jeunes compagnons se tinssent dans une pieuse attitude, et il s'efforçait lui-même d'imiter de son mieux les chœurs angéliques, que sa vive foi lui montrait formant autour de l'Eucharistie, comme au ciel, une splendide couronne à Jésus-Christ. Il s'appliquait à recevoir cette nourriture divine tous les dimanches et les jours de fête, et il s'y préparait par une confession toujours faite avec attention et accompagnée d'un sincère repentir. Cette excellente pratique augmentait en lui le désir de purifier de plus en plus sa conscience. Ne devait-il pas apporter tous ses soins afin de la rendre moins indigne d'être la demeure du Roi des rois ? Aussi chaque confession, comme chaque communion, fortifiait son cœur déjà si dévoué, et lui faisait faire des pas de géant dans la voie de la vertu.

Est-il besoin de dire que cette âme si pure nourrissait la plus tendre affection envers la Mère de toute pureté, la très sainte Vierge Marie ? Jean honorait en elle d'une manière toute particulière, avec cette aimable vertu, le glorieux privilège de son Immaculée Conception. Il sentait souvent aussi son cœur s'attendrir au souvenir des douleurs qu'avait endurées sa divine Maîtresse. Chaque jour il récitait son saint rosaire avec une touchante ferveur, en méditait attentivement les différents mystères, et se faisait un doux devoir de la prier sans cesse de lui obtenir une connaissance toujours plus profonde de son cher Fils Jésus, un amour toujours plus grand, et une résolution toujours plus affermie de faire en tout sa volonté très sainte. Heureux enfant ! il jetait ainsi les bases de l'édifice spirituel qu'il devait élever si haut, et il montait rapidement les premiers degrés de cette perfection qui l'a mis sur nos autels.

Après Marie, le pieux écolier de Carmone vénérait d'un culte singulier l'illustre vierge et martyre sainte Agnès. Sa tendre jeunesse lorsqu'elle souffrit la mort pour Jésus-Christ, son nom si doux et si gracieux, son angélique pureté, charmaient le cœur de Jean, qui l'appelait habituellement sa mère. Son ardente dévotion pour Marie le portait, en outre, à témoigner une vive affection au disciple bien-aimé, l'apôtre vierge, auquel le Sauveur du monde, du haut de la croix, avait confié sa Mère, à saint Jean l'Evangéliste, son patron dans le ciel. Placé sous une telle garde, son cœur fut préservé de toute flétrissure, et conserva jusqu'à la fin le précieux trésor de la virginité. L'Eucharistie n'est-elle pas, en effet, *le vin qui fait germer les vierges* (1) ? Marie n'en est-elle pas la glorieuse Reine, et sainte Agnès et saint Jean les doux modèles ?

Mais la grâce d'en haut, qui ne le prédestinait pas seulement à s'avancer dans les vertus intérieures, ne permettait pas à Jean de s'arrêter à ces pieuses pratiques, déjà bien supérieures néanmoins à son âge. Sa vie devait être toute consacrée au service des pauvres ; c'est pourquoi il se sentait porté à leur en donner les prémices.

Ennemi des amusements légers et de toute dissipation

---

(1) Zach., ix, 17.

si ordinaire à l'enfance, il évitait avec le plus grand soin ses compagnons vicieux, renonçait de grand cœur à tout ce qui aurait contrarié ses saintes inclinations, et faisait ses plus chères délices d'être avec les malheureux et de se livrer de tout son petit pouvoir à des œuvres de miséricorde. Du consentement de ses pieux parents, il employait ses heures de récréation à visiter les hôpitaux ; il y trouvait de si puissants attraits, qu'il savait admirablement bien disposer son travail de manière à avoir beaucoup de temps à donner à une occupation qui devait dans la suite absorber tous ses instants et imprimer à sa vertu son cachet particulier.

Afin de pouvoir procurer quelques secours aux pauvres qu'il visitait et soulager au moins leur misère par quelques légères aumônes, il prenait fréquemment sur sa nourriture, sur son mince superflu ; il s'imposait même des jeûnes, se privait de certaines commodités, se refusait toute satisfaction, et se réduisait, en un mot, à l'absolu nécessaire. Avec ces pieuses épargnes, il venait en aide à des besoins auxquels son cœur ne pouvait jamais rester indifférent. Sa tendre charité le rendait déjà éloquent : souvent il gagnait la cause des malheureux auprès de ses parents, de sa mère surtout, qui l'aidait de ses largesses. Quoique portée à une certaine recherche dans sa parure, Isabelle était bonne et pieuse : la précoce vertu de son fils, son ingénieuse tendresse pour les pauvres, la remplissaient d'admiration. Comment aurait-elle pu se résoudre à lui refuser ce qu'il sollicitait si bien de son cœur maternel ? Aussi lui confiait-elle avec plaisir la distribution de ses propres aumônes, qu'à son exemple elle savait rendre plus abondantes par les économies qu'elle faisait sur ses dépenses ordinaires.

Tout en se prodiguant ainsi au service des misérables, Jean se considérait toujours comme un serviteur inutile, inutile à la gloire de Dieu comme au bien de ses frères, et la ferme persuasion de son néant lui faisait gagner la vraie abondance. Non content de répandre des bienfaits, il se donnait déjà lui-même avec une telle bienveillance et des manières si affables, que des témoins qui ont déposé dans le procès de sa béatification, ne craignent pas d'assurer que c'était chaque jour une querelle entre les malades des hospices à qui pourrait l'avoir auprès de lui, jouir de son aimable présence et entendre ses douces paroles. A peine avait-il mis le pied dans une infirmerie, qu'il s'entendait appeler de tous les côtés à la fois. Gracieux et modeste en même temps, ce petit ange s'approchait du lit des malades, parlait à tous successivement, et leur suggérait, pour les fortifier, des sentiments de résignation et d'amour bien au-dessus de son âge. Il accompagnait ses discours des marques d'une vénération si sincère pour les pauvres, qu'il était déjà évident qu'il connaissait, sans la perdre de vue une seule minute, la promesse du divin Rédempteur, qui assure dans son saint Evangile qu'il regardera *comme fait à lui-même tout ce qu'on aura fait à ses frères par amour pour lui* (1).

Jean était encore enfant lorsque mourut son père Christophe. Sa mère épousa en secondes noces un nommé Fontanilla, vertueux chrétien qui affectionnait et révérait les belles qualités de son fils adoptif au point de se sentir excité par ses exemples et ses insinuantes paroles à tendre chaque jour vers une plus haute perfec-

____

(1) Matth., xxv, 40.

tion. Isabelle, de son côté, subissait toujours davantage l'heureuse influence des vertus de Jean : aidée de ses conseils, elle se défaisait peu à peu de ses moindres défauts. Ces dignes époux cédèrent dans la suite à l'invitation du bienheureux, et vinrent se fixer auprès de lui à Xérès, où ils passèrent le reste de leurs jours occupés à des œuvres de miséricorde. Isabelle renonça entièrement à toute recherche dans ses vêtements, se couvrit d'une robe de serge, et prit l'habitude de fréquenter les Sacrements, de faire de longues oraisons et de passer de longues heures au pied des autels. Devenue veuve une seconde fois, elle se consacra exclusivement au service des pauvres malades, et mourut dans l'hôpital même de Xérès en grande odeur de sainteté. Dieu, assure-t-on, donna aussitôt des indices certains de son salut. A peine eut-elle rendu l'esprit, que son visage devint beau et resplendissant d'une céleste lumière, et les cierges dont on se servit à ses funérailles furent trouvés en tout semblables pour le poids et la longueur à ce qu'ils étaient avant la cérémonie funèbre.

Nous avons mis ici ces détails, afin de ne pas être obligé, pour y revenir, d'interrompre le récit de la vie de notre bienheureux.

CHAPITRE II

Jean, devenu commerçant, se dégoûte des affaires du siècle et se résout à se consacrer entièrement à Dieu. Il quitte Carmone et se retire dans un ermitage.

Cependant Jean Grande avait atteint sa quinzième année (1561). Ses parents prirent alors à son sujet une détermination qui semblait devoir contrarier les vues de Dieu sur cet enfant de bénédiction. Le lecteur se rappelle que son digne précepteur et le curé de Saint-Pierre désiraient ardemment qu'il embrassât l'état ecclésiastique. Le Seigneur ne l'avait-il pas évidemment choisi pour l'un des siens ? Etait-il possible de songer seulement à le lui disputer ? Malheureusement les calculs de l'intérêt viennent trop souvent séduire le cœur des faibles créatures, et les vrais chrétiens eux-mêmes n'y sont pas toujours insensibles. Ainsi, quoique fort pieux, les parents de Jean, comptant sur son aptitude et la rare douceur de son caractère, fondèrent sur lui des espérances toutes temporelles. Jean lui-même se soumit à leur volonté ; il ne paraît point qu'il ait élevé aucune objection à leur projet. Peut-être son humilité lui faisait-elle redouter de se charger d'un ministère formidable aux anges eux-mêmes ; peut-être aussi désirait-il de voir une grande ville renommée par la beauté de ses églises et la pompe des cérémonies religieuses qu'il aimait tant. Quoi qu'il en soit de sa condescendance, toujours est-il certain que Dieu allait se servir des moyens les plus opposés en apparence à ses fins pour faire acquérir à cet excellent jeune homme les vertus nécessaires à la grande mission qu'il lui destinait dans la suite.

Que voulaient donc les parents de Jean ? Le former au commerce et lui fournir l'occasion d'amasser, en s'y livrant, une belle fortune. C'est pourquoi ils le conduisirent à Séville et le confièrent à un riche marchand de toiles de leurs amis qui habitait la rue des Escobas.

Jean Grande passa dans sa boutique quatre années pendant lesquelles il ne cessa de donner les preuves fréquentes de son éminente vertu. Sa modestie n'avait d'égal que son amour de la justice et de la vérité, sans rien lui enlever de son habileté pour les affaires. Sa prudence savait concilier les devoirs qu'il avait à remplir envers son patron, qu'il respectait comme un père, avec l'observation régulière de ses pieuses et ferventes pratiques. Le marchand de toiles, voyant son négoce prospérer extraordinairement, attribuait ses succès à son vertueux commis ; aussi favorisait-il son inclination à la piété et le vénérait-il comme un autre Joseph qui attirait sur sa maison la rosée du ciel.

Séville, qui renfermait alors dans ses murs un grand nombre d'hospices richement dotés, ouvrait à notre saint jeune homme un vaste théâtre où il pouvait aisément satisfaire le zèle qui portait son cœur vers les infirmes et toute espèce d'infortune. Le plus célèbre de ces hôpitaux était celui de Sainte-Croix, fondé dix-sept ans auparavant par un vénérable ermite connu dans toute l'Andalousie sous le nom de Pierre le Pécheur, à cause de ses austérités, de ses pénitences extraordinaires et de son ardent amour pour la gloire de Dieu et le salut de ses frères. On le voyait quitter de temps en temps sa solitude, paraître au milieu de la ville, vêtu d'un sac, la tête couverte de cendres, une corde au cou, et prêcher partout sur les places et dans les rues le retour au bien et à la mortification. Ses pathétiques exhortations produisaient de grands fruits. Parmi les conversions nombreuses qu'il opéra, la plus remarquable fut celle de Diégo de Léon, riche et puissant seigneur, auquel il adjoignit d'autres pénitents qui, sous son autorité, dirigèrent l'hôpital de Sainte-Croix. Diégo et ses compagnons offrirent à tous les yeux les plus beaux exemples de charité et de pénitence, et ne tardèrent pas à s'agréger à l'institut naissant de Saint-Jean-de-Dieu. C'était au milieu de ces saints religieux que Jean Grande aimait à passer les instants qu'il pouvait dérober à ses occupations. Qui pourrait dire toutes les délices qu'il trouvait dans ses entretiens avec des cœurs si embrasés de l'amour de Dieu et du prochain ? Combien ne devait-il pas surtout goûter les brûlantes paroles du frère Pierre sortant par intervalles de son désert et venant par sa présence et ses exemples réchauffer ses frères bien-aimés ! N'est-il pas permis de penser que c'est alors que se développèrent dans notre bienheureux ces principes de recueillement, de mortification et de dévouement dont il avait révélé les précieux germes dès ses plus tendres années ? et le parti qu'il embrassa peu après, comme nous le verrons, ne justifie-t-il pas toute supposition à cet égard ?

Ses parents toutefois ne perdaient pas de vue leurs projets ambitieux ; ils étaient impatients de le rappeler à Carmone. Leur affection s'alliait à leurs vues intéressées pour lui faire hâter son retour. Pourquoi se priver encore d'un fils tendrement chéri et si digne de l'être ? Et puis, n'était-il pas capable de conduire seul son commerce ? N'avait-il pas assez donné de preuves de sa rare aptitude pour les affaires ? Le marchand de toiles, qui ne trouvait pas son compte à ce rappel, s'y opposait ; et peut-être aussi Jean lui-même, attaché à Séville où il avait tant de facilité pour contenter sa piété et son zèle toujours croissant, témoignait-il le désir d'y prolonger son séjour.

Cependant, lorsqu'il eut atteint sa vingtième année (1566), il lui fallut revenir à Carmone et s'y établir dans un magasin que ses parents avaient pourvu de toute espèce de marchandises. Toujours soumis, Jean apporta dans son commerce cette attention vigilante, cette pure intégrité, cette douce affabilité qui ne le quittaient jamais, et vit ses affaires assez bien prospérer dès le début. La réputation de ses vertus, sa franchise et sa simplicité toujours unie à une probité malheureusement trop rare dans les transactions, lui concilièrent l'estime générale, et ses heureux parents en concevaient déjà les plus brillantes espérances pour l'avenir ; mais Dieu allait bientôt les confondre et les leur faire échanger contre la réalité de biens plus solides que ceux de la terre. Saint Matthieu ne fut-il pas tiré de son comptoir pour être appelé aux honneurs de l'apostolat ? Ainsi allons-nous voir notre jeune marchand, poussé par l'inspiration divine, préférer à son trafic la solitude d'abord, puis le séjour et le service des prisons et des hôpitaux.

Dès les premiers moments même de son arrivée à Séville, il n'avait pu s'attacher aux occupations que ses parents voulaient lui donner ; son obéissance seule lui avait fait vaincre sa répugnance. A force de vertu, il s'était montré plein de zèle et capable. Mais ses pieux exercices, ses visites fréquentes dans les hôpitaux, ses conversations avec les Frères de la Charité, et surtout avec le frère Pierre le Pêcheur, n'avaient fait qu'accroître son éloignement du monde et son désir de se consacrer entièrement à Dieu. C'est pourquoi on ne doit point s'étonner si la délicatesse de sa conscience s'effarouchait des dangers qu'il courait dans la pratique du commerce à Carmone. Son dégoût des affaires en vint à un tel point qu'il ne pouvait plus le dissimuler, et qu'il s'en plaignait à un de ses fidèles employés, nommé Alvaro Lopez, et encore plus à son Dieu dans ses ferventes prières. Il adressait au Seigneur les vœux les plus ardents, afin qu'il lui manifestât sa volonté et qu'il lui enseignât, au cas qu'il dût renoncer à son négoce, le chemin qu'il devait prendre pour le servir uniquement. Une perte considérable qu'il eut à essuyer sur ces entrefaites vint augmenter ses anxiétés, et ne contribua pas peu à hâter la solution de ses doutes.

Ayant acquis une grande quantité de marchandises, il fut déloyalement trompé et sur leur provenance et sur leur qualité ; aussi ne put-il les écouler qu'avec un gros dommage, parce qu'il ne savait pas mentir sur la valeur des objets de sa boutique, et qu'il était le premier à en révéler les défauts. Cette perte l'affligea moins en elle-même qu'elle ne lui fit plus vivement sentir le péril où il se voyait toujours de manquer à la vérité, qu'il chérissait de tout son cœur. *Veillez sur moi,* disait-il à son cher Lopez, *prenez bien garde à ce que je dise toujours la vérité.* « Qu'il est difficile, ajoutait-il, de réussir dans le commerce, si on n'emploie pas des mensonges sur la qualité et le prix de ses marchandises ! » En conséquence, il se sentait de plus en plus détaché du monde et porté à quitter un métier qu'il voyait entouré de tant de périls pour son âme, et il s'ouvrait presque chaque jour de son dessein à son confesseur.

Nous ne pourrions raconter ce qu'il fit alors pour bien connaître sa vraie vocation : il multipliait ses exercices de piété : il se recommandait plus que jamais à ses saints protecteurs, saint Jean, sainte Agnès, et surtout la très sainte Vierge : il redoublait ses aumônes et ses jeûnes, et, prosterné pendant de longues heures au pied des autels, il suppliait le Dieu tout bon qui fait sa demeure dans les tabernacles de lui montrer la voie sûre où il pourrait se sanctifier. Il passait des nuits entières dans de semblables oraisons, et quelquefois, lorsqu'il se retirait dans sa chambre pour y prendre un peu de repos, il recevait des inspirations qui lui semblaient venir du ciel ; il était subitement réveillé par des voix intérieures qui lui reprochaient d'être semblable à ces disciples du Sauveur qui laissaient le sommeil appesantir leurs paupières, tandis que leur divin Maître veillait, priait et suait l'eau et le sang au jardin des Olives. Il entendait aussi qu'on lui répétait sans cesse qu'il n'était point fait pour trafiquer des biens de la terre, mais pour se livrer à de plus nobles occupations. Le bienheureux alors suppliait avec larmes sa Mère très sainte de venir à son aide, et la conjurait de lui obtenir des lumières plus directes et plus décisives, confessant avec la plus grande humilité qu'il n'était capable ni de connaître, ni d'accomplir les volontés du Seigneur sur lui.

Le ciel ne pouvait longtemps rester sourd à des désirs si ardents et si généreux, à des prières si constantes et animées d'une si naïve confiance. Une nuit que Jean priait ainsi, il s'endormit légèrement. La sainte Vierge lui apparut alors, s'approcha de lui, et lui montrant une tunique de grosse serge : *Revêts cette robe, ô Jean,* lui dit-elle ; *c'est sous ce costume que tu serviras mon Fils Jésus et que tu me seras agréable.* Le serviteur de Dieu se réveilla tout hors de lui par la douce joie qui remplissait son cœur, et ne pouvant se lasser de réfléchir à la précieuse faveur que venait de lui faire sa puissante protectrice, sa Mère bien-aimée. Il raconta cette vision à son confesseur, qui l'encouragea à s'abandonner de plus en plus entre les mains de Dieu.

Mais tandis que le ciel préparait ainsi son soldat, l'ange des ténèbres, qui prévoyait quel rude coup il porterait à son empire et combien d'âmes il arracherait à la damnation éternelle, ne restait pas en repos, et cherchait, par toutes sortes de suggestions perfides, à éloigner Jean de sa vocation. Il lui représentait adroitement les conséquences de sa sortie du monde ; il lui en exagérait les périls ; il lui faisait entendre les railleries qui allaient pleuvoir sur lui de toutes parts, s'il revêtait cette bure grossière qui lui avait été montrée dans sa vision. D'autres fois il dépeignait à son esprit le bonheur qu'on goûte à vivre dans son propre pays, les commodités de sa situation personnelle, les biens dont il jouissait, et même les bonnes œuvres qu'il pouvait faire sans sortir de sa maison. Puis il énumérait les difficultés qu'il rencontrerait sûrement dans son nouveau genre de vie, les privations qu'il lui faudrait endurer, et enfin il lui montrait la mort qui les suivrait bientôt, avancée par sa faute et rendant dès lors sa perte plus assurée. Nous savons que, de nos jours, le Père du mensonge n'a pas encore inventé d'autres arguments pour combattre dans les âmes les appels du Dieu de toute sainteté et de toute perfection.

Mais ici Satan avait affaire à une forte partie. Marie, vers laquelle Jean ne cessait de se tourner avec un abandon tout filial, Marie dissipait chaque fois les dangereuses illusions que cet ancien ennemi s'efforçait de faire naître dans le cœur du bienheureux, et ne tarda pas à accorder à celui-ci une entière victoire.

Au milieu de ces terribles épreuves, Jean Grande avait atteint sa vingt-deuxième année (1568); c'était l'heure où il ne devait plus appartenir qu'à Dieu seul. Il était mûr pour le sacrifice, il sut l'accomplir courageusement. Ni l'étonnement de tous ceux qui le connaissaient, ni l'affection de ses amis, ni les tendres observations et le violent chagrin de ses parents ne purent le retenir, ni l'empêcher d'obéir aux pressantes sollicitations de la grâce. Pour se mettre davantage dans l'impossibilité de revenir jamais sur sa détermination, il ne voulut pas seulement changer de vêtements et de manière de vivre, mais encore de domicile et même de patrie. Il sortit un jour tout seul de Carmone et prit le chemin d'un ermitage.

CHAPITRE III

La vie de solitude et de retraite a toujours été chère aux saints de l'Ancien et du Nouveau Testament. Le divin Sauveur lui-même, notre éternel modèle, voulut passer quarante jours dans le désert. Tout le monde sait combien, dès les premiers siècles de l'Eglise, et surtout immédiatement après les persécutions, fleurirent les vastes solitudes de la Thébaïde et de l'Orient. Plusieurs causes concoururent avec les conseils évangéliques à rendre nombreux les anachorètes en Espagne, et principalement en Andalousie. Des pestes fréquentes obligèrent les habitants à s'isoler ; puis vint l'invasion des Maures qui, pendant cinq siècles de domination, contraignirent les chrétiens, qui voulaient garder leur foi, à s'enfuir dans les lieux inhabités. L'amour de la vie érémitique ne s'éteignit point avec les persécutions des infidèles ; elle continua à faire les plus chères délices de quiconque voulait se dévouer à tendre à une plus haute perfection. On ne la pratiquait pas seulement dans les lieux sauvages et cachés à tous les regards, mais aussi aux portes mêmes des villes, dans des ermitages érigés à cette fin par le zèle des solitaires comme par la piété des fidèles. La vénération profonde qu'en ces temps de vive foi on avait pour les ermites, le besoin de conseil et d'encouragement qui se fait si fréquemment sentir, le désir sincère de faire pénitence de ses péchés, amenaient auprès d'eux de nombreux visiteurs, dont un certain nombre finissaient par se faire leurs disciples et leurs compagnons. Leurs cellules elles-mêmes, leurs oratoires ou les cavernes qu'ils avaient habitées devenaient les objets d'un culte public, et souvent le souvenir des actes de vertus dont ces lieux avaient été le théâtre, et qu'avaient pratiqués ceux qui déjà jouissaient sans doute des délices du ciel, y attirait d'autres pénitents, jaloux de marcher sur les traces de leurs devanciers.

On comprend dès lors les motifs de la détermination de notre bienheureux. Non loin de Carmone se trouvait le célèbre désert de Ronda, où s'était retiré le fameux frère Pierre le Pécheur, dont nous avons précédemment parlé. C'était là que cet homme de Dieu avait réuni d'illustres compagnons ; c'était là qu'il les avait préparés à une vie de sacrifices et de dévouement avant de les faire entrer avec lui dans la famille de saint Jean-de-Dieu ; c'était de là qu'il sortait de temps en temps pour aller parcourir les rues de Séville, annonçant les rigueurs des jugements du Seigneur et invitant les pécheurs à la pénitence. Jean Grande, nous l'avons vu aussi, avait eu, pendant son séjour en cette ville, de fréquents rapports avec ce saint personnage et ses pieux disciples. Il n'est guère permis de douter que leurs exemples n'aient exercé une grande influence sur le genre de vie qu'il se disposait à embrasser en quittant son commerce, sa famille et son pays.

Jean s'était d'abord rendu à Marcéna, petite ville voisine de Carmone et située à huit lieues de Séville. Il s'y procura aussitôt un vêtement semblable à celui que lui avait montré la bienheureuse Vierge Marie, et il en sortit le soir même pour se retirer à un ermitage connu sous le nom de Sainte-Eulalie, qui était à peu de distance de Marcéna, et qui est devenu dans la suite un couvent des Pères Mineurs de l'étroite observance.

Là, seul, mais fort de son entière confiance en Dieu et en sa divine Mère, le nouvel ermite, instruit par sa propre expérience, se prépara à soutenir les assauts du démon. Ils ne se firent pas attendre longtemps : il en fut assailli avant même que d'entrer dans la cellule et d'avoir revêtu l'habit qu'il avait acquis. Le combat fut terrible. En un instant le cruel Satan lui présente et le tableau de l'austérité de la vie qu'il va embrasser, et les avantages qu'il a abandonnés, et l'amour de ses bien-aimés parents que son éloignement a plongés dans une douleur amère. Voilà qu'il va être privé de tout, et tout à la fois. Tandis que bien d'autres coulent doucement leurs jours tranquilles dans le siècle, lui, il va les passer loin de toute espèce de consolation. Il va dire adieu à sa famille, à ses amis, à ses richesses, à cet avenir brillant qu'il pourrait aisément se faire par son intelligence et son activité.

Si Jean écoute les suggestions de la chair, s'il oublie de lever les yeux au ciel pour en obtenir des secours, il est perdu ; sa vocation est manquée. Mais ce vertueux athlète aime trop son Dieu pour ne point l'invoquer dans un moment si décisif ; il est fortifié par une grâce intérieure qui lui fait comprendre qu'il ne peut plus reculer et qu'il doit revêtir à l'heure même cette bure grossière, comme les insignes et la confirmation de son entreprise. C'est pourquoi il ne discute point avec le mauvais esprit; dédaignant ses allégations mensongères, il rallume les flammes de la dilection dans son cœur, se jette étendu sur la terre, se dépouille de ses vêtements du siècle pour se couvrir des livrées de la pauvreté et de la pénitence, et s'écrie : « Retire-toi, fausse honte, tu n'as point d'empire sur mon cœur; désormais je dois tout mépriser pour plaire à Dieu et le servir. » Sa générosité reçoit aussitôt une bien douce récompense. Marie, qui a assisté à la lutte de son obéissant serviteur et qui l'a fait triompher, se montre à lui, l'aide elle-même à se revêtir de cet habit qu'elle lui a donné, et : *Ne crains point, Jean,* lui dit-elle, *mon divin Fils et moi, nous sommes ici; nous ne t'abandonnerons jamais dans tes travaux et tes tribulations.* En même temps cette bienveillante protectrice ouvre l'avenir devant lui et lui révèle bien des choses qu'il verra s'accomplir dans la suite de sa vie.

L'Espagne est la terre privilégiée des plus hautes et des plus héroïques vertus : nulle part l'oraison des saints n'a été favorisée de plus sublimes extases, la pénitence des serviteurs de Dieu accompagnée de plus rudes austérités, le zèle du salut des âmes animé d'un dévouement plus ardent et plus généreux. Les habitants de cette catholique contrée semblent ignorer la mesure du bien comme du mal, et ils sont poussés instinctivement à atteindre les dernières limites de l'un comme de l'autre, suivant l'esprit qui les anime. Aux jours où vivait notre bienheureux, c'était une belle époque pour l'Eglise espagnole : les plus saints personnages venaient de faire jaillir sur elle un impérissable éclat. Tous ou presque tous avaient relevé encore l'illustration de leurs nobles actions en se couvrant des plus pauvres livrées de la

pénitence et en ajoutant à leurs noms les qualifications
les plus humiliantes aux yeux du monde.

Excité par de si grands exemples, Jean, qui considérait
l'humilité comme la sauvegarde de sa vertu et de sa
fidélité à correspondre aux grâces signalées du ciel, voulut
en descendre tout de suite tous les degrés, en échangeant
son nom de *Grande* en celui de *Pécheur*. Pour mettre son
costume et sa conduite en harmonie avec le nom qu'il
venait de choisir, il commença dès lors à aller nu-pieds
et la tête découverte, ce qu'il observa toute sa vie; en
même temps il se mit à traiter si rigoureusement son
corps, que ceux qui avaient la direction de sa conscience
crurent devoir imposer des bornes à ses austérités. Il
n'accordait pas un seul moment de repos à son corps, de
peur de laisser refroidir la ferveur de son amour; il avait
passé comme un contrat de société avec sa chair, lui
promettant la puissance des biens éternels en échange
des faux biens de la terre qu'il lui ravissait bon gré
mal gré.

Il ne tarda pas à recueillir les premiers fruits de son
généreux sacrifice : son âme fut inondée d'une indicible
joie ; il se sentait plus fortement que jamais porté à
reconnaître la merveilleuse bonté de Dieu à son égard ;
il levait sans cesse les yeux au ciel pour le remercier, se
reprochait amèrement ce qu'il appelait son ingratitude,
s'accusait de son impuissance à correspondre aux sollicitations de la grâce, s'anéantissait dans la considération
de ses misères, et conjurait sans cesse le Seigneur de lui
accorder de continuer ce qu'il avait commencé avec son
secours.

Jean comprenait que la solitude où il s'était renfermé
n'était qu'une espèce de noviciat qui devait le préparer à

accomplir les œuvres de charité vers lesquelles il se sentait toujours fortement attiré, sans voir néanmoins par quels moyens précis il arriverait à cette vocation. C'était pour lui un nouveau motif de travailler avec plus d'ardeur à sa perfection, de se livrer à des oraisons plus longues et de pratiquer de plus rudes pénitences. Il espérait ainsi incliner le cœur de Dieu à lui manifester plus clairement sa volonté; et, pour se retremper dans ses saintes résolutions, il se transportait quelquefois dans le champ voisin de sa cellule, où, avant que d'en franchir le seuil, il avait soutenu une lutte violente contre le dé-mon et remporté sur lui une si glorieuse victoire. En ce lieu, le souvenir du passé le remuait profondément et le portait à supplier avec une plus amoureuse confiance son doux Jésus et sa très sainte Mère de mettre le comble à ses désirs.

Un jour qu'il accomplissait cette sorte de pèlerinage, notre bienheureux aperçoit sur la voie publique deux pauvres (1) gravement malades. Le Seigneur lui inspire d'aller à eux; il les conduit comme il peut à Marcéna, leur procure un asile, et va leur quêter des ressources qu'il trouve en assez grande abondance pour y faire par-ticiper d'autres malheureux. Ce touchant apprentissage de miséricorde et de charité est béni de Dieu, qui fait connaître à Jean, dans l'oraison, qu'il l'a eu pour agréable et qu'il lui en donnera de grandes récompenses. Cet événement, l'approbation d'en haut, la douce satisfaction qu'il rapporte de ses bonnes visites à ces deux infirmes, la mémoire des pieuses inclinations de sa jeunesse qui l'ont conduit si souvent aux hôpitaux et qui se réveillent

(1) Un' uomo ed una donna. — Un hombre y una muger. (Mascarenas, cap. iii.)

en lui plus vives que jamais, tout cela est pour lui comme une révélation de ce qu'il doit faire. *O mon Dieu,* répète-t-il souvent alors, *ô mon miséricordieux Seigneur, vous qui avez daigné me retirer du monde afin qne je ne vive plus que pour vous seul, est-il vrai que vous me destinez à vous servir dans vos pauvres ?*

La voie semble enfin ouverte devant lui, mais d'une manière encore trop confuse pour qu'il puisse y entrer sans crainte de s'y égarer. Il doit donc attendre encore et se préparer toujours à la noble mission qu'il espère par ses prières incessantes et les exercices les plus propres à faire mourir les rébellions de la nature, et à ne laisser vivre et croître que l'homme nouveau selon le Cœur de Jésus-Christ. L'heure ne tardera pas à sonner où cesseront toutes ses incertitudes.

<div align="center">~~~~~~</div>

CHAPITRE IV

**Jean va à Xérès et consacre ses soins aux prisonniers.
Noble mission qu'il reçoit de Jésus-Christ.**

Le bienheureux Jean racontait, sur la fin de sa vie,
qu'avant de quitter sa ville natale, il était allé un jour
prendre une récréation dans une délicieuse campagne
voisine de Carmone, avec ses parents et ses amis, et que
là il avait entendu distinctement une voix lui dire : *Va
à Xérès, c'est là que tu serviras le Seigneur ; car tu n'as
pas été créé pour jouir de ces beautés passagères.* Le
serviteur de Dieu ajoutait que cette voix mystérieuse
avait beaucoup contribué à la détermination qu'il avait
prise de s'éloigner de son pays.

Mais voici que près de Marcéna, dans son ermitage de
Sainte-Eulalie, pendant qu'il passe les nuits à répandre
son cœur dans l'oraison devant Dieu, il est sans cesse
poursuivi par une inspiration qui, semblable à une voix
intérieure, lut répétait toujours : *Je ne t'ai créé que pour
le soulagement des pauvres.* Cette voix lui rappelle celle
qu'il a déjà entendue à Carmone, et, une nuit entre autres
qu'il s'applique à en saisir la signification, il lui semble
marcher dans un chemin où Dieu lui-même l'a placé et
qui le conduit directement à Xérès.

Jean ne doute plus alors que c'est dans cette ville que
le ciel l'appelle. Au point du jour qui suit la nuit où il a

eu cette dernière vision, il part et se dirige vers Xérès
de la Frontéra.

Xérès *de la Frontéra,* l'antique *Asta Regia,* qu'il ne
faut pas confondre avec les autres villes du même nom
en Espagne et en Amérique, est une fort belle cité de
l'Andalousie, située entre Séville et Cadix, à peu de distance de Marcéna, et faisant partie d'une ligne de fortifi-
cations qui défendaient autrefois la frontière contre les
invasions des Maures. Elle tomba en leur pouvoir après
la funeste défaite qu'essuya sous ses murs, en 712, Rodrigue, roi des Visigoths, et ne leur fut enlevée qu'en 1264,
par la victoire que remporta sur eux à son tour Alphonse
le Sage, roi de Léon et de Castille. Au temps dont nous
parlons, cette ville renfermait trente mille habitants, possédait de grandes richesses, et comptait dans son enceinte
plusieurs hôpitaux bien dotés, neuf couvents de religieux
et cinq de religieuses. On y voyait quelques beaux édifices, des rues très commodes pour l'époque et une place
remarquable, connue sous le nom *des Arènes.* Elle était
entourée de boulevards très agréables, principalement du
côté d'Utréra et de la route de Séville, à la naissance de
laquelle est encore une chartreuse des plus fameuses par
son architecture et ses richesses.

C'est vers cette ville que s'avança Jean Grande, guidé
par cet esprit qui ne souffre ni délai ni lenteur. Tandis
qu'il côtoie les riantes rives du Guadalquivir, mille
douces pensées, mille projets d'amour et de fidélité
envers son Dieu se succèdent dans son esprit et em-
brasent son cœur. Lorsqu'il est près du lieu où ce fleuve
majestueux va se perdre dans l'Océan, il aperçoit tout à
coup les minarets de Xérès. Délicieusement réjoui par
cette vue, il bénit le Seigneur avec effusion. A peine a-t-il

fait le premier pas dans la ville, qu'il éprouve un vif sentiment de bonheur, et ne peut plus douter que ce ne soit véritablement bien là qu'il doive servir Dieu et se donner à lui pour toujours. Ce sentiment ne fut point fugitif, il le goûta tant qu'il vécut, et il avait coutume de dire, dans la suite, que lorsqu'il était obligé par ses affaires de s'éloigner pour quelques jours de Xérès, il ressentait un malaise qui ne cessait qu'à sa rentrée dans ses murs.

Jean, habitué à commencer toujours par Dieu, se dirige aussitôt vers le couvent de Saint-François, s'y confesse et y reçoit la sainte communion avec de nouvelles marques de contrition et d'humilité. Ensuite, toujours défiant de ses propres lumières, il va retrouver le Père auquel il s'est adressé, lui raconte toute sa vie et lui communique ses desseins. *Puisque Dieu vous a choisi pour le servir dans ses pauvres,* lui dit le saint religieux, *allez remplir cette mission auprès des prisonniers qui sont dans les plus grands besoins, et qui n'ont jusqu'ici personne qui leur procure quelques soulagements, ni qui leur adresse quelques paroles de consolation et d'édification.* Jean le Pécheur obéit sans retard ; il court aux prisons, s'applique avec la plus grande compassion à donner ses soins aux malheureux qui y sont renfermés, leur mendie des secours, et ne prélève sur les aumônes qu'il reçoit que ce qui lui est absolument nécessaire pour ne point mourir de faim.

Il s'acquitte avec tant de zèle et de désintéressement de la pénible mission qu'il s'est imposée, que l'autorité met à sa disposition une chambre dans le local même des prisons. Persuadé de faire la volonté de Dieu, il se donne à cette œuvre avec une résolution qui exclut toute incertitude ; il y emploie toutes les heures du jour et se réserve la nuit pour ses prières. Il tâche de distribuer ce qu'on lui donne selon les besoins de chaque prisonnier ; il leur témoigne à tous un grand amour, ne se refuse à aucune de leurs importunités, écoute avec une compatissante patience le récit de leurs misères, et s'excite sans cesse à vaincre les obstacles qui l'empêchent de combler leurs désirs. Il n'épargne rien pour y réussir : son amour pour Dieu, il le reporte sur ses membres affligés. C'est cet amour seul qui lui a fait surmonter la répugnance qu'il a dû ressentir la première fois qu'il est allé mendier par les rues de Xérès. Accoutumé jusqu'ici à dépenser à son gré et à commander même, il a bien dû lui en coûter sans doute pour s'assujettir aux caprices des autres et s'exposer à la chance de ne trouver quelquefois ni pitié ni miséricorde pour lui-même. Mais ce même amour lui avait appris ce que nous devons à *Celui qui, étant riche,* comme dit saint Paul (1), *s'est fait pauvre,* et qui, étant la source de toutes choses, a souffert la faim et la soif pour nous guérir de nos maux.

L'ardeur du pieux disciple à imiter les leçons et les exemples de son divin Maître le porte à ne se laisser rebuter par aucune difficulté, de quelque côté qu'elle puisse venir. C'est pourquoi, avec la même générosité qui lui a fait surmonter les dégoûts de la mendicité, il endure les peines cruelles que le démon lui suscite jusque dans les lieux où il s'immole par sa charité et de la part même des malheureux qu'il comble de ses soins. Agissant uniquement pour plaire à son aimable Rédempteur, qui, du haut de la croix, disait à son Père, en parlant de ses bourreaux : *Pardonnez-leur, car ils ne savent ce qu'ils*

(1) II Corinth., VIII, 9.

font (1), Jean n'est point troublé de trouver de l'ingratitude dans les misérables auxquels il donne sa vie ; l'indignité de ces êtres pervers, qui en viennent jusqu'à
charger leur bienfaiteur d'injures et de toutes sortes de
marques de mépris, ne peut affaiblir en rien la vivacité
de son dévouement pour eux tous ; il n'y répond que par
une inaltérable patience et par un redoublement d'atten-
tions à leur égard. On se fait comme un jouet de sa personne dans la prison, et on finit même par le souiller
d'ordures. Le bienheureux profite de tous ces mauvais
traitements qu'il subit pour entrer encore plus dans la
considération de son néant ; il songe à ses péchés, et il
croit qu'il mérite, pour les expier, des châtiments bien
autrement cruels. Si sa sensibilité naturelle en est parfois émue, il se raffermit aussitôt dans sa résignation
sublime, en s'efforçant de recueillir pour lui d'utiles
fruits de toutes ces épreuves qui le détachent encore plus
des créatures et le font tendre avec plus de force vers
son Seigneur et son Dieu. Cette conduite remplit d'édification ceux qui en sont les témoins ; elle étonne même
ses misérables persécuteurs, qui ne peuvent s'empêcher
d'admirer une telle vertu, et dont plusieurs se conver-
tissent au Dieu qui sait l'inspirer et la soutenir. Mais ce
Dieu d'amour et de charité, qui condamne si sévèrement
le vice de l'ingratitude, contemplait du haut du ciel la
constance de son serviteur ; il ne voulut pas le laisser
plus longtemps souffrir un si cruel martyre de la part de
ces viles créatures si peu dignes qu'il leur continuât son
dévouement.

Cependant Jean avait déjà passé trois ans à leur

(1) Luc, xxxiii, 34.

service : c'était vers le milieu de 1571 ; il avait atteint sa vingt-cinquième année. Une nuit qu'il était en oraison, demandant à Dieu pour ces infortunés le soulagement spirituel et corporel, et pour lui la patience de supporter leurs injures, Jésus-Christ se montre à ses yeux, le corps tellement affligé et couvert de plaies, que cette vue rend le bienheureux profondément attristé. Alors le Sauveur, compatissant à sa douleur, l'encourage à souffrir pour lui, et, l'invitant à se transporter à l'hôpital, lui dit : *Jean, aie soin de mes pauvres infirmes, et je serai guéri en leur personne.*

On sait que saint Jean-de-Dieu eut une vision à peu près semblable au commencement de sa carrière de charité. Il nous serait impossible de dire les sentiments que celle-ci fit naître dans le cœur de notre saint ; elle fut pour lui comme un puissant aiguillon qui le porta invinciblement à soulager les malades et en même temps à user contre lui-même d'excessives rigueurs, s'affligeant encore de ce qu'il ne pouvait faire de son corps une copie réelle de celui de son adorable Rédempteur.

Docile à l'inspiration divine, Jean ne se laisse arrêter par aucune considération : dès que le jour a paru, il va à l'hôpital de Notre-Dame des Remèdes, situé près de la place des Arènes. Là, il consacre tout le temps qu'il ne donne point à l'oraison à quêter des aumônes et à assister les malades ; il rend tous ces services avec un soin et une intelligence admirables, et il sait les accompagner de ces manières douces et affables qui vont si bien au cœur de ceux qui souffrent. Tout en soulageant ces corps affaiblis ou torturés par la douleur, il n'oublie point leurs âmes, bien autrement précieuses à ses yeux ; il leur prodigue des secours bien plus utiles encore.

Mais là aussi les persécutions de l'éternel ennemi ne
tardent pas à assaillir l'homme de Dieu. Vaincu à Carmone, à Marcéna, dans les prisons de Xérès, le démon
ne croit point encore à une défaite complète ; il aspire à
une revanche, et il veut essayer de nouveau d'arrêter les
progrès dans la vertu de ce serviteur des pauvres dont la
charité doit porter de si rudes coups à son empire. Il se
sert pour cela d'un moyen fort habile et paraît bientôt à
la veille de réussir. Voici comment :

Peu de jours avant l'arrivée de Jean à Xérès, on y avait
condamné à la potence un misérable qui s'était donné
comme le disciple de saint Jean-de-Dieu et y avait
recueilli, au nom des pauvres, des aumônes fort considérables, parce que le nom de ce saint patriarche était
déjà en grande vénération dans cette ville. Chargé en
quelque sorte de butin, ce fourbe s'était enfui furtivement. Des soupçons s'élevèrent aussitôt ; poursuivi, il
fut arrêté, emprisonné, jugé, convaincu d'escroquerie et
d'un grand nombre de crimes, et livré aux mains des
exécuteurs de la justice. Ce fut sur ces entrefaites que
Jean avait paru dans Xérès. Dès les premiers jours qu'il
se mit à mendier pour les prisonniers, sa jeunesse et sa
bonne mine le firent accuser hautement d'hypocrisie, et
bien des gens lui prédisaient un sort semblable à celui du
faux Père. Le souvenir de celui-ci se réveilla plus vif encore lorsque Jean se présenta à l'hôpital, parce qu'il était
en contact avec un plus grand nombre de personnes :
c'était à qui lui trouverait des points de ressemblance
avec le criminel si justement puni.

On comprend sans peine ce que Jean dut en souffrir ;
aussi les opprobres, les humiliations qu'il lui fallut
endurer le jetèrent-ils parfois dans un grand découra-

gement. Le démon l'attendait là ; vite il lui souffle la tentation de quitter, avec son habit grossier, ses pratiques de charité. Mais Jean, loin de se relâcher en rien de ses prières, les prolonge davantage, attendant de Dieu seul les forces qui semblent devoir l'abandonner. Une nuit qu'il est plus tourmenté que de coutume par ces dangereuses pensées, il frappe cruellement sa chair à dix reprises différentes et répand devant Dieu ses oraisons mêlées d'abondantes larmes. Il entre alors dans une sublime extase, et, au milieu des choses élevées et mystérieuses qui lui sont révélées et que la parole humaine ne peut faire connaître, il entend distinctement cette promesse : *Jean, ne t'attriste point au sujet de tes tentations, ni des calomnies des hommes. Considère tout ce que j'ai fait pour toi, et tu trouveras qu'il ne faut pas un grand effort à un ami pour souffrir beaucoup pour celui à qui il doit tout. Je t'aime ; que mon amour te tranquillise et te fasse mépriser tout le reste.*

Aussitôt des consolations célestes inondent son âme raffermie, et il se sent disposé à tout souffrir pour un Dieu qui l'assure ainsi de son amoureuse bienveillance. Mais, à mesure qu'il se prépare aux souffrances, il semble qu'elles viennent pleuvoir sur lui avec plus d'abondance et d'impétuosité ; il est maltraité dans toutes les circonstances et jusqu'au milieu de ses entretiens avec le ciel. Ainsi, un jour qu'il goûte dans l'oraison une joie qui déborde et transfigure son visage, quelques personnes qui s'en aperçoivent s'approchent de lui, le comblent d'injures, le traitent d'ivrogne, de possédé du démon, et en viennent jusqu'à lui donner des soufflets et des coups de poing. Les délices dont il jouit dans son union intime avec Dieu absorbent tous ses sentiments et lui font trouver plus facile de supporter ces indignités que de chercher à s'y soustraire en s'arrachant à la douceur de sa contemplation.

Battu sur ce point encore, le diable dressa une autre batterie : il ameuta contre Jean le directeur et les administrateurs de l'hôpital. Ceux-ci prétendirent que son excessive charité les obligeait à faire des dépenses superflues pour les malades, et que, sous les dehors de l'humilité, il aspirait à tout gouverner. Ces accusations étranges avaient leur cause dans la comparaison qu'ils ne pouvaient s'empêcher de faire de leur conduite, si entachée de négligence et d'irrégularité, avec le dévouement si entier et si désintéressé du bienheureux, et aussi dans les tendres reproches que celui-ci leur en avait quelquefois adressés. C'est pourquoi, sous le spécieux prétexte d'économie, ils le chassèrent subitement de leur maison. Ce fut un coup de foudre pour le serviteur de Dieu et un grand scandale dans toute la ville. Chacun en parla à sa manière. Plusieurs néanmoins prirent le parti de Jean ; un religieux se plaignit même du haut de la chaire de l'injure qui lui était faite, et témoigna avec une grande liberté son étonnement qu'on souffrît qu'il fût porté un aussi grave dommage aux pauvres malades de l'hospice, en les privant des soins d'un homme aussi charitable que l'était Jean le Pêcheur. Mais ce fut en vain : Jean fut contraint de s'éloigner de cet établissement qui lui était devenu si cher et où il s'était employé deux années consécutives à la pratique de toutes sortes de bonnes œuvres (1573).

CHAPITRE V

**Pénibles épreuves du serviteur de Dieu. Bientôt ses enne-
mis deviennent ses protecteurs. Il fonde un Hospice et
reçoit ses premiers compagnons.**

Si Jean Grande eût pris pour règle de ses actions son
caprice, son humeur ou une certaine compassion naturelle pour le prochain, il est hors de doute que ce qui venait
de lui arriver dans l'hôpital de Notre-Dame des Remèdes
aurait suffi pour faire éclater à tous les yeux le peu de
solidité de sa vertu, et l'aurait jeté lui-même dans un
découragement insurmontable. Mais le souvenir de la
vision céleste, dans laquelle Dieu l'avait chargé du soin
des malades, le soutenait au milieu de cette rude épreuve;
son humilité, qui lui faisait attribuer son expulsion igno-
minieuse à sa négligence dans le service des pauvres du
bon Dieu, l'aidait à la supporter avec résignation ; enfin,
la prudente direction de son confesseur, le chanoine
Rendon, maintenait son cœur dans un calme parfait. Il
souffrait sans doute, moins de la confusion qui était tombée sur lui que de songer entre quelles mains il avait
laissé ses bien-aimés malades. Mais, plein de confiance
que Dieu ne tarderait pas à ouvrir un nouveau champ à
son zèle, il s'appliqua à bien mettre à profit le temps qui
lui était donné jusque-là pour se purifier de plus en plus
par l'oraison et les austérités de la pénitence, sans laisser

toutefois passer aucun jour où il ne pratiquât encore quelque œuvre de charité en faveur soit des prisonniers auxquels il avait d'abord donné ses soins et qu'il n'avait jamais entièrement abandonnés, soit des pauvres qu'il rencontrait dans les rues, soit des malades qu'il visitait dans leur propre demeure, soit enfin de ceux qui étaient admis dans les autres hôpitaux, bien qu'il en fût aussi exclu par les administrateurs, que son expulsion de Notre-Dame et les calomnies répandues sur son compte avaient prévenus contre lui. Malgré ces obstacles, son ingénieuse charité lui faisait trouver, même parmi les serviteurs de ces établissements, des cœurs compatissants qu'il chargeait du soin de distribuer le fruit de ses aumônes ou le superflu de son modique entretien. La quête pour les malheureux devint alors sa principale occupation, quoiqu'il y fût abreuvé de bien des déplaisirs et qu'il eût à y supporter toutes les persécutions que lui suscitaient les employés de l'hôpital de Notre-Dame des Remèdes.

Le ciel sembla mettre le comble à ces épreuves en permettant qu'à cette même époque un nouveau gouverneur de Xérès se tournât contre son serviteur. Que ce magistrat ait été prévenu par les fausses accusations débitées sur le compte de Jean le Pécheur, ou que sa seule méchanceté lui ait fait prendre sa vertu en aversion, c'est ce que nous ne saurions décider, puisque le procès de la béatification, qui nous a transmis le souvenir de ce que nous allons raconter, ne dit rien à ce sujet. Quoi qu'il en soit, ce gouverneur ne laissait échapper aucune occasion de témoigner hautement sa désapprobation de la conduite du bienheureux : à chaque fois qu'il était question de lui, il le traitait d'imposteur ; il manifestait

le désir de le surprendre en faute, afin d'avoir un prétexte pour le faire fouetter publiquement par toute la
ville. Un jour entre autres que Jean demandait l'aumône
sur la place des Arènes, le gouverneur vint à passer
avec quelques gentilshommes : *Voyez,* s'écria-t-il, *voyez
ce fourbe ! Oh ! que j'aurais de plaisir à lui faire donner
cent coups de fouet !* Les gens de sa suite ne manquèrent
pas d'applaudir, soit pour flatter leur maître, soit qu'ils
partageassent ses sentiments. L'un d'eux néanmoins
s'éloigna, rejoignit le bienheureux, et lui dit tout bas à
l'oreille d'éviter la rencontre du gouverneur : *Prenez
garde,* ajouta-t-il, *prenez garde, mon frère Jean, parce
qu'il vous déteste et voudrait vous faire fustiger en
public. — S'il le faisait,* répondit Jean, *il ferait une chose
juste et sainte, puisqu'il ne trouvera jamais une créature
plus mauvaise, ni qui le mérite mieux que moi. Du reste,*
continua-t-il, *je vous remercie de votre affectueux conseil,
quoique je ne croie pas devoir le suivre. Dieu me protège
et me garde, et je penserais l'offenser si je craignais les
hommes.* Le Seigneur, en effet, qui veille, comme sur la
prunelle de ses yeux, sur celui qui se confie en ses
miséricordes, ne tarda pas à donner à Jean la preuve
manifeste de sa protection.

La nuit même qui suivit le vœu barbare du gouverneur, celui-ci fut saisi d'une indisposition telle, que les
médecins, ne sachant qu'ordonner, désespéraient du salut
de leur malade. Le chanoine Rendon en est informé; il
avertit aussitôt Jean d'aller trouver le gouverneur. L'humble Jean, qui ne soupçonne pas les merveilleux effets
que son digne confesseur attend de cette visite, cherche
à s'excuser : *Je ne saurais vraiment,* dit-il, *ni comment
ni pourquoi me présenter devant ce magistrat. Je lui suis*

*odieux ; il a même assuré qu'il veut me faire fouetter.
S'il est malade, je le recommanderai à Dieu.* Mais Rendon
insiste et lui ordonne d'obéir. Jean part aussitôt. Dès
qu'il est arrivé dans la chambre du gouverneur, on prévient celui-ci, qui s'écrie : *Que vient faire ici ce manant ?
Il faut aussitôt qu'on le renvoie sans le recevoir.* Quelques
personnes pieuses qui l'entourent, et qui considèrent son
mal comme un châtiment de Dieu, l'en détournent : *Que
Votre Grâce permette qu'il entre,* disent-elles, *puisque
c'est un saint et que nous le vénérons comme tel.* Et, sans
attendre son consentement, elles introduisent le bienheureux auprès du malade. Jean se présente avec un grand
respect : *Comment allez-vous ?* lui demande-t-il. — *Très
mal,* répond le gouverneur ; *recommandez-moi à Dieu.*
Jean reprend confiance ; il ravive toute sa ferveur pour
se venger de l'injure qu'il a soufferte par une plus grande
effusion de sa charité. *Courage !* continue-t-il, *remettez-
vous entre les bras du Seigneur ; ne craignez rien de
votre maladie.* Là-dessus, il lève les yeux vers le ciel,
pose une main sur la tête du malade, récite le *Salve
Regina,* et dit simplement en se retirant : *Mon frère le
gouverneur, soyez-en sûr, vous guérirez, et nous nous
reverrons tel jour, lorsque, plein de santé, vous assisterez
à la procession de saint François.*

Quelque bonne opinion qu'ils aient du bienheureux,
les assistants ne peuvent ajouter foi à ses paroles, parce
que le malade leur paraît trop gravement affecté, et le
jour assigné pour son parfait rétablissement trop rapproché. Mais à peine Jean est-il sorti de la chambre du
gouverneur, que celui-ci commence à aller mieux et se
trouve fort bien après quelques instants. Les médecins
sont appelés auprès de lui. Quel n'est pas leur étonne-

ment de ne lui plus reconnaître de fièvre et de le voir rapidement se rétablir ! Le jour de la fête de saint François, désigné par le serviteur de Dieu, il est complètement guéri, et il peut assister à la procession ; c'est là qu'il revoit pour la première fois Jean le Pécheur, ainsi que Jean lui-même le lui avait annoncé. Il est facile de s'imaginer son émotion et sa reconnaissance : l'amour a pris la place de la haine. L'éclat qu'il avait donné à ce dernier sentiment, il le donne avec plus d'ardeur encore à son affection pour le bienheureux, et il fait naître toutes les occasions pour lui en prodiguer les marques les plus irrécusables. Jean, dans son humilité si profonde, s'afflige de la gloire qui en rejaillit sur lui ; mais la ville entière en est édifiée et s'en réjouit. Le démon est encore terrassé au moment où il croyait triompher ; car les éloges du gouverneur et sa haute protection contribuent puissamment à faire tomber bien des préjugés que l'enfer avait amoncelés contre le serviteur de Dieu. On se prend à l'estimer, on approuve ses projets, et on s'empresse de lui venir en aide pour ses bonnes œuvres.

C'est alors que Dieu choisit deux hommes vertueux pour en faire les principaux appuis de Jean Grande. Les docteurs Augustin de Villavicence et Jean Nunez de la Cerda, tous deux frères majeurs de la confrérie de Saint-Jean-de-Latran, avaient, dès le principe, déploré l'injuste conduite qu'on tenait à l'égard du bienheureux, au grand détriment des pauvres malades ; ils avaient conçu pour lui une plus grande vénération encore, en le voyant mettre toute sa confiance en Dieu, sans chercher à se justifier, malgré les efforts acharnés que faisaient ses nombreux ennemis pour soulever la ville contre sa personne. Voulant réparer les torts portés aux pauvres par les indignes cabales de ces misérables et en même temps consoler leur pieux ami, ils songèrent à lui offrir, avec la promesse de leur concours, un local où il pût élever un autre hospice qui serait situé tout près de l'église de leur confrérie.

Jean accepte avec joie leur proposition : la cession du terrain faite, les constructions sont aussitôt commencées avec les offrandes de ces deux illustres bienfaiteurs et les aumônes que recueille le serviteur de Dieu. L'ouvrage est poussé si rapidement que, l'année suivante (1574), la ville étonnée compte dans ses murs un nouvel hospice richement fourni de toutes choses nécessaires. Le jour de son ouverture est une véritable fête populaire. Quel grand sujet de joie pour les âmes pieuses de voir ainsi la vertu consolée et amplement dédommagée de tous les mauvais traitements qu'elle a soufferts ! Par une admirable compensation, Dieu a su tirer du mal même un plus grand bien. Le plus heureux de tous sans contredit est Jean le Pécheur ; enfin il peut donner une plus grande expansion à son ardente charité. Aussi comme il accueille tous les malades qui se présentent à lui ! S'il ne peut en admettre qu'un petit nombre dans ses infirmeries encore trop étroites, semblable à une tendre mère, il donne à tous quelques secours et les renvoie fortifiés par ses bonnes paroles. Son zèle lui gagne bientôt la confiance illimitée de la ville : Augustin de Villavicence et Jean Nunez de la Cerda, désireux d'ouvrir un champ plus vaste à un si fécond dévouement, s'empressent de lui céder encore l'hôpital des pèlerins qui est voisin et qui appartient à leur confrérie, et de lui assurer la continuation des mêmes aumônes que leurs confrères consacraient chaque année pour le soutenir. Jean le réunit au sien ; il donne à cette double fondation le nom de la Purification ou Notre-Dame de la Chandeleur. Le peuple reconnaissant l'appela dans la suite l'hôpital du frère Jean le Pêcheur ; plus tard, il prit et conserva le vocable de saint Sébastien, patron de l'église à laquelle il était attaché. A mesure que le bienheureux voit augmenter ses ressources, il agrandit ses salles et augmente le nombre de ses lits pour les malades.

Pendant longtemps il est seul pour le service ; s'il a des aides quelquefois, ce ne peut être que lorsque quelques-uns de ses bienfaiteurs ou de ses amis les lui prêtent de loin en loin. Malgré cet isolement, il pourvoit à tous ses besoins avec joie et patience ; son visage respire la joie et le contentement ; une douceur céleste répandue sur tous ses traits annonce à tous les regards qu'il sert véritablement Jésus-Christ dans ses pauvres. Rien n'échappe à son zèle pour les membres souffrants de son cher Maître ; il leur consacre toutes les heures dont il peut disposer et souvent la nuit entière ; il les exhorte à aimer Dieu et à guérir les plaies de leur âme par une sainte confession, ajoutant que c'est le plus sûr moyen qu'ils puissent employer pour hâter la guérison de leur corps. Il ne fait point difficulté de prendre sur lui les pénitences qu'ont méritées leurs péchés, et il satisfait pour eux par un redoublement d'austérités.

Ces soins ne suffisent pas à sa charité si généreuse ; il trouve encore le temps de rechercher au dehors ceux qui ont besoin d'assistance ; souvent il les charge sur ses propres épaules pour les porter à son hospice ; toujours il leur distribue d'abondants secours ; sa voix va, en outre, réveiller l'humanité des magistrats eux-mêmes, qui lui confient un plus grand nombre de malheureux (1).

(1) *Processi*, fol. 915.

Pour subvenir à toutes ses dépenses, Jean n'a d'autres ressources que les aumônes qu'il recueille dans Xérès, dont il parcourt les rues en disant à haute voix : *Mes frères, faites-vous du bien à vous-mêmes,* imitant en cela saint Jean-de-Dieu, dont le cri, comme on sait, est devenu le nom de ses frères en Italie. Ces paroles, la bonne odeur de ses vertus, l'expérience qu'on a acquise du bon emploi qu'il fait de ses ressources, lui en attirent de si abondantes, qu'après avoir pourvu aux besoins de ses malades, il peut donner d'utiles secours à un grand nombre de pauvres honteux qui viennent vers lui deux fois par jour, à midi et le soir. Assez souvent, comme auparavant à saint Jean-de-Dieu, il lui arrive que son apparente prodigalité le jette dans une extrême détresse ; mais sa confiance en Dieu supplée à tout et lui tient lieu de tous les trésors de la terre. Une nuit qu'il était affligé de n'avoir pour le lendemain aucune provision à donner à ses enfants adoptifs, et qu'il priait avec la plus grande ferveur, il entendit une voix qui lui disait : *Jean, ne te laisse point abattre ; les pauvres ne sont point à ta charge, mais à la mienne. Sois donc plein de cœur, car rien ne te manquera.* A peine le matin est-il arrivé, qu'il reçoit la visite du docteur Jean de Villavicence, qui lui fait don d'une grande quantité de blé, d'olives et de remèdes, et lui promet de lui fournir pendant plusieurs années tout le grain qui lui sera nécessaire pour son hôpital.

Mais si ces largesses fournissent au serviteur de Dieu les moyens de répandre plus au loin les effets de sa merveilleuse charité, il est facile de comprendre qu'il sera bientôt accablé par tant de travaux et qu'il est désormais impuissant à satisfaire seul à tant de besoins. Aussi la douce Providence lui envoie-t-elle à ce moment des compagnons désormais nécessaires au succès de son œuvre. Sa réputation, ses vertus, sa sainteté dont les brillants rayons percent les voiles de son humilité, inspirent à quelques âmes généreuses la résolution de se donner entièrement à lui. Il les reçoit comme des disciples bien-aimés, leur fait prendre des vêtements semblables aux siens, et les initie à ses pieuses pratiques envers les malades. L'histoire est fort embarrassée pour dire leurs noms : nous savons que ce ne fut ni Ferdinand l'Indigne, son tendre ami et son successeur, ni Pierre l'Egyptien, dont nous parlerons dans la suite. D'après la chronique du P. Santos, qui reproduit la Vie écrite par Mgr Mascarenas, il semble qu'on peut ranger parmi ces premiers Pères Alphonse Izquierdo, Alphonse Duran, François Bianco, tous les trois hommes de mortification, de pénitence, de sincère dévotion et très versés dans les choses de Dieu, et Jean le Pêcheur, dit le Petit, pour le distinguer du bienheureux dont il était le cousin et auquel il ressemblait fort par sa charité et son amour des austérités. Il mourut, comme François Bianco, à Xérès, en grande odeur de sainteté, et fut enterré, comme, lui dans l'hôpital même.

CHAPITRE VI

Jean Grande entre avec ses compagnons dans la famille religieuse de saint Jean-de-Dieu.

Jean avait des frères ; il comprit aussitôt qu'il lui fallait un genre de vie régulier, une communauté d'hommes ne pouvant vivre comme un seul. Quelles règles adoptera-t-il ? sera-t-il fondateur d'un nouvel ordre religieux ? Il ne se sent point appelé à cet honneur, et sa grande humilité y répugne. Il fuit tout ce qui a l'apparence de la nouveauté et jouit d'une certaine vogue dans le monde. Il veut, dans l'approbation connue de l'Eglise, être sûr de trouver l'approbation du ciel. C'est pourquoi il consulte ses frères sur le choix d'une congrégation dont l'existence soit déjà sanctionnée par le Souverain Pontife.

C'était le moment de la première expansion de l'ordre fondé par le saint patriarche Jean-de-Dieu. Les plus illustres villes d'Espagne ambitionnaient d'avoir des religieux d'une famille si dévouée au service des pauvres malades. Madrid, Séville, Lucéna, Gibraltar, Cordoue, Médina-Sidonia et Utréra en avaient déjà chacune un détachement. Xérès était entourée de ces nouveaux hospices, qui excitaient l'admiration générale. Le pape saint Pie V avait approuvé l'institut sous la règle de saint Augustin ; Grégoire XIII, alors régnant, l'avait enrichi de grâces précieuses, et en même temps le roi d'Espagne en favorisait hautement la propagation.

Jean savait tout cela ; il avait vu, six ans auparavant, le vénérable ermite de Ronda, Pierre le Pécheur, qu'il avait connu à Séville, entrer dans l'ordre de la Charité avec ses frères, parmi lesquels on remarquait Jean de Garibay, ambassadeur de Charles-Quint, et Pierre de Ugarte, gouverneur de Malaga, suivi de ses deux fils, Ignace et Ferdinand. C'était aussi l'institut qui allait le mieux à sa vocation. Après avoir pris l'avis de son confesseur, de ses principaux amis de Xérès et même de l'archevêque de Séville, il n'hésita plus, et, accompagné de ses frères, il prit le chemin de Grenade dans le courant de 1579. Il était alors dans la trente-troisième année de son âge.

En mettant le pied dans cette ville, Jean Grande éprouva un sentiment extraordinaire de vénération : il se rappelait que Jésus-Christ lui-même l'avait destinée à Jean-de-Dieu comme le théâtre où il devait exercer son immense charité, lorsque, sous la figure d'un gracieux enfant, le Sauveur lui montrant une grenade entr'ouverte surmontée d'une croix : *Grenade,* lui avait-il dit, *sera ta croix.* Grenade, en effet, était pleine du souvenir de ce grand saint ; chaque lieu avait été marqué par quelqu'une de ses héroïques vertus. Quoique notre bienheureux ne pût vénérer dans le vaste hôpital, qui est la maison-mère et le berceau de l'ordre, les précieux restes du saint fondateur, qui reposaient alors dans l'église des Minimes, il se sentait néanmoins profondément ému en considérant ces murailles à la construction desquelles Jean-de-Dieu avait travaillé de ses mains, ces lits, ces infirmeries qu'il avait préparés lui-même, cette hotte avec laquelle il avait fait tant de merveilles dans ses quêtes, ces instruments enfin avec lesquels il avait été frappé ou

attaché lorsqu'il était traité comme ayant perdu la raison dans l'hospice des fous,

Mais si Jean le Pécheur et ses compagnons trouvaient
à Grenade tant de motifs qui remuaient profondément
leur piété, ils étaient eux-mêmes un sujet d'édification
pour les religieux de cette ville, qui connaissaient déjà
leurs vertus. Aussi leur arrivée fut-elle une fête pour
tous les frères, surtout pour le P. Rodrigue de Siguença,
alors frère majeur de l'institut. Quelles actions de grâces
ne rendirent-ils pas tous à Dieu, qui leur envoyait non
pas des novices, mais de vrais anges de charité ! Ils ne
voulurent pas garder longtemps à Grenade cette troupe
d'élite, qui n'avait pas besoin d'un nouvel apprentissage
et dont l'expérience déjà consommée de son chef rendait
inutile une longue épreuve. Dans le fait, la vie si pure de
Jean pendant ses vingt-deux premières années dans le
monde, ses deux années de pénitence et de prières dans
l'ermitage de Sainte-Eulalie, près de Marcéna, ses trois
années d'héroïques sacrifices dans les prisons de Xérès,
ses souffrances et ses travaux dans l'hôpital de Notre-
Dame des Remèdes, et enfin son dévouement sans bornes
dans celui qu'il avait fondé sous le nom de Notre-Dame
de la Chandeleur, tout cela ne marquait-il pas avec assez
d'évidence sa vocation ? Tant de vertus le dispensaient
sans aucun doute de toute autre épreuve et témoignaient
hautement qu'il méritait non seulement de recevoir l'habit
de frère, mais aussi le titre de supérieur de la nouvelle
communauté qui lui devait son existence. C'est pourquoi les religieux de Grenade, d'un commun accord et
du consentement de leur archevêque, de la juridiction
duquel ils relevaient alors, admirent dans leur famille
Jean et ses disciples, après leur avoir fait connaître toutes

les obligations qu'ils allaient contracter. Rodrigue de Siguença voulut recevoir lui-même leurs vœux, et ne cessa de remercier Dieu de lui avoir accordé cette consolation avant sa mort, qui arriva en 1581.

Les nouveaux liens qu'ils venaient de contracter comblèrent de joie Jean et ses enfants spirituels. Pendant le peu de jours qu'ils restèrent encore à Grenade pour se confirmer dans la fidélité aux règles qu'ils s'étaient imposées, ils montrèrent à leurs nouveaux frères que leur ferveur ne faisait que s'accroître. Enfin, après avoir plusieurs fois satisfait leur dévotion dans cette heureuse chambre du palais de Los Pisas où Jean-de-Dieu était mort, au milieu de tant de consolations divines, et sur le tombeau même du saint patriarche, ils renouvelèrent leurs promesses et reprirent le chemin de Xérès.

On ne tarda pas à reconnaître dans cette dernière ville quels précieux avantages offrent les ordres religieux pour tout ce qui concerne les pratiques de la perfection chrétienne et les œuvres de miséricorde. On admira bientôt dans l'hospice de Jean un meilleur ordre dans tout ce qui concernait soit les religieux, soit les malades. Tandis que ses disciples présentaient à tous les yeux cette pieuse régularité dans les exercices que sait si bien inspirer la discipline monastique, le bienheureux leur apparaissait plus que jamais comme entouré d'une auréole dont les rayons reflétaient tous les jours un plus splendide éclat.

Il était toujours le premier en toutes choses : qu'il dût commander ou obéir, il devenait, par son exemple, le guide de chacun de ses frères ; bien qu'appelé et en quelque sorte entraîné par l'Esprit-Saint, vers des actions surnaturelles et une union plus intime avec Dieu, il ne manquait jamais de propos délibéré aux exercices communs. Deux ou trois heures avant le jour, suivant la saison, il faisait oraison avec ses disciples : une fois leurs cœurs embrasés au foyer du divin amour et respirant une ardente charité, ils se rendaient tous dans les infirmeries pour s'y livrer aux soins ordinaires des malades. Là, le bienheureux était l'âme de tout le monde, le centre auquel recouraient les religieux et les infirmes : il les recevait avec une douceur et une patience qui ne se démentaient jamais, leur répondait avec un admirable à-propos, et pourvoyait à tous leurs besoins. Il assistait toujours au pansement et au dîner des malades, et prenait sa part des travaux pour balayer chaque jour les diverses salles de l'hospice ; les devoirs seuls de l'administration et de la quête justifiaient à ses yeux son absence dans de semblables moments. Aux heures qu'il avait marquées, il se tenait à la porte de l'hôpital pour y distribuer des aumônes ou pour recevoir les malades qui se présentaient ; il voulait qu'on allât avec joie au-devant d'eux et qu'on les reçût avec amour, autant que le permettait l'enceinte toujours trop étroite de ses infirmeries. On leur lavait les pieds, on les exhortait à faire une sainte confession, et on leur apportait tout ce qui pouvait leur être nécessaire. La journée se passait dans ces occupations entrecoupées de quelques exercices de piété, conformément à la règle, et, à la tombée de la nuit, tous les frères se réunissaient de nouveau dans l'église ; on y récitait quelques prières ; on y chantait le *Salve Regina* devant une image de Notre-Dame des Sept-Douleurs, pour laquelle le bienheureux avait une tendre dévotion. Dès que le peuple s'était retiré et que les portes étaient fermées, on se livrait une seconde fois à l'oraison mentale. Après l'oraison, si Jean n'était point ravi en extase, ce qui lui

arrivait souvent alors, il allait avec la communauté
prendre le repas du soir, qui était suivi d'un entretien
sur les choses spirituelles jusqu'à ce que sonnât l'heure
où l'on faisait une dernière visite aux malades, auprès
desquels il restait toujours des frères, le jour et la nuit,
à tour de rôle.

Tels étaient à peu près les exercices quotidiens que le
bienheureux suivait avec ses frères. Par ce que nous
avons déjà vu, nous savons que telle était sa vie depuis
qu'il s'était consacré au service des pauvres. Son entrée
en religion lui avait fait ajouter seulement un certain
ordre dans ses différentes occupations pour se conformer
aux règles de sa communauté. Mais il est facile de comprendre que si les exercices auxquels il se livrait avec
ses frères semblaient les égaler à lui, il s'en distinguait
néanmoins par la ferveur et la perfection qu'il y apportait
toujours. Déjà maître habile dans la science des saints,
il savait que ce n'est ni la singularité ni les actions
extraordinaires qui sanctifient, mais bien l'habitude de
faire avec une singulière et extraordinaire perfection les
actions communes, mais bien encore l'application constante à remplir les devoirs de son état et à satisfaire aux
engagements qu'on a contractés. C'est pourquoi on se
tromperait grossièrement si l'on pensait que Jean s'en
dispensât quelquefois pour se livrer à son gré à la contemplation dans les églises, aux pèlerinages vers les
sanctuaires vénérés, et aux œuvres de charité en dehors
de son hôpital. Ainsi que nous le constaterons dans la
suite, il ne relâcha rien, jusqu'à sa mort, de sa ferveur
et de sa persévérance dans les saintes pratiques qu'il
avait adoptées dès le commencement ; seulement sa
prudence et sa sagesse consommées lui apprirent à les

concilier avec les obligations que lui imposaient sa qualité de religieux et les fonctions de supérieur. De cette manière, tandis que *sa fidélité aux devoirs de communauté,* dit un de ses historiens, *faisait croître dans le mystique jardin de son cœur des vertus qui s'élevaient vers le ciel comme les têtes verdoyantes des cèdres du Liban, son assujettissement à ses anciennes pratiques y faisait épanouir aussi comme de modestes roses de Jéricho ou d'humbles lis des vallées qui formaient aux premières une odorante couronne.* En un mot, les pratiques et les charités particulières de Jean semblaient lui faciliter l'exacte et entière observation des règles religieuses ; et ces règles, à leur tour, loin d'empêcher ou de diminuer ces pratiques et ces charités, semblaient les rendre et plus aisées et plus nombreuses. Et ce concours admirable le faisait avancer lui-même de plus en plus vers cette perfection qui devait le placer parmi les plus grands serviteurs de Dieu.

Nous nous réservons d'entretenir plus tard le lecteur des pratiques extraordinaires qu'inspiraient à Jean sa foi vive et son tendre amour pour le Sauveur. Nous croyons que c'est ici le lieu de raconter quelques-unes des occupations auxquelles il se consacrait encore chaque jour.

On se rappelle le dévouement qu'il déploya pendant trois ans en faveur des prisonniers et l'ingratitude avec laquelle ceux-ci répondaient à ses bienfaits. On serait tenté de croire qu'ayant été invité par Jésus-Christ lui-même à servir les pauvres malades, le bienheureux dût aussitôt renoncer entièrement à secourir ces misérables. Mais Jean Grande n'était point semblable à ces âmes ardentes qui entreprennent vivement une bonne œuvre, et qui désirent avec la même ardeur trouver un prétexte pour donner une autre carrière à leur zèle inconstant. La conduite des prisonniers à son égard l'affligeait sans doute beaucoup ; il versait des larmes sur la dureté de leur cœur ; il aurait donné son sang pour leur conversion ; mais il ne leur continua pas moins ses aumônes, et il les leur portait avec d'autant plus de constance qu'il pensait que c'était le seul moyen par lequel il pût les toucher et les ramener à leur devoir. Que s'il arrivait qu'il ne pût les leur distribuer lui-même, il les confiait à ses frères les plus zélés ou aux ministres du Seigneur, auxquels il faisait les plus tendres recommandations pour ces malheureux.

Nous savons que saint Jean-de-Dieu aimait à secourir les jeunes personnes exposées au danger de se perdre, et à tendre la main à ces pauvres créatures qui étaient déjà tombées pour les relever et les préserver de nouvelles chutes. Fidèle imitateur de son glorieux patriarche, Jean Grande ne laissait presque échapper aucun jour sans faire quelque action semblable. Par ses exhortations pressantes, par les pieuses industries que lui inspirait son incessante charité, il arrachait au vice un grand nombre de ces malheureuses ; il faisait contracter aux unes un honnête mariage ; il en plaçait d'autres auprès de quelques dames riches et pieuses qui les prenaient sous leur tutelle : la plupart restaient à sa charge. Les repenties qui se retiraient chez les Récollettes, dont son digne confesseur, le chanoine Rendon, était le directeur, étaient l'objet de ses continuelles pensées ; il cherchait toujours à les aider de ses aumônes et à pourvoir aux besoins de cette maison. On conçoit combien tout cela devait être pour lui une occasion de continuelles fatigues et de continuels sacrifices : il est vrai que Dieu bénissait ses efforts et lui suscitait toujours de généreux bienfaiteurs.

A Gibraltar d'abord, ensuite à Grenade, saint Jean-de-Dieu prenait plaisir à s'entourer des enfants qu'il rencontrait dans les rues et à les instruire dans la loi de Dieu et la pratique de la vertu. Jean Grande, dont l'âme était si pure et si ingénue, qui avait un si tendre amour pour le saint Enfant Jésus et une si grande dévotion pour sainte Agnès, vierge de quinze ans, Jean Grande ne pouvait pas ne pas faire ses délices d'être au milieu des enfants. Chaque jour, lorsqu'il allait en quête et qu'il parcourait la ville, il s'appliquait à les réunir autour de lui ; il recherchait surtout ceux qui pouvaient avoir besoin de ses secours. Comme une mère aimante, il pourvoyait à leurs besoins en même temps qu'il les instruisait dans la doctrine chrétienne. Ordinairement seul et grave, il marchait sans regarder personne et paraissait absorbé en Dieu. Mais dès qu'il voyait des enfants qui, connaissant par expérience sa bonté pour eux, l'attendaient souvent sur les chemins où il avait l'habitude de passer, sa joie et sa tendre affection se trahissaient aussitôt dans ses regards ; il s'empressait de leur donner quelques friandises, et surtout du pain, dont il était toujours muni, parce qu'il lui était arrivé de tarir plus d'une larme en apaisant de la sorte la faim de ces petits infortunés.

En agissant ainsi, Jean ne cédait pas seulement à l'entraînement de son cœur ; il visait toujours au-dessus d'une satisfaction personnelle. Sachant par lui-même combien Dieu aime les hommages de ces âmes encore pures et innocentes, il se les attachait ainsi pour mieux les porter à offrir au ciel les prémices de leurs affections.

Hélas! trop souvent l'absence de toute éducation et de tout bon exemple jette ces pauvres petites créatures dans l'oubli d'un Dieu qu'elles offensent ensuite sans le connaître, et qu'elles devraient aimer comme le font leurs bienheureux frères les anges du ciel.

C'est pour prévenir un semblable malheur que le zélé serviteur de Dieu ne se contentait pas de rassembler les enfants lorsqu'il avait occasion de sortir par la ville; mais à une heure déterminée, soit à Xérès, soit à Carmone, soit ailleurs, il allait, une croix à la main, sur les places les plus fréquentées, s'entourait des enfants qui accouraient à lui dès qu'ils l'apercevaient, attirés qu'ils étaient par son amabilité et ses petits cadeaux, leur enseignait les vérités les plus importantes de la religion, et s'appliquait à les rendre plus obéissants et plus dignes d'être aimés de Dieu et de leurs familles. Que si quelquefois on s'étonnait de sa conduite et si on le prenait en pitié de ce qu'il ne se donnait ainsi pas un seul moment de repos : *Il est bien juste*, répondait-il, *de rendre aux enfants, en leur distribuant le pain de la parole divine, le pain de la charité que leurs parents nous donnent chaque jour pour nos pauvres.* Cette pratique réjouissait le cœur des parents eux-mêmes, qui voyaient leurs fils croître en piété et en obéissance; et Dieu se plaisait aussi à témoigner au bienheureux combien elle lui était agréable. Non seulement il inspirait à un grand nombre de personnes de le favoriser dans l'accomplissement de cette bonne œuvre, en leur faisant donner pour ces enfants des mets, des objets de dévotion et des vêtements, mais il faisait connaître au bienheureux lui-même, dans l'oraison, où il trouverait ces petites créatures les plus abandonnées et les plus nécessiteuses. C'est ainsi qu'un jour il lui indiqua une bande de ces malheureux enfants sur la place des Arènes, affamés et à moitié nus, et il l'invita à aller aussitôt les secourir dans leurs pressants besoins, ce que le bienheureux s'empressa de faire avec toute la tendresse de la meilleure des mères. Mais où la divine bonté se manifestait encore plus à ce sujet envers son serviteur et en faveur de ces innocents protégés, c'est dans la continuelle multiplication du pain que Jean portait toujours dans les manches de sa robe chaque fois qu'il sortait. Le peuple, rempli d'une admiration toujours nouvelle, cherchait vainement à se rendre compte d'un prodige qui s'opérait journellement aux yeux de tous : on trouvait ce pain plus blanc et meilleur qu'aucun autre, et il arrivait souvent qu'on l'échangeait auprès des enfants contre quelques présents plus considérables qu'on leur donnait en retour.

Si à tous ces travaux quotidiens nous ajoutons les visites régulières que Jean faisait aux malades répandus dans les différents quartiers de la ville, les secours de tout genre qu'il portait aux familles déchues et à ceux qu'il ne pouvait transporter dans son hôpital, soit à cause de la gravité de leur état, soit parce qu'il n'avait plus de lits à leur donner, nous n'aurons pas de peine à nous former une idée de l'incessante activité qu'il devait déployer pour suffire à tout sans négliger ni ses devoirs de religieux et de supérieur, ni les besoins de sa maison toujours si bien remplie de malheureux. Nous n'hésitons pas à penser que Dieu multipliait ses pas en augmentant ses forces. Aurait-il pu, sans un secours surnaturel, prendre si peu de repos, donner de si longues heures à la méditation et accomplir tant de choses si étonnantes en faveur des pauvres de Xérès ?

CHAPITRE VII

**La famine à Xérès. Immense charité de Jean le Pécheur.
Secours extraordinaires que Dieu lui envoie. Tentations
et épreuves.**

L'année même où le bienheureux Jean et ses compagnons s'agrégèrent à la famille de saint Jean-de-Dieu (1579),
le Seigneur leur fournit l'occasion de développer cette
ardente charité dont ils avaient accru les flammes pendant
leur séjour à Grenade. Dieu visita l'Espagne, et surtout
l'Andalousie, par une grande famine. Les pluies continuelles avaient empêché d'ensemencer ces riches campagnes, et particulièrement les riantes plaines qui
s'étendent autour de Xérès ; la terre elle-même qui avait
reçu la semence demeura aussi stérile. Le blé manqua ;
le pain devint fort cher et très rare. La prière et les
pénitences publiques furent multipliées pour attirer la
miséricorde de Dieu sur les maux de son peuple. Les
couvents ne cessaient leurs supplications ; les religieux
de Saint-François entre autres ne se lassaient point de
parcourir processionnellement la ville et de solliciter du
ciel un temps plus propice aux fruits de la terre. Jean le
Pécheur et ses compagnons prirent sans nul doute part
à tous ces exercices de piété, à toutes ces pénitences :
comment le bienheureux, en effet, aurait-il pu rester insensible au spectacle de ce peuple affamé, qui le regardait comme son père, et qui le conjurait, par ses larmes,

son visage pâle et amaigri et sa voix languissante, de lui donner du pain ? Dans une occasion si difficile, le serviteur de Dieu se surpassa lui-même, ou plutôt le Seigneur se plut à l'assister merveilleusement de ses lumières et de ses secours.

Car il se rencontrait que Jean, on ne sait par quelle inspiration, avait ramassé d'avance une si prodigieuse quantité de blé et d'autres provisions, que, pendant tout le temps fort long que dura cette disette, il put soutenir la multitude toujours croissante des pauvres et des nécessiteux de toute condition qui non seulement accouraient à son hôpital, mais qui, par suite de la honte, ou d'une extrême faiblesse, ou de leurs infirmités, restaient gisants dans leurs demeures désolées ou sous les portes de la ville. Il serait impossible de compter le nombre des veuves, des orphelins, des vieillards et des personnes déchues de leur aisance habituelle que sa prévoyante charité sut entretenir dans de si cruelles circonstances. L'ordre qu'il établit dans la distribution des secours ne fut pas moins admirable.

Tandis que ses disciples qu'il désignait pour cela s'occupaient à porter les aumônes à domicile, il réunissait de son côté, à des heures déterminées, l'immense foule des malheureux que pressait la faim, devant la porte de l'hospice, près de la chapelle de Saint-Jean-de-Latran. Là, il en faisait différentes catégories, mettant à part les hommes, les femmes et les enfants. Il apportait alors avec ses frères une grande quantité de très beau pain et le partageait lui-même de ses propres mains, donnant à chacun selon son besoin. Quel touchant spectacle que de voir ces misérables, au milieu desquels ne rougissaient point de se confondre des personnes de condition, se serrer autour de leur commun bienfaiteur, oubliant quelquefois leur affreuse détresse et toutes les horreurs de la faim, pour faire éclater les témoignages de leur vénération et de leur reconnaissance envers celui qui, plus semblable à un ange qu'à un homme, leur distribuait ses aumônes avec tant de grâce et d'amour ! Quelle vive et pieuse émotion ne devait pas éprouver ce grand saint lui-même en voyant une si profonde misère et en se sentant appelé par la bonté divine à la soulager ! Il refoulait ses sentiments dans son cœur pour s'en entretenir avec Dieu seul, auprès de qui il redoublait ses prières, ses austérités, ses pénitences, afin d'en obtenir la cessation du fléau. Aussi n'est-il point téméraire de penser que c'est à lui que les habitants de Xérès durent de souffrir moins cruellement et moins longtemps de cette horrible famine. Comment Dieu, en effet, aurait-il pu résister à ces jeûnes rigoureux que s'imposait son serviteur, à ces disciplines sanglantes qu'il se donnait, comme s'il eût été le seul coupable, pour amener le ciel à épargner ce peuple qu'il aimait tant ?

Jean comprenait sans doute qu'il était exaucé, puisque, même au milieu de cette disette extrême pour tous, Dieu lui fournissait non seulement ce qui lui était nécessaire pour ses pauvres, mais aussi de quoi conserver la pieuse habitude qu'il avait contractée de rendre, aux fêtes de Noël, sa charité plus abondante et plus splendide en quelque sorte. La vivacité de sa foi lui faisait célébrer la naissance du Sauveur par des largesses plus considérables qu'il continuait à partir du 25 décembre jusqu'au jour de l'Epiphanie. Cette année où l'on manquait de tout et où les subsistances étaient si chères, devait-il faire comme les années précédentes ? Jean ne regarda que sa foi et sa tendre dévotion. Pendant toute la neuvaine, ainsi que le rapporte don Michel Conchesi, témoin oculaire, il plaça l'image du saint Enfant Jésus, qu'il vénérait particulièrement, au-dessus des corbeilles où était recueillie sa maigre provision de pain pour les pauvres, et il lui disait naïvement : *Mon cher petit Jésus, c'est à vous de donner à manger aux misérables ;* laissant bien voir par là qu'il n'avait pas oublié la promesse que lui avait faite un jour le Sauveur de prendre à sa charge tous ses pauvres. Le Sauveur, de son côté, montra avec quelle raison son serviteur comptait sur lui. La veille de Noël et le jour même de la fête, le bienheureux ne se contentait pas de distribuer du pain, il y ajoutait, en l'honneur de son cher divin Enfant, de la viande et quelques friandises que lui offraient les fidèles ou qu'il se procurait lui-même quand il avait de l'argent. La veille donc de la Nativité de cette triste année de 1579, il fit préparer toute la quantité de viande qu'il put réunir avec ses ressources et les aumônes qu'on lui fit, ainsi que tout le pain dont il pouvait disposer. Ensuite, avec un cœur dont la charité n'excluait personne et une confiance sans limites dans le Père des pauvres, il ordonna à ses disciples de distribuer des portions indistinctement à tous ceux qui se présenteraient. Bien qu'habitués à voir, en ces circonstances, les merveilleux effets de sa charité, ceux-ci, à la vue de l'immense multitude qui se presse pour recevoir, éprouvent quelque hésitation à obéir. Mais quelle n'est pas leur surprise et la joie commune, lorsqu'ils s'aperçoivent que les provisions ne s'épuisent point et suffisent pour tous !

Nous lisons dans les informations pour la béatification du serviteur de Dieu que ce prodige se renouvela une autre année, à la même époque. Jean n'avait pour le saint jour de Noël que vingt pains et fort peu de viande ; il songeait à garder cette petite provision pour les pauvres honteux ; mais, au matin de la fête, il se vit entouré de tant de malheureux qui lui demandaient l'aumône accoutumée, au nom du divin Enfant, qu'il ne put y tenir : *Ouvrez la porte,* dit-il à ses frères, *et donnez-leur tout ce qui reste ; quand il n'y aura plus rien, ils se retireront : le saint Enfant enverra bien pour les pauvres honteux.* Sur sa parole on ouvre la dépense : on y trouve une énorme quantité de pain et de viande. *Oh ! bénie soit la sainte Charité !* s'écrie le bienheureux, *béni soit le saint Enfant qui aime ainsi les pauvres ! Ne faisons donc point de tort à la Providence, qui, malgré la détresse des temps, veut, en ce beau jour, traiter plus splendidement ses pauvres.* Devant de tels miracles, quelles ne devaient pas être les paroles d'actions de grâces de ces malheureux envers Dieu et son serviteur ! Ce n'était plus Xérès seulement, c'était l'Andalousie tout entière qui devait retentir du récit des œuvres merveilleuses qu'accomplissait la charité de Jean le Pêcheur et des prodiges que le ciel opérait pour en favoriser l'expansion.

Le peuple ne se lassait point de bénir ses immenses aumônes ; les savants, les riches, les principaux personnages, soit parmi le clergé, soit parmi les laïques, contemplaient avec admiration ce genre de vie si parfait, cette succession continuelle d'oraisons et de bonnes œuvres, ces services si pénibles rendus toujours avec une si grande humilité, cette prudence et cette sagesse irréprochables dans l'administration d'une si grande maison. Le parfum de sainteté qui s'échappait de chacune de ses paroles, de chacune de ses actions, et qui embaumait en quelque sorte toute sa personne, le rendait la consolation et l'édification de tous, et lui fournissait à chaque instant de nouveaux moyens pour pratiquer la bienfaisance. Les seigneurs les plus distingués désiraient l'avoir pour parrain de leurs enfants, ambitionnant pour eux sa parenté spirituelle et une plus large part dans ses prières et dans ses conseils. Pour triompher de son humilité, ils alléguaient victorieusement et le bien fait à leur âme et les intérêts des pauvres, en faveur desquels ils faisaient, en ces circonstances, de grandes largesses. C'est ainsi que le duc de Médina-Sidonia, le comte de Villefranche, don Pierre de Tolède et bien d'autres personnages illustres le firent venir de Xérès pour tenir leurs enfants sur les fonts baptismaux ; et, dans cette dernière ville, il ne se trouvait pas une famille de marque qui n'ait voulu jouir d'un si grand privilège.

Le fait suivant prouve bien aussi l'opinion qu'on s'était formée dans l'Andalousie de ce grand serviteur de Dieu, qui était universellement considéré comme le plus juste, le plus vertueux et le plus saint des hommes. Etant allé quêter à Jaën, petite ville forte de cette province, Jean entendit, le jour de l'Ascension, le P. dominicain Maestro Saluzzo, qui prêchait sur la place, devant l'église, où l'on exposait, pour cette fête, une image miraculeuse de Notre-Seigneur. Le prédicateur, l'ayant reconnu, ne put s'empêcher de dire au peuple qu'une autre image vivante de Jésus-Christ était dans l'assemblée, et montrant du doigt le bienheureux, il parla longuement sur ses vertus, et en particulier sur les œuvres admirables de sa charité. Le bon religieux espérait sans aucun doute assurer par ses paroles le succès de la quête que Jean était venu faire pour ses pauvres. Mais les choses tournèrent autrement qu'il ne l'avait pensé : tous les auditeurs se précipitèrent sur le serviteur de Dieu ; les uns voulaient le voir, les autres le toucher, d'autres emporter comme reliques quelques lambeaux de ses vêtements. Il devint impossible de continuer le sermon ; le prédicateur lui-même dut se hâter de descendre de sa chaire et employer toute son autorité pour l'arracher d'entre leurs mains et empêcher qu'il ne fût entièrement dépouillé ou étouffé par leur indiscrète dévotion. Le P. Maestro, qui jouissait d'une grande vénération dans le pays, aimait à raconter ce trait dans la suite, et à rappeler l'estime universelle qu'on avait partout pour les vertus, les œuvres, la science et la prudence du bienheureux.

Les plus grands personnages, en effet, conduits par la haute estime qu'ils avaient de ses qualités, lui confiaient les secrets de leur famille ou de leur conscience, recouraient à lui pour avoir ses avis dans les circonstances difficiles. Ils trouvaient toujours en lui non seulement le savoir-faire dans ce qui concerne le soin et l'administration des hôpitaux, mais l'à-propos dans ses avis, le bon succès dans ses insinuations, la vérité et le bon sens dans ses réponses.

Jean n'avait pas fait d'autres études que celles de l'enfance : il frappait néanmoins tout le monde par la profondeur de ses entretiens ; il les accompagnait de tant de grâce et de persuasion qu'il amenait tous ceux qui le consultaient à suivre ses décisions même sur les choses temporelles. Mais il excellait encore plus, lorsqu'il était interrogé sur les choses spirituelles, à porter les cœurs à la pratique de la vertu et vers la perfection. Il exerçait alors sur tout le monde un empire vraiment extraordinaire. On le considérait comme éclairé d'en haut : les pécheurs

tremblaient en sa présence et se sentaient saisis de com-
ponction pour leurs crimes ; tous reconnaissaient qu'il
était impossible de le surprendre ou de le tromper, en lui
arrachant des décisions qui auraient blessé les droits de
la vérité ou de la justice.

Plusieurs villes, même hors de l'Andalousie, voulurent
l'attirer dans leurs murs ; mais Jean, attaché à Xérès
qu'il considérait comme le théâtre que Dieu avait assigné
à ses bonnes œuvres, ne consentit jamais à aller se fixer
ailleurs. Il leur céda seulement quelques-uns de ses
disciples pour régir leurs hôpitaux, preuve irrécusable
de la bonne opinion qu'on avait de sa sagesse, preuve
qui devait encore être effacée par la confiance que lui
témoigna lui-même le cardinal-archevêque de Séville,
don Rodriguez de Castro. Mais avant de parler des différentes fondations du bienheureux et de l'importante
mission dont il fut chargé par l'archevêque, nous croyons
convenable de raconter quelques-unes des diverses tentatives que fit le démon pour dénigrer ce saint homme et
ruiner son crédit.

La réputation de sainteté de Jean le Pêcheur était si
bien établie qu'elle lui facilitait le succès de toutes ses
entreprises pour le bien des âmes. On comprend dès lors
quels efforts le diable devait faire pour jeter des doutes
sur sa probité dans l'esprit des habitants de Xérès et de
ses disciples eux-mêmes.

Un jour que Jean sortait du couvent des Récollettes,
dit de la Miséricorde, un pauvre sale et dégoûtant, qui
était couché sur la porte, se mit à élever la voix contre
lui et à l'appeler fourbe et imposteur, l'accusant de manger les poulets et tout ce qu'il quêtait de meilleur, et de
ne donner aux malades que les restes et les rebuts ; Dieu,

assurait-il, ne manquerait pas de châtier une ville qui
se confiait à un tel scélérat. Le licencié don Jean Rendon,
confesseur du saint et administrateur de ce couvent,
entendait ces cris, et ne savait que penser, ainsi que les
autres témoins de cette scène imprévue, des accusations
si nettement formulées de cet inconnu, et de la patience
du bienheureux dont le silence étonnant laissait élever
quelques doutes dans leur esprit. Enfin, pour toute
réponse, le serviteur de Dieu, s'étant approché de ce
méchant homme, lui murmura quelques paroles à l'oreille.
Aussitôt celui-ci poussa un cri épouvantable et disparut.

Battu de ce côté, le démon dressa d'autres batteries : il
songea à semer l'ivraie dans l'hôpital même de Jean et à
le mettre en guerre avec ses frères. Voici ce qu'il fit : nous
traduisons le plus récent des historiens de notre saint (1).
Il entra sous la figure d'un inconnu dans l'hospice et
commença à injurier les compagnons du bienheureux.
Pourquoi traitez-vous si mal mes frères ? lui demanda
celui-ci avec douceur ? *Avez-vous quelque erreur à leur
reprocher ? Veuillez me le dire afin que j'y remédie. —
Oui,* répondit l'inconnu, *l'un d'eux m'a vendu un coffre et
ne veut point m'en donner la clef : c'est un voleur. — Pour
une clef faire tant de bruit !* dit Jean. *Où demeurez-vous ?
Je vous l'enverrai moi-même. — Dans la boutique d'un
barbier au service de qui je suis, dans la rue Corridera.*
Là-dessus, l'inconnu se retira ; arrivé sur la place des
Arènes, il s'approcha d'un des compagnons de Jean qu'il
aperçut, et, touché de compassion pour lui, disait-il, et
animé d'un sincère désir de l'éclairer, il croyait devoir
lui apprendre que le religieux du couvent qui avait cou-

(1) *Vita del beato Giovanni Grande,* page 60, etc., Rome, 1853.

tume de marcher nu-pieds avait profité de son absence
pour le déshonorer, lui son frère, dans l'hôpital même, en
présence des étrangers, et l'avait traité publiquement de
voleur. Il ajouta mille autres fourberies, et conclut que
ces iniquités ne pouvaient plus être tolérées, qu'il fallait
les punir, ne serait-ce que pour préserver tant d'autres
religieux auxquels nuirait infailliblement l'hypocrisie
raffinée de Jean. S'apercevant que le pauvre religieux
croyait de si grossiers mensonges et entrait dans ses
sentiments au sujet du bienheureux, le vil calomniateur
lui dit que s'il était un homme de cœur et s'il avait un
véritable amour de sa réputation, il devait se procurer
un poignard et se venger de l'injure qui venait de lui être
faite. Il n'aurait pas à redouter les suites de son action,
ajoutait-il, parce que ses frères eux-mêmes seraient trop
intéressés pour ne point tenir sa vengeance secrète.
Pendant que ceci se passait, Dieu en donnait une pleine
connaissance à Jean, qui était sorti du couvent et priait
dans l'église de Saint-François. Jean, assuré que cet
inconnu n'est autre que le démon, va aussitôt au-devant
de son malheureux frère, et le trouvant le visage altéré
et les yeux tristes et sombres : *Qu'avez-vous, mon frère ?*
lui dit-il. *Comment êtes-vous ? Avez-vous recueilli de
grandes aumônes ?* L'autre ne répondait point. Alors le
bienheureux, lui arrachant le poignard qu'il avait caché
sous son habit : *Pourquoi l'avez-vous acheté, ô mon frère ?*
lui demande-t-il. *Sachez que celui qui vous a ainsi séduit
est le diable.* Pour vous en convaincre, venez avec moi.
En même temps il l'entraîne, lui répète en chemin tout
ce que le démon lui a dit, le conduit ensuite chez le barbier dont l'inconnu avait donné l'adresse, et lui raconte
qu'on n'avait aucune connaissance qu'un tel homme eût

jamais habité en ce lieu. Le religieux, un instant égaré, ouvre les yeux, reconnaît sa faute, et, se jetant aux pieds de son père, lui en demande pardon. Jean l'embrasse avec effusion et le prémunit par ses conseils contre les suggestions de l'avenir.

Ne pouvant réussir par lui-même, le démon espérait arriver à ses fins par d'autres personnes. Aussi saisissait-il toujours les occasions pour discréditer ce grand serviteur de Dieu. Mais s'il ne se lassait pas de l'attaquer, le Seigneur lui-même ne dédaignait pas d'en venir à des miracles pour faire éclater aux yeux de tous la vertu de son saint et conserver intacte sa réputation. En voici deux exemples entre plusieurs autres.

Un matin que Jean Grande sortait de l'église de Saint-François, où il avait été longtemps uni à Dieu dans une de ces extases qui le ravissaient fréquemment, il traversa le cimetière et arriva vers la porte qui donne sur la rue de la Lingéria ; il y trouva un grand nombre de personnes retenues par un débordement d'eau occasionné par un violent orage. La circulation était momentanément interrompue ; chacun était obligé d'attendre que les eaux fussent écoulées. Cependant quelques jeunes étourdis considéraient avec étonnement le saint homme, dont le visage était encore tout embrasé des divines ardeurs de son extase. Ils y contemplaient, avec la plénitude de la santé, la gracieuse empreinte d'un doux sourire. *Voyez ce visage rouge de Jean le Pêcheur!* se disent-ils aussitôt les uns aux autres. *En vérité, il doit avoir fait un bon déjeuner.* Et d'autres de répondre : *Eh! qui sait d'où il sort, bien qu'il marche les pieds nus ?* Le bienheureux gardait le silence, suivant sa coutume. Quelques dames blâment les jeunes insolents qui osent traiter ainsi un homme juste comme l'est Jean. Mais plus excité encore par la réprimande : *Si celui-là est juste,* s'écrie l'un d'eux, *assurément le diable est saint, lui aussi !* Le bon serviteur de Dieu, voyant que les choses tournaient au scandale, et se sentant d'ailleurs pressé de retourner au milieu de ses malades, fait un mouvement pour se mettre dans l'eau et traverser la rue ; mais il est aussitôt élevé dans l'air et transporté ainsi jusqu'à la porte de son hôpital, qui était assez éloigné. Il est facile de s'imaginer les diverses émotions qui agitèrent alors le cœur des spectateurs. Tandis que les jeunes impies étaient frappés de stupeur et de regret de leur vilaine conduite, les autres bénissaient le ciel et sentaient augmenter leur vénération pour celui qui en était ainsi visiblement protégé.

Un autre fait semblable lui arriva à sa sortie de son hôpital pour aller à cette même église de Saint-François. C'était encore de grand matin. Deux jeunes gens qui se trouvaient près de la porte le raillèrent sur son visage arrondi et animé, comme s'il eût déjà mangé tout à son aise et bu outre mesure. Quelques pieuses personnes qui passaient en ce moment les reprirent de leur insolence ; mais ceux-ci leur répondirent par de grosses injures. Le serviteur de Dieu, s'élevant alors de neuf palmes au moins au-dessus du sol, fut porté, comme s'il eût eu des ailes, le long de la rue jusqu'à l'église. A un spectacle si inattendu, ces jeunes étourdis s'enfuient frappés d'épouvante ; les pieuses femmes se rendirent à l'église, où elles trouvèrent Jean déjà ravi en extase.

CHAPITRE VIII

Fondations de Jean le Pêcheur. Il envoie ses disciples dans plusieurs villes et jusqu'à Grenade. Il donne l'habit au frère Pierre l'Egyptien. Il est élu frère Majeur par le premier Chapitre général de l'ordre de Saint-Jean-de-Dieu.

Jean le Pêcheur ne bornait pas à Xérès les effets admirables de sa brûlante charité. Pour répondre aux vœux qui lui arrivaient de toutes parts, il contribua à l'érection d'un certain nombre d'hospices en plusieurs villes de l'Andalousie. Il en est deux entre autres dont la fondation lui appartient entièrement. Le premier s'ouvrit à San Lucar de Barraméda, ville ancienne d'environ dix-sept mille habitants, située à l'embouchure du Guadalquivir, servant en quelque sorte de port à Séville, et pourvu de plusieurs établissements religieux et de deux hôpitaux, bien que petits et pauvres. On entendait sans cesse raconter dans cette ville les œuvres merveilleuses de charité qu'accomplissaient les enfants spirituels de saint Jean-de-Dieu, principalement à Xérès, sous la direction de notre bienheureux ; on connaissait personnellement celui-ci, que ses quêtes avaient quelquefois conduit à San Lucar, et on désirait vivement recevoir de sa main quelques-uns de ses frères pour le service d'un hospice. Voulant satisfaire d'aussi justes désirs, qui étaient aussi les siens, le duc Alphonse Pérez de Gusman, dit le Bon, invita Jean à venir y établir ses religieux et lui offrit un des deux hôpitaux. Toutefois la maison était si petite qu'on ne pouvait guère la considérer que comme un emplacement à bâtir. Jean céda à une si bienveillante invitation ; il vint lui-même à San Lucar, s'y arrêta suffisamment pour s'entendre avec les habitants sur les choses nécessaires à la construction de nouvelles et plus vastes infirmeries, y appela le frère Alphonse Izquierdo et l'y laissa comme frère majeur, avec la charge de diriger l'achèvement du nouvel édifice, ce qui n'eut lieu qu'avec une déplorable lenteur, indépendante toutefois de la volonté de ce saint et zélé religieux. Celui-ci, en effet, ne manquait ni de capacité ni de vertu ; il était si estimé, qu'on s'empressait de lui donner tout ce qu'il fallait pour l'entretien des malades et des pauvres. Il reçut pour tous ses besoins de grandes aumônes de la famille des ducs de Médina-Sidonia et du capitaine Pierre de Contréras. Pendant qu'on travaillait aux réparations, l'étage supérieur de l'hôpital s'étant subitement écroulé, les malades qu'il renfermait furent miraculeusement préservés de tout mal. Ce prodige, dont tout le monde eut connaissance, attira de plus abondantes largesses, de telle sorte qu'on put rendre les salles assez spacieuses pour recevoir cinquante lits et leur joindre une chapelle fort riche et dédiée à la Sainte-Miséricorde.

De Xérès, Jean Grande n'oubliait pas ses enfants de San Lucar et leur continuait ses bons offices ; il visitait et encourageait son bon frère Alphonse, qui correspondait si bien à son attente et à ses conseils, qu'il était devenu la vraie copie de son cher père spirituel : toujours en oraison, se livrant à de continuelles austérités, se

donnant de fréquentes disciplines et s'imposant des
jeûnes incessants, il consuma sa vie dans les exercices
d'un dévouement sans bornes, fut le père bien-aimé des
pauvres, des orphelins et des veuves, et mourut universellement pleuré en 1618, à l'âge de soixante-douze ans.
Toute la ville assista à ses funérailles, et son tombeau y
est encore aujourd'hui en grande vénération.

Peu après cette fondation à San Lucar, le bienheureux
en fit une autre à Ville-Martin dont la gloire doit lui
revenir plus exclusivement. C'était en 1587.

Ville-Martin avait d'abord été bâtie par les Romains
sur une agréable colline dont le Guadalquivir et le Sara-
céno baignent les pieds; elle avait été reconstruite cent
ans avant l'époque dont nous parlons, c'est-à-dire en
1480, dans la riche plaine voisine. Ses habitants engagè-
rent vivement Jean Grande à se charger du soin et de
l'administration du seul hôpital qu'ils possédassent, et
dans lequel ils recevaient les malades, les pauvres et les
pèlerins. Le bâtiment, le mobilier et l'organisation
matérielle en étaient dans un état déplorable. Malgré
ses nombreuses occupations, Jean ne put se refuser à
leurs pressantes sollicitations. Il se rendit dans cette
ville avec le frère Alphonse Duran, reçut la cession de
tout ce qui concernait l'hospice et se mit aussitôt à travailler aux réformes et aux réparations les plus nécessaires. Il fut grandement aidé dans cette œuvre par son
zélé disciple et par la générosité des fidèles. Lorsque tout
fut bien avancé, il retourna à Xérès, après avoir nommé
Alphonse Duran supérieur, et il lui envoya, aussitôt que
le besoin s'en fit sentir, six autres frères de sa maison.
L'hôpital de Ville-Martin fut rapidement agrandi et doté
d'une élégante chapelle où fut placée une image de

l'Immaculée Conception de la très sainte Vierge, patronne de l'établissement.

Mais ce n'étaient pas seulement les villes voisines de Xérès qui désiraient avoir quelques disciples de Jean le Pécheur pour soigner leurs infirmes et leurs pauvres, les enfants eux-mêmes de saint Jean-de-Dieu voulurent contempler dans un des élèves du bienheureux les vertus qui brillaient en sa personne. C'est dans ce but, sans nul doute, que les frères de l'hôpital de Grenade lui demandèrent, on ne sait précisément à quelle époque, de leur envoyer le frère François Bianco, auquel le chroniqueur Santos donne le nom de vénérable. François avait été l'un des premiers compagnons de Jean; il était né à Séville en 1543; il prit l'habit religieux dans l'hôpital de Xérès, et il était devenu pour son père spirituel l'objet de la plus tendre affection à cause de la douceur de son caractère, de sa franchise et de sa patience. Jean trouvait en lui les heureuses qualités qui donnent un plein succès dans le service des pauvres malades, et, de son côté, François aimait tendrement et s'efforçait d'imiter celui qu'il appelait à si juste titre son père et son maître. Après avoir employé le jour aux œuvres d'un dévouement inaltérable, il passait la nuit dans la pratique de l'oraison et les rudes exercices de la pénitence. En outre, habile sculpteur, il était cher aux âmes pieuses pour les belles statues du Sauveur, de Marie et des saints, dont il enrichissait le couvent et l'église. On conçoit dès lors que ce ne fut pas un léger sacrifice que firent Jean et ses frères en se détachant d'un tel compagnon et en le cédant à la maison de Grenade, où il mourut en 1613, en grande odeur de sainteté. Il laissa, avec le souvenir de ses vertus, différentes sculptures qui décorent la chapelle.

Parmi ces sculptures on distinguait un bas-relief représentant la naissance du Sauveur, qui excitait l'admiration de tous et remuait profondément les cœurs des
fidèles.

Dieu cependant préparait déjà au bienheureux, en lui
attachant un jeune homme qui fréquentait son hôpital
depuis longtemps, une compensation qui devait amplement le dédommager de la perte qu'il venait de faire. Ce
jeune homme se nommait Pierre; il était né à Végel,
près de Cadix, de Jean Manuel et de Marie Padilla. (1568.)
Il avait trois ans lorsque ses parents l'amenèrent à
Xérès; à peine eut-il atteint l'âge de raison, que sa rare
piété et la bonté de son cœur lui inspirèrent un grand
amour pour Jean Grande, dont il entendait raconter des
choses merveilleuses. Aussi recherchait-il les occasions
de le voir, de lui baiser les mains, de lui offrir des
aumônes et d'en recevoir quelques instructions au milieu
des autres enfants. Il venait d'atteindre sa dix-neuvième
année (1587) : muni de l'approbation de son confesseur
et heureux de la bénédiction que lui avaient donnée ses
parents en pleurs, il vint se jeter aux pieds de Jean et le
conjura de le recevoir dans sa fervente communauté en
lui donnant le saint habit. La joie du bienheureux égala
sa surprise; il réunit ses frères pour avoir leur avis,
qu'une bulle de saint Pie V avait rendu nécessaire en
pareille circonstance. Ceux-ci, considérant dans le jeune
postulant un extérieur rude et un regard sévère, crai-
gnirent qu'il n'eût pas cette bienveillance si indispen-
sable à ceux qui veulent exercer l'hospitalité envers les
malades; ils se communiquèrent leurs craintes entre
eux, et ils se demandaient comment il pourrait se faire
que leur bon père voulût donner l'habit à un sujet d'un

aspect si farouche et si repoussant. Mais Jean, inspiré de Dieu : *Ah ! mes frères,* s'écria-t-il, *vous devez l'accepter, car vous ne savez pas quel grand serviteur de Dieu il sera un jour.* Dociles à la parole de leur saint maître, ces pieux disciples donnèrent leur approbation : Pierre fut reçu et employé aussitôt aux offices de la cuisine, pour être sans doute mieux éprouvé. Mais le nouveau religieux justifia immédiatement les prévisions de Jean ; il accomplit exactement ses fonctions, sut s'attacher ceux mêmes qui lui avaient été le plus opposé, et excita l'admiration de tous par un singulier esprit d'oraison et de recueillement qu'il savait unir à tout ce qu'il faisait, transformant la cuisine en oratoire et voyant son bien-aimé Jésus et dans les malades et dans tous ses frères en religion.

Le frère Pierre passa ainsi son année de noviciat : il resta sourd aux tentatives et aux dangereuses suggestions de ses amis et de ses anciens camarades d'étude ; il sollicita du bienheureux la grâce de faire sa profession. Non seulement ses frères y consentirent volontiers, mais ils joignirent leurs prières aux siennes auprès de leur père commun, qui reçut avec un grand bonheur ses quatre vœux, le jour de l'Assomption de la très sainte Vierge de l'année 1588. Comme Jean savait que ce fervent disciple avait une grande dévotion pour l'illustre pénitente sainte Marie d'Egypte et qu'il s'efforçait d'imiter ses austérités et son recueillement, il lui imposa le surnom d'*Egyptien,* sous lequel nous le désignerons toutes les fois que nous aurons à parler de lui dans la suite de cette histoire. Nous le verrons devenir, par ses œuvres admirables et les dons extraordinaires dont Dieu le combla, l'admiration du peuple et de la cour, la gloire et le soutien de l'ordre. Objet de la sainte prédilection et de l'entière confiance de Jean, dont il ne trompa point les prévisions, il fut encore, après la mort du bienheureux, celui de sa protection miraculeuse.

Vers cette même époque, la famille de saint Jean-de-Dieu fut favorisée d'une bien grande grâce, qui réjouit beaucoup Jean le Pécheur, tout en contristant son humilité. Par suite des bons offices de l'archiduc don Juan d'Autriche et du cardinal saint Charles Borromée, le Pape saint Pie V, par sa bulle du 1er janvier 1571, avait reconnu le nouvel Institut de la Charité. Le même Souverain Pontife, en 1573, et Grégoire XIII, en 1576, l'avaient comblé de privilèges et lui avaient donné l'église et le monastère de Saint-Jean-Calybite, dans l'île du Tibre, le mettant sous la protection de saint Charles Borromée. Malgré cela, ce n'était point encore un ordre religieux proprement dit : il était bien placé sous la règle de saint Augustin ; il avait aussi son habit propre, et il ajoutait aux trois vœux ordinaires de religion celui d'hospitalité, dont on faisait profession dans tous les couvents depuis le bref de Grégoire XIII du 28 avril 1576, *In super eminenti* ; mais il n'avait pas de règles générales pour l'élection des supérieurs, la profession des vœux et bien d'autres points d'administration non prévus par la règle de saint Augustin : on suivait jusque-là quelques règlements particuliers qu'avait donnés le vénérable archevêque de Grenade, don Jean Mendez Salvaterra. C'est pourquoi, en 1586, le Souverain Pontife Sixte-Quint pourvut à ce qui manquait par son bref du 1er octobre, *Etsi pro debito*. Il confirma les concessions de ses prédécesseurs, et il convoqua, pour l'année suivante, un chapitre général de l'institut dans le couvent de Saint-Jean-Calybite. La réunion commença le 23 juin 1587 : les constitutions y furent approuvées ; l'ordre fut divisé en deux congrégations, dites d'Espagne et d'Italie ; enfin on y élut pour premier général le prieur même de Saint-Jean-Calybite, le frère Pierre Soriano. Ce religieux était né à Bujalance, dans le diocèse de Cordoue, et avait pris l'habit à Grenade en 1555 ; ses vertus et sa science le faisaient vénérer de tout le monde et l'avaient rendu cher à saint Pie V, qui avait voulu l'élever au cardinalat, ainsi qu'à ses successeurs dans le souverain pontificat. Saint Charles Borromée, dont il avait la confiance, l'avait vivement engagé à fonder un hôpital de convalescents à Milan, ce que Pierre fit peu après avoir été créé général et quelques années après la mort du saint archevêque, arrivée en 1584. Il mourut bientôt lui-même, à l'âge de soixante-treize ans, et fut enseveli, le 17 août 1588, à Pérouse, pleuré de tous ses frères et des fidèles de toute condition, et revêtu du titre de Vénérable.

On ne sait pas pourquoi Jean le Pêcheur ne parut point dans ce chapitre général : on y comptait cependant les frères majeurs des hôpitaux de Grenade, de Madrid, de Séville, de Villa-de-Martos, d'Antéquéra, de Lucéna et même de Carmone, où les frères étaient établis depuis peu, ainsi que les prieurs des cinq couvents alors existants en Italie, c'est-à-dire de Rome, de Naples, de Palerme, de Pérouse et de Cornéto. Nous savons toutefois que notre bienheureux y fut élu ou plutôt confirmé comme frère majeur de son hôpital jusqu'au prochain chapitre général. Il paraît aussi qu'après la publication des constitutions et règlements votés dans ce premier chapitre, approuvés et confirmés par le Souverain Pontife Sixte-

Quint, tons les religieux renouvelèrent la profession de leurs vœux sous forme solennelle et perpétuelle. C'est à ce fait que se rapporte sûrement la déposition du prêtre don Didaco Guerréro, qui déclare avoir vu le serviteur de Dieu renouveler l'émission de ses vœux entre les mains du licencié don Alphonse Nunez, alors vicaire général de l'archevêque de Séville à Xérès.

Jean Grande avait vu avec joie les faveurs qu'on venait d'accorder à l'institut qu'il avait embrassé, et il goûtait un vrai bonheur de le voir s'étendre et s'affermir pour le soulagement des malheureux ; mais il reçut avec douleur la nouvelle de son élection, si agréable néanmoins à ses disciples et à toute la ville. Son affliction dut cependant céder devant le choix du chapitre général et l'ordre exprès de l'archevêque de Séville, duquel il dépendait d'après les règlements alors en vigueur.

CHAPITRE IX

Voyage de Jean Grande à Séville. Mission importante que lui confie son Archevêque. Persécution que lui suscitent ses ennemis. Secours que le ciel lui envoie.

En 1592, Jean Grande atteignait sa quarante-sixième année : il y avait treize ans qu'il avait pris le saint habit et embrassé la règle du nouvel ordre de Saint-Jean-de-Dieu. Un jour qu'il priait avec sa ferveur habituelle, il entendit un voix qui lui disait : *Jean, tu vas faire un voyage qui te donnera beaucoup à mériter; arme-toi de patience.* Peu de temps après, en effet, il fut appelé à Séville par le cardinal-archevêque don Rodrigue de Castro.

Ce prélat, plein de sens et de vertu, n'était point resté indifférent à la piété et aux actions héroïques de Jean le Pécheur : pénétré d'admiration pour ses éminentes qualités, il était devenu son confident intime ; il connaissait et approuvait toutes ses entreprises et se plaisait à l'aider de sa haute protection comme de ses largesses. D'après la législation de ce temps, il avait, comme évêque, pleine juridiction non seulement sur les biens ecclésiastiques, mais sur les hôpitaux et sur toutes les fondations pieuses, soit pour leur administration, soit pour la discipline à observer par les employés. En vertu de ce pouvoir, il songeait depuis longtemps à réformer les établissements de charité de Xérès. Cette ville, au rapport de Santos, chroniqueur des frères de Saint-Jean-de-Dieu, possédait alors, outre plusieurs communautés religieuses et autres pieux édifices, tels que maisons de refuge, orphelinats, etc., six hôpitaux, sans compter celui de Jean : c'étaient ceux de Saint-Pierre, de Notre-Dame del Pilar (Colonne), de Saint-Joseph, de Notre-Dame des Remèdes, de la Sainte-Miséricorde et de Saint-Blaise. Il nous est facile de juger en quel état devait être leur administration d'après la conduite qu'on avait tenue vis-à-vis du bienheureux et les mauvais traitements qu'il eut à souffrir pour son dévouement dans l'hôpital de Notre-Dame des Remèdes. Aussi est-il hors de doute que de graves plaintes devaient souvent s'élever à ce sujet et arriver jusqu'aux oreilles de l'archevêque. Les difficultés toujours si grandes d'une réforme arrêtaient seules le prudent prélat; il temporisait; il attendait une occasion favorable; il délibérait et ne savait toujours à quoi se résoudre, par crainte d'empirer le mal s'il ne prenait pas bien ses mesures. Mais de nouveaux désordres ayant excité de nouvelles réclamations, dans le courant de cette même année (1592), il prit le parti de ne plus retarder, et il eut le courage de vouloir mettre immédiatement à exécution le projet auquel il s'était arrêté avec le plus de complaisance dans ses fréquentes méditations sur ce grave sujet. Il ne songea plus seulement à rétablir la discipline dans les hospices civiles de Xérès, mais il décida qu'il porterait un remède radical aux désordres d'une administration grevée de dettes et de plus en plus impuissante à pourvoir aux premières nécessités des pauvres. Pour obtenir un tel résultat, il ne crut pouvoir rien faire de mieux que de confier tous ces établissements à la direction de Jean le

·Pécheur et à ses fidèles compagnons. Il ne doutait point qu'alors la confiance du public serait donnée de nouveau à ces maisons de charité et qu'avec la confiance reviendraient les aumônes. Jean, par son crédit et sa rare prudence, réparerait les fautes de l'administration actuelle, tandis que ses frères feraient fleurir la discipline et le dévouement ; au lieu de laïques engagés dans le siècle, distraits et surchargés par les besoins de leurs familles et leurs entreprises personnelles, il aurait, au service des pauvres malades, des religieux habitués à faire leur propre famille de ces malheureux et à trouver leurs plus chères délices à se sacrifier chaque jour pour le soulagement de leurs frères bien-aimés. Mû par toutes ces raisons, le pieux archevêque envoya donc au bienheureux une pressante invitation de se rendre auprès de lui à Séville.

En la recevant, celui-ci eut, on ne sait comment, le pressentiment de la gravité des motifs qui le faisaient appeler : il lui vint aussitôt en la mémoire l'avertissement qu'il avait reçu du voyage qu'il devait faire et des souffrances dont ce voyage devait être accompagné. D'un autre côté, il connaissait ce qui se passait dans les hôpitaux de Xérès ; il savait que les désordres dont ils étaient le théâtre venaient soit de l'excessive indulgence, de la trop grande bonne foi, ou de la négligence des protecteurs, soit des dilapidations d'un grand nombre d'employés. C'est pourquoi il prévoyait clairement que celui-là qui essaierait de porter remède à ces maux se ferait inévitablement de tous ces coupables autant de persécuteurs et d'ennemis acharnés. Il voyait encore vivants ceux qui l'avaient si cruellement poursuivi dans le grand hôpital de Notre-Dame des Remèdes, et que n'avait jamais pu fléchir ni sa charité, ni sa douceur, ni sa prudence. C'était contre eux qu'il lui faudrait sévir : cette pensée lui causait une peine indicible. Comment pourrait-il trouver dans son cœur si aimant, si généreux, si porté à la miséricorde, la force de renvoyer du service même justement ceux qui s'étaient si violemment déclarés contre lui ? Ne semblerait-il pas qu'il serait bien aisé de trouver une occasion de se venger ? Par suite de ces combats anticipés, malgré son humble soumission à son archevêque, il éprouva quelques incertitudes sur ce qu'il devait faire ; il eut même une certaine frayeur en pensant aux calomnies qu'on ne laisserait pas de débiter sur son compte, ne doutant point qu'on attribuerait à ses brigues l'extension de son pouvoir. Néanmoins les conseils de son confesseur, l'avis qu'il avait reçu du ciel de se préparer à ces épreuves qui l'attendaient, l'eurent bientôt décidé : il se mit entièrement à la disposition de la divine Providence, et, plein de soumission, il se dirigea vers Séville.

Parti de grand matin, Jean n'avait rien mangé et n'emportait aucune provision de voyage ; seulement il s'était approché de la sainte table avec sa ferveur accoutumée. Après avoir marché longtemps, il est épuisé de fatigue, et, contraint de quitter la route, il entre dans un champ voisin pour s'y reposer et y reprendre des forces. Pendant qu'il songe à se procurer quelque nourriture, sans trop savoir où en trouver, il aperçoit tout près de lui une galette encore fumante, et cependant personne n'est là qui ait pu la lui apporter. Le bienheureux la prend comme un don du ciel : il se met à la manger, et voilà qu'il aperçoit à ses côtés un jeune homme d'un aspect ravissant ; il le prie d'accepter une part de ce gâteau, si toutefois il n'a point été apporté pour lui seul. *Ceci est pour vous,* répond le jeune homme, *mangez; voici encore de l'eau, si vous voulez vous désaltérer.* Cette eau, d'une exquise saveur, paraît encore insipide au bienheureux auprès des entretiens célestes de son merveilleux hôte ; il en reçoit une telle impression que, d'après son témoignage, le seul souvenir en remplira, durant toute sa vie, son âme d'une douce joie. Mais, au milieu de cette enivrante conversation, le jeune inconnu disparaît subitement, et laisse, seul et livré à la surprise et à la reconnaissance, le saint voyageur, qui poursuit sa route avec un nouveau courage, le cœur embrasé d'amour, et arrive bientôt à Séville.

Il était attendu : plusieurs personnages distingués vinrent au-devant de lui et l'invitèrent à loger chez eux ou du moins à y prendre ses repas. Le saint les remercia gracieusement et leur fit agréer ses excuses. Où allait-il se retirer ? Nous ne le savons pas : mais tout nous porte à croire que ce fut à l'hôpital des Tables : c'était là que l'hôpital de la Sainte-Croix, que le frère Pierre le Pêcheur avait fondé en 1543, avait été transféré, depuis que ce célèbre ermite s'était agrégé, avec ses compagnons, à l'ordre de Saint-Jean-de-Dieu (1574) ; c'était là que résidait ce saint vieillard, pour lequel Jean professait une si grande vénération ; c'était là enfin que vivait aussi son ami et son confident intime, le frère Ferdinand l'Indigne, que nous verrons lui succéder à Xérès.

Jean passa le premier soir de son arrivée en oraison dans l'église du Jésus ; le lendemain matin il y reçut la sainte communion, et, après s'y être chaudement recommandé à Dieu, il se rendit auprès du cardinal-archevêque, qui l'accueillit avec de singulières marques d'affection.

Ce prélat lui exposa ouvertement le grand déplaisir qu'il ressentait de la mauvaise administration des hospices de Xérès, et en même temps son dessein de les lui tous confier. Il joignit à cette proposition les sollicitations les plus pressantes pour le faire condescendre à ses désirs et en obtenir cette consolation et ce soulagement dans cette partie si importante de sa charge pastorale. Quand l'archevêque eut fini de parler, Jean, qui l'avait écouté avec cette humilité et cette modestie qui ne le quittaient jamais, le pria d'agréer son refus ; il ne pouvait, assurait-il, accepter la mission que Sa Grandeur voulait lui donner : elle était trop au-dessus de ses forces ; il y voyait des obstacles insurmontables. Enfin, s'apercevant que don Rodrigue de Castro ne se laissait point détourner de son projet, il lui demanda du temps pour réfléchir et aussi pour consulter des personnes pieuses et éclairées, ce qui lui fut accordé. Les avis qu'il recueillit furent unanimes, tous cherchèrent à le persuader de se rendre aux vœux du cardinal. Malgré cela, les bas sentiments qu'il nourrissait de sa personne le poussaient toujours à ne point se charger d'un emploi pour lequel il se croyait impropre. Le combat fut terrible. D'un côté, il est vrai, unissant les tribulations qu'il prévoyait dans l'avenir à la croix de son doux Sauveur qu'il avait embrassée et qu'il chérissait de tout son cœur, il se sentait poussé à accepter, afin d'être plus conforme à son divin modèle ; d'un autre côté aussi, la charité et l'amour qu'il ressentait pour des ennemis qu'il allait être obligé de frapper, augmentaient sa répugnance à se soumettre, et doublaient à ses yeux son incapacité personnelle. Il ne croyait pas pouvoir jamais prendre assez d'empire sur son âme si aimante pour agir rigoureusement contre les adminis-

trateurs de l'hôpital de Notre-Dame des Remèdes. Heureusement que l'archevêque n'ignorait point les véritables
causes de ses hésitations. Aussi il ne se contenta pas à
à la fin d'exprimer un simple désir : il usa de son autorité, et il obligea notre saint à recevoir le fardeau sur ses
épaules, lui promettant son appui et l'assistance divine.
« Vous ne pouvez résister plus longtemps, lui disait-il,
sans aller évidemment contre la volonté de Dieu et les
devoirs qui découlent de votre profession religieuse.
Pour vous, Jean, continua-t-il en donnant à sa voix un
accent de majesté, vous n'avez point recherché l'emploi
que je vous confie ; loin de l'avoir ambitionné afin de
jouir d'une plus grande puissance, vous m'avez fait voir
que vous comprenez toutes les difficultés qui vont vous
assaillir en le recevant. Jusqu'ici vous avez agi sagement
en me montrant votre répugnance à accepter ma proposition ; mais à cette heure il ne vous reste plus qu'à vous
soumettre aux ordres du ciel qui vous sont signifiés par
vos supérieurs légitimes. Vous y opposer encore, ne
serait-ce pas sûrement manquer à l'obligation que vous
vous êtes imposée de tendre toujours vers la perfection ?
Et, en vérité, pourriez-vous sérieusement espérer faire
quelques progrès dans la vertu, si vous refusez ce qui
doit le plus contribuer à vous assujettir à l'accomplissement de vos vœux de religion, en vous obligeant à
étendre la surabondance de votre charité sur tant d'infortunés dont vous connaissez le triste abandon ? Donc,
plus d'hésitation : obéissez. Voici l'ordonnance par
laquelle je vous soumets tous les hôpitaux de Xérès.
Mes instructions nécessaires vous y précéderont ; retour-
nez-y avec confiance, et Dieu continuera à être avec
vous. »

A ces simples mais pressantes paroles de son premier pasteur, Jean vit bien qu'il ne pouvait plus faire aucune résistance. Il s'affligeait toujours néanmoins d'être trop au-dessous de la tâche qu'on lui donnait à remplir ; mais le cardinal l'encouragea avec bienveillance, lui promit son concours, le bénit et l'embrassa en le congédiant. Dès lors le bienheureux se résolut à n'apporter aucun retard à l'accomplissement des volontés de son archevêque. De retour à Xérès, il se mit à l'œuvre aussitôt, et ne tarda pas à trouver des difficultés encore plus grandes que celles qu'il avait prévues et redoutées.

Mais, ainsi que don Rodriguez de Castro le lui avait annoncé, Dieu ne l'abandonna point dans ces pénibles circonstances. Le Seigneur l'avait déjà habitué à ses communications les plus intimes : maintes fois il lui avait fait connaître ce qu'il allait avoir à souffrir et les travaux qu'il devrait soutenir pour son amour ; il agit non moins merveilleusement, en cette circonstance, à son égard. Pour lui donner plus de courage et lui faire embrasser plus généreusement encore la croix, il lui rappela un jour dans l'oraison tout ce qu'il avait fait jusqu'alors pour lui ; à ce souvenir, Jean, pénétré de la reconnaissance la plus vive, remercie son tout-puissant bienfaiteur, et s'écrie : *Oh ! que je voudrais, Seigneur, faire quelque chose qui pût vous plaire, à vous qui avez tant fait pour moi !* Aussitôt il lui sembla entendre cette réponse : *Applique-toi à consolider et à perfectionner ce que tu as entrepris pour le bien de mes pauvres.* Mais, comme toutes les persécutions et les souffrances qu'il lui faudra endurer pour cela se présentent vivement à sa pensée, son cœur frissonne, et sa volonté semble chanceler. Le Seigneur alors lui fait le tableau de tout ce qu'il a fait et enduré lui-même pour le racheter, et ajoute : *Dis-moi, Jean, si j'ai tant fait pour toi, comment pourras-tu trouver trop pénible de faire ceci pour moi ?*

De telles faveurs et ces divins encouragements rendaient au bienheureux l'obéissance douce et légère. En accomplissant aveuglément les ordres de son supérieur ecclésiastique, il était bien sûr de faire la volonté de Dieu. Combien sa foi devait-elle être plus vive, lorsque Dieu lui-même manifestait de cette manière ses adorables desseins sur lui ! Aussi, plus il avait d'abord ressenti de crainte et d'incertitude, plus il se montra ensuite fort, décidé et prêt à tout souffrir pour accomplir sa mission.

Dès qu'on connut à Xérès les prescriptions de l'archevêque, l'émotion fut profonde et générale. Nul ne resta indifférent : les jugements furent divers et nettement tranchés ; on loua ou on blâma fortement cette mesure, chacun l'envisageant au point de vue de sa propre passion. Les opposants, il est vrai, parurent plus nombreux au premier abord ; peut-être est-ce qu'ils firent plus de bruit, comme cela arrive ordinairement en pareille circonstance. Ils se trouvaient personnellement frappés, et leurs plaintes s'exhalaient avec la dernière amertume : les uns étaient dépouillés des droits dont ils jouissaient, les autres lésés dans leurs plus chers intérêts. Mais ceux qui étaient le plus courroucés et se laissaient aller aux plus indignes actes de mépris et de fureur, étaient sans contredit les employés et les serviteurs de l'hôpital de Notre-Dame des Remèdes. Se rappelant leur triste conduite vis-à-vis du bienheureux, ils croyaient devoir tout craindre de son élévation, comme s'il eût été capable de chercher à se venger ! Pauvres enfants du siècle qui ne savent pas comprendre que les vrais disciples de l'Evangile prennent lé divin Crucifié pour règle de leur conduite, et n'ont point les viles passions qui s'agitent dans ce bas monde !

D'après de semblables dispositions, le lecteur peut aisément s'imaginer tout ce que notre saint eut à souffrir, à son retour, de tous ces ennemis déclarés. Tous, en effet, ils s'appliquèrent avec une diabolique habileté à le discré-diter dans l'esprit des habitants ; ce n'était plus qu'un ambitieux, un intrigant, un hypocrite, qui trompait le peuple et les prélats par un extérieur de sainteté. Des injures ils passèrent vite aux mauvais traitements ; ils gagèrent quelques mauvais sujets qui, l'arrêtant dans les rues et sur les places, lui criaient sans cesse : *Jean le gueux, Jean le pécheur, Jean l'accapareur !* et mille autres sottises semblables. Le bon serviteur de Dieu ne leur opposait qu'une douce résignation et une patience inébran-lable ; quelquefois même il leur offrait du pain ou d'autres friandises qu'il avait coutume de porter avec lui pour les distribuer aux enfants. Ses compagnons et tous les témoins de son héroïque charité en étaient dans l'admiration. Mais rien ne pouvait vaincre la haine envenimée de ses vils persécuteurs. Ils en vinrent à de tels excès que le bienheureux, ne croyant plus en sûreté sa vie ni celle de ses disciples, et voulant épargner à ses ennemis quelque sacrilège extrémité, jugea à propos de se tenir renfermé pendant quelques jours et de rester avec les siens comme prisonnier dans sa propre maison.

Il attendit ainsi que s'apaisât cette terrible tempête. Son cœur si tendre et si affectueux en était profondément affligé : toutes ces attaques, toutes ces insultes, toutes ces injures, il les ressentait vivement dans leur plus cruelle amertume ; mais, surmontant les répugnances de la nature, et faisant toujours céder ses exigences devant les lois bien-aimées de son Dieu, il ne se plaignait à personne, et il ne donnait pas même connaissance de ses tribulations à son archevêque, qui lui avait cependant offert son appui ; il ne s'en ouvrait qu'à son cher Sauveur, avec qui il ne cessait de s'entretenir amoureusement dans le secret de sa cellule. Mais, hâtons-nous de le dire, il ne l'invoquait jamais en vain : Jésus lui rendait alors plus présent le souvenir de sa passion et de sa mort. Jean en était toujours fortifié ; et, une fois entre autres, il entendit son bon Maître lui dire clairement : *Ne crains point, Jean, je te justifierai*. L'événement vint bientôt montrer la vérité de cette consolante promesse.

Dans le mois d'avril, le bienheureux envoya le jeune frère Pierre l'Egyptien quêter du blé ; celui-ci arriva vers la grange d'un seigneur dont les intérêts se trouvaient blessés par le changement d'administration des hôpitaux. Pierre lui demande humblement l'aumône ; le seigneur, élevant aussitôt la voix, s'écrie : « Hé ! que me veut donc ce Jean le Pécheur qui me poursuit jusque dans ma propriété ? Assurément ce ne peut être qu'un démon ! » En même temps, il ordonne au pieux quêteur de se retirer, accompagnant son ordre de paroles de malédiction. Le frère Pierre s'éloigne confus et affligé des blasphèmes qu'il entend, et le malheureux seigneur, de concert avec un de ses amis qui se trouvait présent, continue à mal parler du bienheureux. De retour à l'hôpital, l'excellent frère veut faire part à son père spirituel de ce qui lui est arrivé ; mais celui-ci, le prévenant, lui dit qu'il sait tout, et que ce qui lui fait le plus de peine, c'est que dans trois jours son ennemi aura rendu compte à Dieu de sa conduite. Trois jours après, en effet, ce seigneur était mort et avait paru devant le tribunal du souverain Juge.

Jean faisait élever une muraille pour séparer son hôpital d'une propriété contiguë. Il était assuré de ne faire aucun tort à personne. Son voisin s'en offensa néanmoins, courut à l'hôpital, et, du milieu même de l'infirmerie, s'écria à haute voix : *Qu'est-ce que c'est donc que ce Jean le Pécheur ? C'est un vrai démon sans foi ni raison. Que tous les diables l'emportent, et avec lui tout ce qui lui appartient, et qu'il s'en retourne dans sa ville de Carmone !* Le serviteur de Dieu, alité alors par la souffrance, s'entretenait d'affaires avec le vicaire général de Xérès, don Augustin Condé ; il entendit ces injures sans proférer aucune plainte ; seulement il fut affligé de ce que son voisin s'était scandalisé de sa conduite. Le lendemain ce malheureux fut saisi d'une fièvre violente ; le bienheureux, en étant averti, alla aussitôt, avec son frère Pierre l'Egyptien, le visiter et lui porter quelques consolations. Arrivé dans la chambre du malade, il le salua affectueusement et lui dit : « Permettez, mon bon monsieur, que nous récitions les litanies et le *Salve Regina* en l'honneur de Notre-Dame de la Compassion, et vous vous trouverez mieux immédiatement. Il n'y a pas encore longtemps que ces mêmes prières ont subitement guéri dona Eléonore de Mésa. La très sainte Vierge lui a rendu ainsi la santé. — Non, répondit le malade avec dédain, je ne veux pas que vous fassiez aucune prière pour moi ; ma femme en fait déjà trop elle-même. » Jean renouvela avec douceur sa proposition ; mais, brutalement renvoyé, il se retira triste et pensif, et dit en chemin à son frère : « Que j'éprouve de déplaisir de l'obstination de notre voisin ! Sûrement demain il sera dans l'éternité. » Le lendemain, en effet, cet homme mourut : tous ceux qui connaissaient ce qui s'était passé en furent dans le saisissement et admirèrent comment Dieu prenait la défense de son serviteur.

Mais, bien que ces deux événements et la mort subite d'un autre de ses ennemis aient causé un grand effroi parmi les détracteurs de Jean, la réunion de tous les hospices sous sa conduite lui en suscitait chaque jour de nouveaux, et parmi ceux-ci se trouvaient très souvent des gens que le saint avait comblés de ses bienfaits. Leur noire ingratitude perça son noble cœur ; il ne put s'empêcher de s'en plaindre à Dieu dans l'oraison : il avait tant fait pour eux, disait-il ; il leur avait donné, avec son amitié, tous les secours dont il avait pu disposer ; il ne lui restait plus que de leur sacrifier sa vie. *Mon fils,* lui répondit le Seigneur, *j'ai été cloué à la croix par ceux-là mêmes que je suis venu racheter au prix de mon sang : est-ce donc beaucoup que tu souffres pour moi de si légères persécutions?* Raffermi par ces doux reproches, Jean se repentit de s'être abandonné un moment aux plaintes ; humilié et confus de son léger manque de courage, il s'offrit de nouveau à supporter avec plus de générosité encore tout ce qu'il plairait à la divine bonté de lui envoyer de dur et de pénible.

CHAPITRE X

Charité de Jean Grande au milieu des nombreux malades qui lui sont confiés. Différents miracles qu'il opère en faveur de ces malheureux.

Le P. Santos, en nous transmettant, dans ses Chroniques, les noms des divers hôpitaux de Xérès, ne nous en fait pas connaître la destination particulière. Néanmoins, d'après quelques faits rapportés par Mascarénas et les procédures de la béatification, il est bien permis de penser qu'ils renfermaient toutes les misères humaines et que Jean eut ainsi à pourvoir au soulagement de toute espèce de malades.

L'ancienne et jolie Xérès n'était point alors ce qu'elle devint plus tard, la plus riche cité de l'Andalousie ; elle se ressentait encore des différentes guerres qu'elle avait été obligée de soutenir, avec des succès bien divers, et de la longue domination des Maures. Malgré cela, elle était déja florissante, assez peuplée et bien pourvue de ces établissements de charité que sut enfanter avec tant de fécondité la catholique Espagne, même au milieu de ses fréquentes commotions politiques.

En réfléchissant sur l'esprit du temps où vivait le bienheureux, tout nous porte à croire que chacun des hospices de Xérès avait sa spécialité et ne renfermait que certaines classes de malades. Cela se pratiquait ainsi dans toute l'Europe, alors qu'elle n'était pas comme aujourd'hui dominée par la manie de tout centraliser. Du reste, les Arabes, parmi lesquels florissait l'art médical, devaient avoir laissé leurs traditions chez ces populations qui les avaient chassés depuis peu seulement.

Quoi qu'il en soit, tous ces différents hôpitaux étaient donc définitivement sous la direction de Jean. Quels soins ne lui fallut-il pas pour pourvoir à tout ! Comme ses heures devaient être partagées entre tant d'occupations de diverse nature ! Qu'il eut aussi besoin d'avoir, pour le seconder, des frères zélés et pleins de dévouement, sur lesquels il pût se décharger de quelque surveillance ! Que nous aimerions à connaître les détails de son admirable conduite et des ressources de son inépuisable charité ! Malheureusement les documents nous manquent : les mémoires qu'avait écrits sur ce sujet le chanoine Rendon se sont perdus ; nous sommes réduits à glaner quelques faits épars qui nous donneront cependant une idée d'une vie si sainte et si bénie de Dieu.

Nous voyons d'abord que Jean, devenu Supérieur général de tous les établissements de charité de Xérès, loin de diminuer le nombre de ses bonnes œuvres, les augmenta à l'infini, et que sa tendre sollicitude n'en négligea aucune. C'est ainsi qu'il continua à offrir un asile pendant la nuit aux mendiants. Dès lors il est facile de comprendre de quels désagréments pour le saint une semblable hospitalité devait être accompagnée, et, en même temps, de quelles pieuses industries il devait avoir besoin pour apaiser les plaintes qui s'élevaient sans cesse de leur côté, et rendre l'exercice de sa charité plus profitable à ces pauvres qu'une aveugle indulgence eût infailliblement plongés dans des vices plus grossiers et attachés encore plus à leur paresse et à leur vie errante et vagabonde. Aussi, est-ce pour conjurer de si tristes conséquences que le bienheureux, en leur offrant des lits, du feu, de la nourriture, les visitait chaque nuit, leur exposait avec simplicité les principales vérités de la religion, leur enseignait les devoirs de leur humiliante position, et ajoutait à tous ses enseignements des conseils propres à leur faire supporter avec patience leur pauvreté et à s'en faire un moyen de sanctification. Malgré toutes ces précautions, il arrivait assez souvent que des querelles et des disputes s'élevaient entre des gens de cette espèce, et Jean accourait aussitôt pour mettre la paix. Les deux faits suivants nous montrent encore que le vol était fréquent parmi eux.

Un vendredi que notre bienheureux était indisposé, il reçut la visite du licencié don Jean de Majo, qui laissa sa mule à la porte. Un de ces mendiants en déroba la housse qui était fort riche. Au moment de s'en retourner, le licencié s'aperçoit de ce vol ; irrité, il remonte à la cellule de Jean et se plaint avec amertume de ce qu'il remplit l'hôpital de semblables larrons. Jean l'écoute en souriant, l'invite à se calmer et lui annonce que le voleur va rentrer bientôt avec la housse. Le licencié croit que Jean se moque de lui et crie encore plus fort. *Je vous le répète*, reprend le serviteur de Dieu, *il viendra bientôt*. Là-dessus il sort du lit, appelle ses frères et les réunit à la chapelle pour y réciter un *Salve Regina*. A l'instant même on frappe à la porte ; Jean retient ses frères : *Je veux aller ouvrir moi-même*, leur dit-il ; *c'est le voleur, il me rendra la housse*. On voit en effet rentrer un mendiant. *Pourquoi voler cette housse*, lui dit Jean, *et nous exposer ainsi aux reproches du seigneur licencié ?* En disant cela, il s'approche

du pauvre, tire la housse volée de dessous son manteau
et la remet à Jean de Majo, qui attendait avec étonnement
la fin de cette scène. Il accorde ensuite sa grâce au larron,
à condition toutefois que celui-ci aura regret de sa faute
et en fera pénitence devant Dieu.

Notre saint calma de la même manière un de ses religieux qui se plaignait hautement de ce qu'il lui manquait
un couteau ; il ne pouvait avoir été dérobé, disait-il, que
par quelqu'un de ces mendiants ou plutôt de ces malfaiteurs dont la trop grande charité de Jean le Pêcheur
infectait l'hôpital. Informé de cela, le bienheureux engage
son frère à se tranquilliser et lui promet de lui rendre le
couteau dans la journée même. Vers le soir, il se tient à
la porte au moment où rentraient les pauvres ; vers
l'heure du coucher, il en voit venir quatre qu'il laisse
mettre au lit ; puis il va à l'un d'eux et lui dit : *Mon
frère, rendez-moi le couteau qui est la cause que j'ai eu
bien du désagrément aujourd'hui*. Le mendiant répond
qu'il ne l'a point et semble s'offenser de cette accusation ;
mais Jean, fouillant ses habits, l'y trouve aussitôt. Il
donne alors une bonne leçon à ce misérable, et rendant
le couteau à son frère, il blâme charitablement sa conduite et lui montre combien il s'est oublié pour une perte
si insignifiante.

Outre qu'il recueillait ces pauvres la nuit, Jean soignait
aussi les malades atteints d'affections rachitiques, épileptiques et chroniques. Quelque pleine d'attention que soit
la charité à soulager ces infortunés et à leur prodiguer
tous les soins qu'il est possible de leur donner, soit par
rapport à leur état, soit par rapport aux ressources dont
on dispose, un grand nombre d'entre eux présentent souvent, par la nature même de leur mal, et dans les lieux

les mieux tenus, un aspect pénible, repoussant et bien propre à scandaliser les visiteurs superficiels, et à les faire crier à la négligence et au manque de charité dans les infirmiers même les plus dévoués. Le fait suivant prouve que cette épreuve ne manqua point à Jean, mais que Dieu se plaisait aussi à lui témoigner en ces rencontres sa divine protection.

Quelques dames, qui faisaient une profession particulière de dévotion et de charité, vinrent un jour visiter l'hôpital où notre bienheureux soignait cette classe de malades. Par suite peut-être de cette disposition où sont les personnes uniquement adonnées aux pratiques extérieures de piété de ne voir aucun bien en dehors de ce qu'elles font et de trouver toujours quelques défauts dans la vertu des autres, peut-être aussi subissant l'influence des préjugés que les ennemis de Jean avaient répandus sur sa conduite, elles se montrèrent fort scandalisées contre lui, en voyant un malade hydropique, infirme, asthmatique, étendu non point sur un lit ordinaire, mais sur une couchette fort semblable à un petit char. Au lieu de s'arrêter à considérer si ce n'était point un meuble mobile, plus commode pour ce malade et moins dangereux, elles préférèrent accuser immédiatement le prétendu saint de manquer de charité : « Les habitants de Xérès sont trop crédules, disaient-elles ; il vaudrait mieux jeter les aumônes à la rue que de les confier à un homme aussi dur. » Le bienheureux entend ces reproches ; son humilité lui fait craindre d'être réellement coupable ; il en est affligé, et il se met à réfléchir sérieusement. Il regarde le malade ; il ne veut point donner tort à ces dames ; il ne sait non plus comment mieux coucher cet infirme. Son cœur si compatissant est déchiré de cette incertitude : Dieu, qui lui avait si clairement promis de prendre lui-même les pauvres à sa charge, lui inspire alors de lui en laisser la décision et réveille toute la vivacité de sa foi. Jean s'approche du malade : *Levez-vous, mon frère,* lui dit-il, *et soyez guéri, au nom de Jésus et de sa sainte Mère.* A ce commandement, le malade se lève ; ses infirmités ont disparu, et il sort de l'hôpital dans la journée. L'humble thaumaturge, grandement touché de cette faveur du ciel, se retire en silence et en versant d'abondantes larmes de gratitude. Ses accusatrices, toutes confuses, se regardent l'une l'autre avec stupéfaction, et s'en vont peut-être plus affectées de l'humiliation que vient de recevoir leur orgueil qu'heureuses de reconnaître leur triste défaut pour s'en corriger.

Nous ne pouvons douter que Jean avait eu, par suite de la réduction des hospices sous son autorité, à soigner les fous et les maniaques. Différents faits que nous allons raconter nous montrent même que Dieu lui avait donné, en faveur de ces infortunés, une grâce toute particulière. L'évêque Mascarénas, après les avoir rapportés dans son histoire du bienheureux, termine son récit par ces paroles : *Oh ! si ce cher serviteur de Dieu vivait encore de nos jours !* Ce prélat écrivait en 1660 : que dirait-il s'il eût vécu aujourd'hui et s'il voyait toutes nos folies actuelles !

Les hommes qui ont perdu l'usage de la raison, quelque nom qu'on leur donne, forment une classe *à part* qui inspire des sentiments *à part,* ne ressemblant guère à ceux qu'on éprouve en présence de toute autre infortune. On ne les condamne pas, on ne les a point en aversion comme les malfaiteurs mis aux fers ; mais on ne ressent point non plus pour eux cette généreuse commisération qu'on a pour les pauvres mendiants, ni ce tendre désir de les assister qui sollicite notre cœur, à la vue des malades et des infirmes. Les fous ou les idiots nous offrent un tableau si humiliant pour notre orgueil et si répugnant à notre délicatesse, que nous étoufferions volontiers tout sentiment de pitié à leur égard, si les lumières de la raison et encore plus les enseignements de l'Evangile ne nous faisaient comprendre la nécessité de prendre leur défense et de leur venir en aide. C'est ce qui explique le délaissement presque complet où étaient, il n'y a pas encore longtemps, ces malheureux jetés comme des animaux féroces dans des tours ou des cachots, et nourris fort misérablement, lorsqu'ils n'étaient pas entièrement abandonnés à un vagabondage dangereux pour la société, et où ils finissaient ordinairement par être les tristes victimes de leurs propres fureurs. Déjà, il est vrai, dès l'année 1459, Pie II, par sa bulle du 3 janvier, avait approuvé un ordre religieux qui se vouait au service des aliénés et des pestiférés, et dont il existe même de nos jours, croyons-nous, quelques maisons en Allemagne. Il est vrai encore que, dès l'année 1571, les religieux de Saint-Jean-de-Dieu s'étaient aussi appliqués à ces mêmes œuvres de miséricorde, ainsi qu'on le voit par la bulle *Licet ex debito,* du 30 janvier, de saint Pie V, et préludaient ainsi aux vastes établissements qu'ils ont formés, à notre époque, en France et en Italie. Jean Grande méritait bien de leur ouvrir la voie et d'être leur glorieux modèle. Il aimait singulièrement ces pauvres êtres si déchus de leur dignité, et il n'était pas rebuté par les difficultés si nombreuses qu'on rencontre dans leur service. Son humilité extraordinaire, son amour des souffrances, qui ne lui faisait voir, chercher et vouloir

que son Jésus portant sa croix, le mettaient au-dessus
des injures, des humiliations et des mauvais traitements
qu'il pouvait en recevoir. Il se trouvait toujours trop
payé, d'après les bas sentiments qu'il avait de lui-
même. Attendant de Dieu seul sa récompense, il ne
redoutait rien tant que d'en avoir une partie sur la terre.
Aussi que de fois, dans les ténèbres de la nuit, lorsqu'il
était au milieu des fous ou auprès des malades endormis :
Oh ! oui, mon Dieu, s'écriait-il, *oui, maintenant il me
semble bien ne servir que vous seul.*

Sans doute c'est une satisfaction pour le cœur charitable, c'est un puissant stimulant que la reconnaissance
dont il est l'objet, ou même le seul sentiment qu'il goûte
dans la pensée que celui qui reçoit le bienfait le connaît
et l'accepte comme tel ; mais quelle exquise douceur, que
la parole ne saurait rendre, ne doit pas éprouver celui
qui, en s'immolant chaque jour pour ses frères, ne cherche que son divin Amant dans les personnes qu'il assiste,
lorsqu'aucune considération humaine ni aucune sensibilité naturelle ne vient se mêler à son dévouement pour
en corrompre la pureté !

C'était la joie de Jean Grande. Qui pourrait dire aussi
jusqu'où il poussait son application à soigner les pauvres
insensés, à leur procurer ce qui pouvait les guérir ou du
moins les soulager ! Par ses paroles affables et ses douces
manières, il calmait leur fureur et fixait leur trop mobile
imagination. Son expérience lui avait appris que ces
malheureux ont ordinairement des moments lucides qui,
sans toujours se révéler au dehors, donnent souvent
entrée dans leur âme aux plus salutaires émotions : c'est
pourquoi il aimait à leur faire entendre des prières ou à
les faire assister à des exercices religieux.

Sa patience, toujours égale, le portait à s'accommoder admirablement à leurs importunités comme à leurs plus furieux accès. Leurs injures, comme leurs plus mauvais traitements, n'altéraient en rien sa charité envers eux. Il ressentait pour ces forcenés une immense compassion, et il exhortait souvent ses frères à employer tous les ménagements possibles, lorsqu'ils étaient obligés de réprimer leurs violences. Il voulait qu'ils ne fissent rien de plus que ce qui était nécessaire pour les empêcher de se faire du mal à eux-mêmes ou d'en faire à leurs bienfaiteurs. Il aimait à leur dire alors : « Mes enfants, si vous êtes surpris quelquefois et si vous courez quelque danger de la part de ces infortunés livrés à une fureur que la raison ne saurait plus contenir, tournez-vous aussitôt vers Dieu ; invoquez son secours, celui de votre ange gardien et de notre saint patriarche. Rappelez-vous notre bon Sauveur excusant ceux de ses ennemis qui l'insultaient et le faisaient mourir avec une malice diabolique, et songez à la magnifique récompense qu'il vous prépare, si vous vous conduisez d'une manière aussi généreuse envers ceux-ci, *qui réellement ne savent ce qu'ils font.* » C'est ainsi qu'il disposait ses disciples bien-aimés à faire encore le sacrifice de leur vie pour ces pauvres créatures, comme cela est déjà arrivé en différentes circonstances.

Ce dévouement admirable du bienheureux attirait les bienveillants regards de Dieu sur lui et lui obtenait quelquefois la grâce d'opérer des guérisons tout à fait miraculeuses.

Un jour qu'il était plongé dans une profonde contemplation devant le très saint Sacrement, dans la chapelle de l'hospice où il avait coutume de plaider efficacement la cause des pauvres, le Seigneur lui fit entendre ces paroles : *Jean, va tout de suite à l'infirmerie, où j'ai besoin de toi dans mes pauvres*. Jean accourt tout embrasé du feu de l'amour divin, et voit un fou livré aux plus violentes fureurs et ses frères en proie aux plus grandes angoisses. Il approche du dangereux malade, met ses mains sur sa tête, fait le signe de la croix sur son front, et lui rend, avec la tranquillité, l'usage de la raison.

Mascarénas nous apprend que le bienheureux opéra encore une semblable guérison de la même manière et aussi sur l'invitation de Dieu. Il était hors de l'hôpital, dans une église de la ville, où il priait depuis quelques instants ; il entendit de nouveau ces paroles : *Rentre dans ton hôpital ; là, en faisant le signe de la croix et en invoquant le nom de Jésus, tu guériras tel malade*. Il obéit aussitôt, rentra chez lui, trouva un fou très agité qu'on venait d'attacher sur son lit. Il le reconnut pour celui qui lui avait été désigné dans son oraison, lui appliqua le céleste remède et le rendit immédiatement paisible et entièrement guéri.

Le fait suivant, dont nous connaissons encore mieux les détails, n'est pas moins intéressant. Tout en nous révélant le pouvoir que Jean recevait d'en haut, il nous fait bien voir aussi l'humilité du grand serviteur de Dieu et son infatigable activité dans le service des malades. On eût dit qu'il comptait pour rien les peines et les soucis de l'administration, tant il se prodiguait dans tous les emplois. Accablé un jour de la fatigue qu'il s'était donnée, soit dans les diverses infirmeries, soit à la porte de l'hospice en recevant les pauvres, soit enfin partout ailleurs où la charité l'avait appelé, il s'était assis pour se reposer et reprendre ensuite avec plus de force ses laborieuses occupations. Presque aussitôt passe auprès de lui un jeune religieux qui vient de donner à manger à un aliéné qu'on a été obligé de lier parce qu'il était furieux et dans la plus extrême agitation. Apercevant le bienheureux qui se repose contre son habitude, ce frère, avec une indiscrétion qu'on ne saurait expliquer ni pardonner, mais que Dieu seul permit pour accroître les mérites de son serviteur et la faire tourner au profit du malade, ose adresser à son père spirituel ces injustes reproches : *Eh! que faites-vous ici, ô frère Jean ?* lui dit-il. *Oh! que vous feriez bien mieux d'aller calmer ce pauvre maniaque que de rester ici sans rien faire !* L'humble supérieur jette sur son frère un regard de reconnaissance et lui répond de la manière la plus douce : *Je vous rends grâces, ô mon frère, et je remercie Dieu, qui certainement vous a envoyé lui-même pour me faire une correction si juste et trop bien méritée.* Là-dessus il se lève, et, quelque harassé qu'il soit, il va auprès du malade qu'on lui a nommé et le trouve véritablement dans un état déplorable. Il en est tout ému ; il veut effacer la faute qu'il croit avoir commise et dont il demande pardon au Seigneur. Dans sa vive foi, il pose la main sur la tête du malade et fait sur lui le signe de la croix : *Sois guéri,* lui dit-il, *au nom de Jésus et par les prières de sa très sainte Mère.* Le pauvre furieux se calme à l'instant même, recouvre toute sa raison et bénit avec effusion la bonté de Dieu qui se manifeste en donnant une telle puissance à son fidèle serviteur.

Il est évident, d'après ces différents faits, que Jean le Pêcheur avait reçu un don particulier pour guérir les maladies mentales ; mais on voit qu'il n'en usait que d'après une divine inspiration et dans des cas rares, lors-

que le besoin de ses malades ou une singulière commisération pour leur infortune l'excitait à demander des
miracles. Au reste, l'efficacité toute-puissante de son
intervention ne se bornait pas à cette seule classe d'infirmes : le tendre intérêt qu'il portait à tous ses enfants
adoptifs le poussait quelquefois à faire une sainte violence
au Seigneur et à en obtenir pour eux les faveurs les plus
signalées. Nous en trouvons une preuve bien éclatante
dans le récit suivant, par lequel nous voulons clore cet
intéressant chapitre, bien qu'il n'ait pas trait aux malades
dont nous venons de parler.

Un habitant de la ville de Chiclana était venu mourir
dans l'hôpital de Jean ; avant d'expirer, il lui avait légué
des vaches dont le prix devait servir à soulager les pauvres et à faire célébrer quelques messes pour le repos de
son âme. Jean s'en va réclamer ces animaux auprès des
parents du défunt ; ceux-ci ne veulent point les lui
remettre sans en avoir reçu un titre légal : ils feront célébrer les messes à Chiclana, disent-ils, et ils se partage-
ront le surplus. Jean recommande aussitôt la chose à
Dieu et se met à la recherche d'un notaire. Malheureusement il n'y en avait qu'un seul en cet endroit, et il était
sur le point de rendre le dernier soupir. Le bienheureux
néanmoins ne pouvait rien obtenir sans avoir fait léga-
liser le testament. Il se met de nouveau sous la protection
de Dieu et entre dans la chambre du notaire moribond,
qui ne pouvait déjà plus parler. Sa famille affligée l'entourait ; leurs larmes étaient mêlées à leurs prières, et
leurs yeux se fixaient tristement sur lui : le silence était
profond. Jean s'approche du lit du malade, et tirant de
son sein le testament du défunt : *Monsieur*, dit-il à l'ago-
nisant, *de grâce, légalisez-moi cette feuille*. A une demande

si inattendue et si inopportune, il s'élève un cri unanime
de réprobation : *Ne voyez-vous pas qu'il va mourir ?* lui
dit-on ; *mettez-vous plutôt à genoux, et faites-lui la recommandation de l'âme. — Taisez-vous,* reprend le bienheureux, *je sais ce que je fais ; j'ai hâte qu'il m'expédie cette
pièce et me permette de m'en retourner ce soir même à
Xérès.* En disant cela, il prend un petit bonnet et le met
sur la tête du malade, en regardant le ciel. Au même
instant le moribond ouvre les yeux et se met sur son séant ;
puis, au milieu de l'ébahissement de tous les spectateurs,
il reçoit le testament que Jean lui présente, le lit, l'enre-
gistre, le revêt de sa signature et le remet à notre saint,
qui s'empresse alors de disparaître de la chambre. Il
n'était pas encore sorti de la maison que le notaire se
trouva pleinement guéri. C'est par de tels prodiges que
Dieu accomplissait à la lettre la promesse qu'il avait
faite de prendre à sa charge les pauvres de son fidèle
serviteur, et justifiait admirablement la sage mesure
qu'avait prise l'illustre archevêque de Séville en confiant
à un homme si vertueux l'administration des revenus
des hospices de Xérès, jusqu'alors si mal employés.

CHAPITRE XI

Tableau des principales vertus de Jean le Pécheur.

La perte des documents contemporains nous fait regretter amèrement de ne pouvoir raconter les événements qui ont dû signaler non seulement chaque année, mais chaque mois et en quelque sorte chaque jour de la vie du bienheureux. Quels délicieux récits nous aurions pù trouver dans le détail des actions extraordinaires d'un si saint personnage, au milieu d'un siècle encore si plein de piété et de foi ! Pour y suppléer, nous sommes obligé de glaner çà et là quelques faits épars, et nous allons essayer d'en former un faisceau qui puisse nous donner une idée de ses principales vertus. Nous réunirons pour le composer différents traits que nous trouvons dans la vie écrite par Mascarénas et dans le procès de la béatification, et auxquels il nous est impossible d'assigner une date. Nous suivrons néanmoins l'ordre des vertus en commençant par sa foi.

SA FOI

Notre saint avait un si vif amour pour cette vertu, qu'il évitait avec le plus grand soin tout ce qui aurait pu la mettre en péril. C'est aux esprits simples et aux cœurs purs que Dieu donne sa plus vive lumière ; c'est pourquoi Jean apportait une simplicité et une pureté admirables à se soumettre sans discuter aux enseignements de l'Eglise. Aussi sa foi brillait d'un vif éclat dans toutes ses actions, dans ses prières, dans sa manière de se tenir devant les autels et dans tous ses discours. Il y puisait une élévation de pensées et une facilité d'expressions qui faisaient bien voir combien l'humble piété plonge plus facilement dans les obscurités des mystères que toutes les profondes recherches d'une fastueuse science. « Chose étonnante ! disait-il un jour, quand je vois en chaire des prédicateurs se perdre en explications inintelligibles sur la très sainte Trinité, j'en ressens une grande compassion. Ah ! si Dieu permettait au pauvre Jean de parler de sa nature, comme il saurait le faire dans de courtes et solides instructions !... » Et ce n'était pas la présomption qui portait le bienheureux à s'exprimer ainsi sur son propre compte ; les plus illustres théologiens de l'Andalousie se plaisaient à reconnaître sa merveilleuse pénétration. Le docteur Christophe Martinez et le chanoine Rendon disaient de lui qu'il avait la science infuse et recouraient à ses lumières avec empressement pour la solution des questions les plus difficiles.

Jean faisait surtout éclater sa foi envers la sainte Eucharistie. Il veillait attentivement à ce que tout ce qui a rapport à cet auguste sacrement fût propre et convenable. Avec quelle édification il se tenait prosterné devant les tabernacles où le divin Sauveur était exposé à la vénération et à l'adoration des fidèles ! Qu'il était beau lorsque, au sortir du tribunal de la pénitence, il s'approchait de la table sainte ! Aussi c'était là qu'il recevait d'en haut les faveurs les plus signalées. « Je reconnais, disait-il un jour qu'il en était profondément ému, que là j'importune Notre-Seigneur jusqu'à ce qu'il m'ait accordé ce que je lui demande. C'est ainsi, continua-t-il, qu'à la dernière fête de saint Augustin, comme je priais avec ferveur mon bien-aimé protecteur, et que je le conjurais, tout en me préparant à communier, d'obtenir un canonicat au docteur Rendon, qui était mon confesseur, j'y mis tant d'instance et d'importunité, que ce grand saint m'apparut lui-même : *Jean, me dit-il, le Seigneur t'a accordé ce que tu lui demandes, console-toi ;* puis, ouvrant le tabernacle, il me communia de sa propre main. » Trois jours après, en effet, Rendon avait le canonicat si vivement sollicité. Deux autres fois encore saint Augustin communia notre bienheureux d'une semblable manière : d'abord, pendant une maladie qu'il fit ; ensuite, dans le couvent des Augustins, en présence du prêtre qui célébrait en ce moment et de plusieurs pieuses âmes. L'une d'elles, Antoinette de Saint-François, rendit témoignage de ce dernier miracle dans la déposition qu'elle fit à Xérès, vers l'an 1630.

La foi de Jean paraissait aussi d'une manière admirable dans l'extraordinaire dévotion qu'il manifestait à l'époque où l'Eglise fait la mémoire de la nativité et de l'enfance du saint Rédempteur. Nous avons déjà raconté qu'alors ses libéralités envers les pauvres et les malades n'avaient plus de bornes. On le voyait aussi en ces grands jours, les yeux brillants d'une sainte joie, porter dans ses bras l'image du divin Enfant couché sur un peu de paille dans un petit berceau, parcourir les rues de la ville, entrer dans les églises, inviter tout le monde à louer et à vénérer son Bien-Aimé, chanter lui-même des hymnes, et dire de ces choses qui touchaient tous les cœurs. Avec quelle confiance il s'adressait à la sainte image et lui demandait le pain, les aliments et les habits dont il voulait faire présent à ses pauvres !

Si la foi de Jean le poussait à faire ainsi éclater sa joie pendant les fêtes de Noël, elle l'inspirait non moins fortement dans le temps de la Passion : sa seule présence était alors plus efficace sur les habitants de Xérès que toutes les prédications. On accourait pour voir ce grand serviteur de Dieu passer sans manger les trois derniers jours de la semaine sainte, et n'interrompre ses extases continuelles que pour adresser aux assistants des exhortations qui tiraient des larmes de tous les yeux et mettaient aux cœurs les plus endurcis de généreuses résolutions de repentir, ou pour se livrer aux pratiques de la charité la plus ardente et de l'humilité la plus profonde.

Le jeudi saint, avant de servir le dernier repas à ses malades, il leur faisait une instruction sur le mystère du jour, les encourageait à supporter avec résignation les maux dont ils étaient affligés, et à mettre toute leur confiance en la bonté de ce Dieu dont ils représentaient les douleurs. Puis, pendant qu'un de ses frères faisait à haute voix une lecture spirituelle, il quittait son scapulaire, se ceignait d'un linge, lavait à genoux les pieds de tous ses pauvres et les baisait amoureusement, en les arrosant de ses larmes. Il reprenait ensuite son scapulaire et distribuait à ses hôtes des friandises que lui envoyaient des personnes dévotes pour cette occasion. Il leur donnait enfin une nourriture plus copieuse qu'à l'ordinaire.

Le même soir, après avoir assisté avec recueillement à la déposition du Très Saint Sacrement au sépulcre dans l'église de Saint-Jean-de-Latran, il conduisait le curé et le clergé de la paroisse au réfectoire de l'hôpital, comme s'ils eussent été Notre-Seigneur et les Apôtres ; il les faisait asseoir à table, et il les servait de ses mains avec une douce joie mêlée à la plus sincère humilité.

Le lendemain il dressait dans l'infirmerie un autel orné
d'un tableau représentant quelque trait de la passion du
Sauveur. Bien des personnes accouraient auprès de cet
autel, avec les pauvres et les malades. Jean entremêlait
ses prédications de touchantes réflexions et de saints
encouragements à faire l'aumône, tirant ses motifs du
mystère du jour : « Frères, disait-il, faites l'aumône aux
pauvres rachetés en ces jours par le sang de Jésus-Christ.
Jésus-Christ a versé pour vous et pour eux tout son précieux sang ; ne faites donc pas difficulté de donner vous-
mêmes un peu de votre superflu à ses membres souffrants,
qui sont les pauvres. »

Nous l'avons dit, pendant tout ce temps, il était impossible de faire accepter aucune nourriture à ce grand saint.

SA DÉVOTION A MARIE

Nous connaissons déja la dévotion de Jean envers la
très sainte Vierge. Il l'aima et se plut à l'honorer dès sa
plus tendre enfance. Il en reçut les plus grandes faveurs,
soit au milieu de ses tentations, soit lorsqu'il dut décider
sa vocation, soit enfin pour avancer chaque jour dans la
voie de la perfection. Jean jeûnait tous les samedis ; chaque jour il récitait le rosaire et accomplissait d'autres
pratiques de piété en l'honneur de cette Mère bien-aimée.
Voulait-il obtenir la conversion d'un pécheur, ou la guérison d'un malade, ou des secours pour ses pauvres, il
s'adressait toujours à Marie et récitait les litanies ou le
Salve Regina. L'effet ne trompait jamais sa confiance. « Au
nom de Jésus, disait-il, et par l'intercession de sa sainte
Mère. » C'est par ces paroles qu'il guérit plusieurs malades
et ressuscita un mort, comme nous le verrons plus loin.

SON ESPÉRANCE

L'espérance était dans le cœur du bienheureux la digne fille de sa foi, puisque, d'après le prophète, *ceux-là espèrent en Dieu qui connaissent son nom*. Ah ! Jean connaissait si bien le nom de Dieu et sa bonté que sa vie entière fut comme une aspiration incessante de s'unir à lui. Il supportait avec peine son pèlerinage terrestre, qui l'éloignait de la possession d'un si grand trésor, et il mourait, dit son historien, de la peine qu'il avait de ne pas mourir. Il était comme absorbé par les visions d'en haut lorsqu'il parlait du ciel et des bienheureux ; son langage s'élevait alors et touchait les plus froids et les plus indifférents ; son cœur éprouvait les plus suaves délices à s'entretenir sur un semblable sujet avec les personnes vertueuses.

Un jour, il était attendu à la campagne de dona Anna Adorno, qui était voisine de Xérès. Il s'y rendait avec le P. Figueroa, de l'ordre des Minimes, religieux d'une vertu consommée. Tous les deux allaient porter à cette illustre dame des consolations au sujet de la mort d'un de ses enfants. Tout en avançant, nos deux saints parlaient de Dieu. Ils retrouvaient ses traces dans la beauté des arbres, l'admirable variété des fleurs et le doux murmure des ruisseaux. L'air était embaumé des plus suaves parfums, le vent se jouait parmi les feuilles qu'il agitait légèrement, et les oiseaux faisaient entendre leurs purs gazouillements. Quelle belle image du paradis ! quel beau thème pour louer Dieu ! quels puissants motifs de désirer de s'unir à lui ! Le cœur de Jean était embrasé ; l'impétuosité de ses aspirations l'empêchait de répondre à son compagnon de route ; son esprit était déjà loin de lui. Arrivé auprès de Vadallejo, et ne pouvant plus maîtriser les mouvements de son âme, il se retourne vers le Père Figueroa : « Père, lui dit-il, est-il possible qu'il y ait au monde quelqu'un qui puisse supporter Dieu ? — Jésus ! répond le père minime attéré, ô mon frère, que dites-vous là ! Comment, au contraire, peut-il y avoir quelqu'un qui ne puisse supporter Dieu ? — Moi ! moi ! reprit Jean, oh ! non, je ne puis plus le supporter ! » A peine avait-il dit ces mots que son visage devint tout brillant et que son corps fut élevé d'une coudée au-dessus de la terre. Il resta ainsi depuis midi jusqu'à trois heures. A la vue de ce prodige, le P. Figueroa tomba à genoux en versant d'abondantes larmes. C'est en cet état que ces deux serviteurs de Dieu furent aperçus par don Gomez d'Avila, époux de dona Anna. Ne les voyant pas arriver et inquiet de leur retard, il s'était avancé à leur rencontre avec ses domestiques, qui furent aussi témoins de ce prodige ainsi que bien d'autres personnes venues pour puiser de l'eau à la fontaine voisine de Vadallejo.

Revenu à lui, notre bienheureux demeura quelque temps surpris et confus. Don Gomez le tira de son embarras en lui disant de se hâter, qu'il était attendu pour le dîner par son épouse et d'autres dames de sa connaissance. Mais Jean ne put rien manger : il n'était pas encore maître de modérer l'ardeur de ses désirs vers la céleste Sion.

La grandeur de l'espérance de Jean se révèle admirablement dans cette confiance inaltérable qu'il apporte et qu'il conserve dans toutes les circonstances les plus critiques, au milieu des calamités et quelquefois des nécessités les plus pressantes. Dans toutes ses prières, il demande sans hésiter, sûr d'être exaucé d'un Dieu dont il a souvent éprouvé la bienveillance ; et la confiance qui l'anime, il sait la faire passer dans le cœur des malades qu'il fortifie et des affligés qu'il console.

SA CHARITÉ ENVERS DIEU

Je suis venu apporter le feu sur la terre, et que désiré-je autre chose sinon qu'elle soit embrasée (1)? Ce feu du Sauveur, Jean le portait partout; toutes ses actions en avaient l'empreinte, toutes ses paroles en étaient brûlantes. Oh ! oui, *sa bouche parlait bien de l'abondance de son cœur* (2)! Aimer Dieu, le faire aimer, c'était là toute sa vie. L'amour de Dieu le dirigeait en toutes choses ; il voyait Dieu dans les malades, dans ses frères, dans ses pauvres, dans toute créature souffrante et délaissée. Rien ne pouvait arrêter ou refroidir les élans de son âme vers son divin Amant. Ses paroles comme ses actions, dit son historien, étaient de véritables flèches parties de l'arc de son cœur dévoré d'amour, et allant embraser tous les autres cœurs. On ne pouvait, sans être profondément remué, l'entendre s'écrier sans cesse : *Que Dieu soit aimé ! Aimons beaucoup le Seigneur ! Ah ! si nous aimions bien Dieu ! O Seigneur, si toutes les créatures vous aimaient !*

Jean aimait Dieu et était jaloux de le faire aimer des hommes. Il pleurait amèrement le malheur de ceux qui offensent la souveraine bonté ; il ne s'épargnait aucune peine, aucun sacrifice pour les empêcher de pécher ; il expiait leurs fautes sur sa propre chair, en la condamnant

(1) Luc, XII, v. 49.
(2) Matth., XII, v. 34.

aux plus terribles mortifications. Il ne perdait jamais la
présence de Dieu ; son oraison était, on peut le dire, continuelle ; ses occupations ne pouvaient nullement le distraire. Au milieu des plus grandes sollicitudes, son union
avec Dieu était toujours plus intime. Après les plus rudes
travaux de la journée, il passait souvent les nuits appuyé
seulement sur ses genoux, dont la peau était devenue
calleuse comme celle du chameau ; quelquefois il tenait
longtemps les bras étendus en forme de croix et les yeux
élevés vers le ciel, soutenu par les nombreuses victoires
que son âme avait remportées sur son corps, et aussi, il
faut bien l'avouer, par la grâce divine. Nous avons déjà
raconté quelques-uns de ses ravissements ; nous y revien-
drons en parlant des miracles par lesquels Dieu fit éclater,
même pendant sa vie, la sainteté de son serviteur.

SA CHARITÉ ENVERS LE PROCHAIN

Est-il nécessaire de dire combien notre bienheureux
aimait son prochain ? Sa vie n'a-t-elle pas été un continuel
holocauste offert sur l'autel de la charité ? Dévoué à procurer le soulagement des pauvres et des infirmes, il était
loin de négliger les intérêts de leur âme. Il s'appliquait à
ce que tous ses malades ne sortissent de son hôpital
qu'après s'être réconciliés avec Dieu par la réception des
sacrements. Il leur parlait avec une douceur et une onction
qui faisaient tomber toutes les répugnances. On ne pouvait
lui résister. Les malades se sentaient, de leur propre
aveu, sous sa victorieuse influence : *Père*, lui disaient-ils,
nous sommes dans vos mains. Il savait si bien leur tenir
le langage qui va au cœur, approprier les enseignements

aux besoins, donner les consolations nécessaires, et apprendre la résignation aux plus désespérés! Il ne les quittait pas dans leur agonie; il les soutenait dans leur dernier combat contre le démon; il les encourageait en faisant briller à leurs yeux presque éteints les vives lumières de la foi et en les portant à Dieu par l'espérance; et, lorsqu'ils avaient rendu le dernier soupir, il les ensevelissait avec un soin religieux, faisait célébrer des messes pour le repos de leur âme, priait et engageait les autres malades et ses frères à prier à leur intention.

Jean excellait à reprendre avec fruit les pauvres pécheurs, à les faire rougir de leurs crimes et rentrer dans les sentiers de la vertu. Son zèle pour la conversion des courtisanes lui faisait multiplier les prières, les pénitences et mille autres moyens que lui suggérait sa charité. A cette époque où la foi se conservait vivace, même dans les cœurs les plus corrompus, on réunissait, à certains jours de fête, les pécheresses publiques pour leur adresser des exhortations propres à les toucher. Jean se rendait à l'église avec elles, et, après le sermon, il leur parlait avec tant de force et un tel esprit de religion qu'il obtenait souvent plus de succès que le prédicateur. Il n'abandonnait pas à leur faiblesse celles qui se convertissaient; il engageait les unes à quitter le monde pour vivre dans une sainte retraite, il donnait aux autres une dot suffisante pour les marier, et il leur continuait ses bons offices et les secours de ses conseils et de ses exemples toujours si entraînants.

Un vendredi de Carême, le P. Esquivel, de l'ordre des Augustins, prêchait dans la cour de l'hôpital de notre saint, ainsi que c'était l'usage. Parmi de nombreux auditeurs, il y avait plusieurs courtisanes. Tout à coup on entendit une voix sortir d'une chambre voisine et prononcer avec un accent lamentable cette parole : *Pénitence !* un instant après encore : *Pénitence !* et, au milieu de l'émotion générale, une troisième fois encore : *Pénitence !* puis, la porte de la chambre s'étant ouverte, on vit apparaître le zélé serviteur de Dieu revêtu d'un sac grossier, les bras et les épaules nus, la tête et le visage recouverts de cendres, tenant un crucifix de la main droite, présentant une tête de mort de la main gauche, et criant toujours : *Mes frères, faites pénitence !* En même temps il s'avança et tomba à genoux devant ces courtisanes, les conjurant d'avoir pitié de leur âme. On connaissait le saint ; on savait qu'il n'y avait ni affectation ni fanatisme dans une telle conduite, mais qu'elle était sûrement dictée par la charité la plus ardente. Aussi sept de ces malheureuses, touchées de repentir, se mirent à leur tour à genoux devant lui et rentrèrent en amitié avec Dieu.

Aucune misère morale ne trouvait insensible le cœur de Jean ; il se plaisait à accompagner sur l'échafaud les condamnés à mort, qui en retiraient un grand soulagement. Sa charité ne lui laissait pas oublier les âmes qui souffrent dans le purgatoire ; il offrait ses bonnes œuvres, ses macérations et ses prières pour adoucir et abréger leurs peines dans ce séjour de la parfaite expiation.

Tout ce que nous avons raconté jusqu'ici et tout ce qu'il nous reste à raconter des actions de notre bienheureux nous fait clairement voir qu'il ne vivait que pour soulager les souffrances de ses frères, quelle qu'en fût la nature. Son dévouement ne se démentit jamais. Il donnait avec une confiance inaltérable ; sa charité s'étendait à toutes les nécessités : il prenait soin des pauvres honteux, des filles nubiles qui étaient en danger de se perdre, des religieuses cloîtrées qui se trouvaient dans la gêne, des prisonniers et des petits enfants. Il lui arrivait souvent d'être trompé ; il ne se laissait pas rebuter pour cela, il redoublait au contraire ses aumônes : *Donnons à Dieu,* disait-il simplement, *donnons à Dieu qui n'abandonne jamais ceux qui se confient en lui.* Aussi les pauvres, si bien accueillis et toujours consolés, faisaient éclater au dehors toute leur joie ; ils l'entouraient, lui adressaient leurs actions de grâces, se recommandaient à ses prières, s'efforçaient de lui baiser les mains, et lorsque l'humilité de Jean les en empêchait, ils lui baisaient furtivement ses habits.

Il est difficile de croire que Jean eût pu suffire à tant d'aumônes sans un continuel miracle d'en haut. A l'exemple de saint Jean de Dieu, il allait quêter de porte en porte, et, comme lui aussi, il distribuait souvent en chemin les offrandes qui lui étaient faites. Il visitait quelquefois les villes voisines de Xérès, principalement Séville, où il recevait ordinairement beaucoup. Chaque jour lui fournissait de quoi satisfaire son dévouement et lui apportait une nouvelle confirmation de la promesse qui lui fut faite un jour par Dieu lui-même : « Ne t'inquiète pas, Jean ; ne crains pas de jamais manquer de rien : les pauvres ne seront pas à ta charge ; occupe-toi de les consoler et de les assister, c'est moi qui pourvoirai au reste. »

SA DOUCEUR ET SON INALTÉRABLE PATIENCE

Ces paroles étaient le principe de la confiance et de la simplicité de Jean Grande. Néanmoins il savait allier les élans les plus impétueux de la charité à une très rare prudence. Mascarénas nous apprend qu'en même temps qu'il ravissait les cœurs par l'ouverture de son visage et son aimable simplicité, il se conciliait leur respect par la haute raison et la sage réserve qui marquaient toutes ses paroles et toutes ses actions. Toujours sur ses gardes pour ne pas offenser Dieu et procurer sa gloire, il ne lui arriva jamais de dire ou de faire quelque chose qui eût pu scandaliser ses frères ou blesser la charité à leur égard. Il ne blâmait ni ne critiquait personne, et il ne pouvait souffrir qu'on parlât en mal des autres en sa présence. En revanche, tout était permis contre lui. Il savait que les humiliations qui viennent du dehors sont préférables aux plus rudes austérités qu'on s'imposerait soi-même : c'est pourquoi il se laissait blâmer, accuser, adresser toute espèce de récriminations sans se plaindre ni chercher à s'excuser; il commettait à Dieu seul le soin de sa défense. Non seulement il supportait les injures avec patience, mais il s'en réjouissait et s'en servait encore pour s'entretenir dans l'humilité et la basse estime qu'il avait de sa personne. « Regardez, disait-on souvent en le voyant passer, regardez ce frère Jean le Pêcheur : certainement qu'avec ce double menton il n'est point à jeun ; les poules qu'il s'en va quêter, c'est lui qui les mange, et il n'en donne que les os à ses infirmes. » Le rencontrait-on, au sortir de l'oraison, le visage tout enflammé des communications ineffables qu'il avait eues avec Dieu : « Oh ! le glouton ! oh ! le fainéant ! lui criait-on, comme il sait bien se moquer de ses crédules dévots ! »

À toutes ces injures le bienheureux ne répondait jamais rien ; le plus souvent, loin de s'en contrister, il en riait. Une fois entre autres il fut poursuivi avec de semblables propos jusqu'à la porte de son hôpital. Il y entra en riant beaucoup. Don Diègue d'Avila, qui s'y était réfugié, ainsi que nous l'avons rapporté plus haut, s'en aperçut et lui demanda la raison d'une expression de joie si contraire à son habitude : « Comment ne devrais-je pas rire ? répondit-il. Quelques-uns de mes bien-aimés frères ont été charmés de mon embonpoint et ont fait sur moi des réflexions bien justes et bien méritées. C'est pourquoi vous me voyez si content. »

Quelquefois on tournait en ridicule le surnom de *Pécheur* qu'il avait pris par humilité : « Ils ont raison, disait-il, et c'est bien sincèrement que je me nomme ainsi, parce que je suis encore véritablement un misérable pécheur. »

Un jour, un mauvais sujet de Xérès, rencontrant notre saint sur la place des Arènes, lui adressa de grossières injures. Jean ne lui répondit rien, mais il se jeta à ses pieds et les baisa après les avoir arrosés de ses larmes ; puis, se relevant : « Dieu soit aimé ! » s'écria-t-il, et il continua son chemin.

Jean recevait toutes ces humiliations comme le juste châtiment de ses péchés : elles étaient à ses yeux des épreuves qui lui venaient du ciel ; aussi ne pouvaient-elles jamais troubler la paix de son cœur, altérer la sérénité de son visage, ni le détourner de l'accomplissement de ses œuvres de charité et de ses prières.

SES COMBATS ET SES VICTOIRES CONTRE LE DÉMON

Il eut beaucoup à souffrir et des hommes et des démons eux-mêmes dans ses oraisons. Bien des personnes, témoins de ses extases si fréquentes, le tournaient en ridicule et cherchaient à l'en distraire, en le traitant tout haut d'hypocrite et d'imposteur. Plus d'une fois, on en vint jusqu'à employer la violence contre lui. Mais les démons se portèrent à son égard jusqu'aux dernières extrémités, et si nous ne savions, par les Livres saints, de quoi ils sont capables, nous hésiterions à rapporter les faits suivants, qui sont cependant transmis d'après les plus sûrs témoignages.

Lorsque Jean, qui passait en prières la meilleure partie de ses nuits, était en extase, ces esprits malins le frappaient sans pitié. Les frères de la communauté accouraient au bruit des coups, et, bien que le serviteur de Dieu ne proférât aucune plainte, ils jugeaient de ses souffrances en le voyant souvent étendu sur le sol, la face toute livide et couverte de sang. Une fois, réveillés par un bruit extraordinaire qui sortait de sa cellule, ils y pénétrèrent et trouvèrent qu'il avait été si fort maltraité et qu'il était si brisé, qu'ils furent obligés de le mettre au lit et de le soigner pendant plusieurs jours. On apprit depuis que pendant qu'il était en prières une main invisible lui avait passé une corde au cou et l'avait traîné violemment autour de sa cellule.

Une autre fois, il s'était senti comme enveloppé dans les anneaux d'un énorme serpent qui l'étouffait; en ce péril extrême, il invoqua le nom de Dieu, et aussitôt une personne dont le visage lui était inconnu se montra et fit fuir l'ennemi. Tantôt c'étaient des menaces qui retentissaient à ses oreilles ; tantôt c'étaient d'épouvantables visions qui passaient devant ses yeux ; tantôt c'étaient les aboiements d'un chien, tantôt le galop d'un cheval, tantôt le bruit strident des charrettes, tantôt les voix des marchands qui colportaient des denrées par les rues. Par là, le démon espérait le détourner de son oraison en lui persuadant que le jour était déjà avancé et qu'il était temps de vaquer aux occupations ordinaires. Mais Jean connaissait l'ennemi ; il continuait ses entretiens avec Dieu et se bornait à dire quelquefois : *Le démon est bien importun !*

SES PÉNITENCES ET SA MORTIFICATION

Notre bienheureux puisait cette patience et cette force admirables dans l'habitude qu'il avait contractée de mortifier son corps et de ne lui accorder aucune satisfaction. Il fut toujours extrêmement sobre dans sa nourriture. Il observait rigoureusement les jeûnes du Carême et du temps de l'Avent, qu'il faisait commencer immédiatement après la fête de la Toussaint. Il ne prenait alors, selon la déposition des témoins, qu'une écuelle d'herbes cuites ou de lentilles tous les trois jours. Il observait, en outre, un jeûne très sévère tous les vendredis et samedis de l'année. Pour ne pas s'exposer à manquer à de telles abstinences, il évitait de tout son pouvoir de se trouver à la table des gens du monde. Lorsque l'obéissance ou la charité lui en faisait un devoir, il savait admirablement bien allier ses privations avec les convenances. Il se montrait un convive plein d'amabilité et de déférence; mais à peine avait-il goûté d'un seul mets qu'il refusait de goûter des autres plats et qu'il disait en riant : *C'est assez comme cela : le petit âne a bien mangé ; oh ! oui, il s'est bien rassasié !* Dans ces circonstances, Jean n'oubliait pas ses pauvres et ses malades, et il ne se retirait jamais sans avoir reçu pour eux d'amples provisions. Ses bienfaiteurs le savaient et profitaient avec joie de ce moyen afin de l'avoir plus souvent à leur table.

Les jours de communion, ce grand saint ne prenait

qu'un peu de nourriture dans la soirée, et nous avons dit précédemment que, pendant la semaine sainte, il passait depuis le jeudi jusqu'au saint jour de Pâques sans rien prendre.

Une si rigoureuse abstinence était encore effacée par d'incroyables mortifications.

Déjà avant d'entrer dans l'ordre de Saint-Jean-de-Dieu, il portait habituellement sur sa chair nue de rudes cilices de crins ou de joncs ; il serrait son cou et ses reins avec des chaînes de fer ou des cordes remplies de nœuds ; depuis qu'il se fut consacré à Dieu dans l'ermitage de Marcéna, il ne porta jamais ni bas, ni souliers, ni chapeau, qu'elle que fût la saison et quelques voyages qu'il ait eu à faire. Il ensanglantait quelquefois les chemins avec ses pieds blessés, il ne paraissait pas s'en apercevoir ; animé de la seule pensée de servir Dieu et de lui plaire, il allait sans relâche à travers les rues de la ville, comme dans les champs et sur les montagnes, au milieu du sable brûlant, sur la neige et la glace, dans les lieux les plus difficiles et les plus abruptes. Il avait toujours devant les yeux l'image du Sauveur attaché à la croix et couvert de plaies ; il y puisait la force de supporter ces mortifications et de s'en imposer de plus dures encore. Il couchait sur une simple planche ou sur une natte étendue par terre. Une pierre lui servait d'oreiller et un grossier drap de laine, de couverture. Néanmoins il lui arrivait souvent de passer toute la nuit à genoux ou assis sur la terre et appuyé contre un angle de sa cellule, afin de pouvoir prolonger davantage ses prières ; et il agissait ainsi quelque part qu'il fût, dans son couvent comme en voyage.

SES DISCIPLINES

On ne peut rapporter sans frémir ce que ses historiens nous racontent de ses disciplines et de ses flagellations. Si, tout petit enfant, il allait jusqu'à se servir d'un trousseau de clefs pour s'en frapper, à défaut d'instruments de pénitence, nous ne devons pas être étonnés de les entendre nous affirmer qu'il se flagellait jusqu'à huit fois et plus dans une seule nuit, et qu'il n'apportait aux plaies qu'il ouvrait ainsi sur tout son corps d'autres adoucissements que de nouveaux coups. Il passait à de véritables excès aux temps de l'Avent, du Carême et de la semaine sainte, aux jours des calamités publiques et dans les besoins spirituels de ses malades ou des pauvres pécheurs. C'était un horrible spectacle que d'entendre la violence des coups qu'il se donnait et de voir le sang qui jaillissait contre les murailles, ce qui arrivait surtout au moment où, dans la semaine sainte, les fidèles se livraient à la pénitence publique dans l'église de Saint-François.

Si Jean était surpris en extase ou favorisé de quelque don extraordinaire du ciel, il s'en punissait aussitôt comme d'une faute. Il se faisait attacher à moitié nu à un poteau et cruellement frapper par un de ses frères à qui il en faisait un devoir, en vertu de la sainte obéissance. Au milieu de ces macérations, il se lamentait de ne pouvoir recevoir les coups barbares qu'une horde déicide donna autrefois à son Maître bien-aimé.

Chose merveilleuse! plus notre bienheureux s'étudiait à trouver de nouveaux moyens pour tourmenter sa chair, plus il accablait son corps sous le poids de la fatigue et des mortifications, et plus son visage respirait la santé, la vigueur et le contentement. On eût dit, en le voyant, d'un homme élevé dans toutes les délices de la table, et l'on était naturellement porté, en présence d'un tel prodige, à se rappeler celui des jeunes Hébreux à la cour du roi Nabuchodonosor.

SON HUMILITÉ

Tout ce qui précède doit nous engager à ne parler que brièvement de l'humilité de Jean. Il est aisé de comprendre par ce que nous venons de dire combien profonde devait être en lui cette vertu, *sans laquelle*, dit saint Bernard, *tout édifice spirituel ne peut que s'écrouler*. L'éclat de ses vertus et la grandeur des grâces dont le Seigneur ne cessa de le combler nous donnent bien à penser quelles puissantes racines l'humilité avait jetées dans son cœur. Favorisé des dons célestes il mettait toute son étude à en dérober la connaissance aux hommes ; comme saint Pierre, il priait continuellement Dieu de s'éloigner de lui, parce qu'il n'était qu'un indigne pécheur. S'il était découvert dans ses communications avec le ciel, il en était si confus, et il en éprouvait une si vive douleur, que les personnes qui venaient d'être les témoins de son extase avaient pitié de lui et se désolaient de lui avoir causé, sans le vouloir, un si grand chagrin. Aussi les habitants de Xérès s'efforçaient-ils de cacher l'admiration qu'ils ressentaient pour lui, afin de ne pas l'affliger. Jean, de son côté, attribuait ses ravissements à sa sottise, à la lassitude ou au sommeil ; il rapportait aussi les miracles qu'il opérait, les faveurs et les guérisons qu'il obtenait

pour ses frères à la foi de ceux-ci, à la toute-puissance
du nom de Jésus, à l'intercession de sa très sainte Mère
la Vierge Marie, à l'efficacité remarquable du *Salve
Regina* ou des litanies : ou bien ces guérisons, supposait-
il encore, étaient l'effet nécessaire du remède qu'il donnait, un bonbon, un peu de pain, ou n'importe quelle
autre chose aussi insignifiante de sa nature. Au milieu de
tout cela, il faisait tout remonter à Dieu et ne gardait
pour lui que le vif sentiment de son indignité et de son
ingratitude, à cause de tous les péchés qu'il croyait apercevoir en lui, et pour lesquels il se réservait le nom et
les châtiments dus à un misérable pécheur.

Sauf de rares exceptions, notre bienheureux ne parlait
jamais de lui : doux et indulgent à l'égard de tous, il
semblair changer de nature et reprenait avec sévérité
ceux qui se permettaient de faire son éloge. Nous savons
quelle vénération le bon frère Pierre l'Egyptien avait pour
son père spirituel. Plus d'une fois il s'attira, en cédant à
l'entraînement de son cœur, de sévères reproches et de
dures pénitences. Un jour qu'il était occupé dans une
salle de l'hôpital voisine de la sacristie, il entendit des cris
comme ceux d'une personne fort en colère. Il accourt, et
il voit l'aumônier don Rodrigue qui s'emportait contre le
serviteur de Dieu de ce qu'on ne lui avait pas encore payé
les honoraires qui lui étaient dus. Le bienheureux, toujours doux, toujours humble, le priait d'attendre quelques
instants jusqu'à l'arrivée de l'économe, qui lui réglerait
sûrement son compte ; mais don Rodrigue, fermant
l'oreille à cette prière, se livrait à une irritation de plus
en plus croissante et s'échappait en injures contre Jean.
Le bon frère était tout d'abord resté là, surpris de la
fureur insensée de l'aumônier et saisi d'admiration pour

la douceur et la patience de son bien-aimé père; mais quand il entendit les paroles grossières qui lui étaient adressées, il ne put se contenir ni s'empêcher de faire remarquer à don Rodrigue qu'il ne devait pas ainsi parler ni dire de semblables choses de son vénéré maître : *Qu'êtes-vous donc venu faire ici, ô mon frère?* s'écria aussitôt le serviteur de Dieu. *Tout ce que don Rodrigue m'a dit est fort juste, et il aurait raison d'en dire bien davantage sur moi. C'est pourquoi allez à l'église, mettez-vous à genoux, et dites pour votre pénitence trois fois le* Salve Regina ; *mais surtout récitez-le de bon cœur.* Une telle humilité et une douceur si inaltérable firent tomber la colère de l'aumônier, qui se jeta aussitôt aux pieds du bienheureux en lui demandant pardon de sa faute. Il s'attacha depuis lors si fortement à notre saint, qu'il cherchait souvent à le voir plusieurs fois par jour, l'aidait dans le service des infirmes, et assistait toujours, vers le soir, à la récitation du *Salve Regina.*

SON OBÉISSANCE

Avec une telle humilité, l'obéissance ne devait pas coûter à Jean. N'est-il pas dit du Sauvemr qu'il *était soumis* à Marie et à Joseph? Ainsi en était-il de notre bienheureux. Sa soumission constante le rendit un objet de complaisance à Dieu comme aux hommes. Tout en lui respirait une humble docilité aux ordres des supérieurs, à leurs simples conseils comme aux inspirations d'en haut. Voyez-le aller sans rien objecter de Carmone à Séville, puis quitter Séville pour revenir à Carmone, et enfin abandonner tout, avec le consentement de sa famille, pour obéir à l'ordre de Dieu qui l'appelle par la bouche de ses ministres à marcher dans des voies extraordinaires, à Marcéna d'abord et ensuite à Xérès, en se consacrant aux soins des prisonniers et des malades. Jamais on n'aperçoit une ombre d'hésitation dans cette admirable obéissance. Il se sent invinciblement porté à se consacrer à secourir les infirmes, et néanmoins, sur un mot de son confesseur, il court aussitôt aux prisons pour se dévouer aux malheureux qui y sont renfermés. Quelquefois sa prompte obéissance ne l'empêche pas de faire à son confesseur des observations qu'il croit nécessaires ; mais ces observations une fois faites, il se soumet avec une docilité qui n'en est que plus admirable. Nous lisons qu'un jour le docteur Rendon avait enjoint à notre saint qu'il eût à tenir note de tout ce qui lui arrivait. Jean fit remarquer que cela ne lui paraissait pas convenable. *Eh bien !* répliqua son confesseur, *sachez que je vous le commande au nom de Dieu. — Je le ferai,* dit alors le docile religieux. Toutefois son humilité était cruellement blessée de cette obligation qui lui était imposée. Il s'ouvrit confidentiellement au Seigneur de sa peine dans l'oraison, et le pria ardemment de lui apprendre clairement ce qu'il devait faire, et, en même temps d'éclairer son confesseur à ce sujet. Dieu eut pitié de son anxiété et lui fit aussitôt entendre une voix intérieure qui disait : *Jean, ne fais pas cela ; un autre que toi écrira ce qui t'arrive.* Le docteur Rendon, à qui Jean rapporta fidèlement ces paroles, lui répondit aussitôt : *Puisque Dieu le veut, n'écrivez rien.*

L'obéissance de Jean ne fit que s'accroître une fois qu'il s'y fut engagé par vœu, en entrant dans la famille de saint Jean-de-Dieu. Bien qu'il dût rester supérieur des différentes maisons qu'il avait fondées et qu'il fût considéré comme le père des disciples qu'il avait réunis autour de lui, il ne cessait de montrer envers tous un respect, une déférence, bien plus une soumission qui jetait dans l'admiration tous ceux qui en étaient témoins. Il arrivait quelquefois que ses frères, abusant de sa condescendance, se permettaient de lui commander différentes choses dans l'hôpital : Jean obéissait avec simplicité, et allait jusqu'à remercier ceux qui lui adressaient des reproches. Il était si jaloux d'obéir, qu'en l'absence de son directeur, il consultait les Pères dominicains et s'attachait à suivre leurs décisions. Un mot, un simple désir des pauvres, des malades et même des enfants était un ordre pour lui, et il s'y conformait en tout ce qui concernait sa vocation toute d'abnégation et de charité.

L'obéissance qu'il avait vouée à son directeur, Jean la pratiquait en quelque sorte à l'égard de tous les ministres de Dieu. *Qui vous écoute m'écoute,* avait dit Jésus-Christ, en parlant à ses disciples. C'était le motif de la vénération de notre saint pour les prêtres et du respect qu'il leur témoignait en toute rencontre. Mascarénas nous rapporte qu'en quelque lieu qu'il les trouvât, il s'arrêtait respectueusement, les saluait et les laissait passer devant lui, édifiant ainsi tout le monde par une telle humilité et une si religieuse déférence.

SON AMOUR DE LA PAUVRETÉ

Sans cesse animé du désir de gagner le ciel, Jean ne s'était jamais attaché à la terre ni à rien de ce qu'elle renferme. Il ne lui restait rien à quitter lorsqu'il fit vœu de pauvreté à Grenade, au couvent de Saint-Jean-de-Dieu. Il continua seulement à vivre de plus en plus pauvre en esprit et en réalité. Tandis qu'il s'appliquait à procurer ce qui pouvait le mieux convenir au culte divin, aux soins des malades et aux nécessiteux, il choisissait toujours pour lui ce qui était le plus vil, ce qui se rapprochait le plus du dénûment de l'étable de Bethléem ou de la croix du Calvaire. Il portait toujours l'habit le plus simple et le plus grossier, et il n'était jamais plus content que lorsqu'il pouvait obtenir de l'un de ses frères une robe plus usée et plus rapiécée. C'était une humiliation pour lui d'avoir des vêtements neufs ; il avait hâte de les échanger contre des vieux, et il alla jusqu'à menacer l'épouse de don Bernardin d'Avila de ne plus mettre les pieds chez elle si elle persistait à vouloir lui en confectionner de ses propres mains.

Mais quelque grand qu'ait été l'amour de Jean pour la pauvreté, nous ne lisons nulle part qu'il ait oublié, dans sa tenue, cette décence que commandent les devoirs de l'hospitalité, les relations continuelles avec le monde et la fréquentation des sacrements, comme aussi l'assistance aux offices. Il était pauvre, mais toujours propre, toujours convenable. A l'exemple de son divin Maitre, dont il s'efforçait d'imiter l'humilité et la mansuétude, il était d'une amabilité peu commune qui lui gagnait tous les cœurs. Les plus riches et les plus puissants seigneurs étaient jaloux de l'attirer dans leurs palais ; il dut souvent, pour leur plaire, s'asseoir à leur table et même tenir leurs enfants sur les fonts.

SON AMOUR DE LA PURETÉ

Nous ne savons si Jean avait fait vœu de chasteté avant de se faire le disciple de Jean-de-Dieu ; tout nous porte à croire qu'il prit cet engagement dans l'ermitage de Marcéna, où, aidé de la bienheureuse Vierge Marie, il conçut et exécuta la généreuse résolution de quitter le monde et de se consacrer entièrement à Dieu. Ce qu'il y a de certain, c'est qu'il conserva merveilleusement toute sa vie cette belle vertu, malgré la guerre que le monde et le démon lui livrèrent pour en ternir l'éclat. Les suggestions continuelles de Satan et ses plus dangereuses représentations, Jean les dissipait infailliblement par le signe de la croix et l'invocation du saint nom de Marie. Mascarénas nous apprend que le pieux serviteur de Dieu fut plus d'une fois surpris dans sa cellule par des apparitions séduisantes : une nuit entre autres, il y vit entrer une fort belle personne vêtue voluptueusement. A cette vue, le bienheureux quitte précipitamment sa dure couche : *Je sais pourquoi tu viens,* dit-il ; puis il court à la cuisine, saisit des charbons ardents, les jette sur le pavé de sa chambre et s'étend sur ce brasier : *Voilà,* s'écrie-t-il alors, *voilà mon lit !* En présence d'un si généreux dévouement, le fantôme disparut, laissant notre saint persuadé qu'il n'était autre que le démon.

Soit inspiration de l'esprit du mal, soit perversité naturelle, plusieurs créatures infâmes osèrent attaquer la chasteté de Jean jusque sur les places publiques où il allait quêter la nuit pour ses pauvres. Assailli quelquefois par quatre ou cinq de ces satellites de l'enfer qui se réunissaient pour le faire succomber, il en fut toujours délivré par le signe de la croix ou l'invocation de Marie. Parfois le ciel intervint lui-même en le transportant miraculeusement du lieu où il était à la porte de son couvent. Un jour, deux misérables femmes pénétrèrent jusque dans sa cellule ; éclairé sur leur indigne dessein, le bienheureux parvint à les faire repartir sans bruit et sans scandale ; puis, songeant au péril qu'il venait de courir, il se sentit saisi d'une vive crainte, bien que son cœur fût encore tout ému de la tendresse de Dieu qui venait de le protéger si visiblement ; il entendait alors une voix intérieure qui lui disait : *O mon fils Jean, de quoi t'affliges-tu ? moi-même j'étais là avec toi.* L'intervention du Seigneur parut d'une manière plus évidente encore dans une autre circonstance.

C'était à l'époque de la Fête-Dieu : Jean était sorti pour la quête immédiatement après midi, afin de pouvoir assister plus librement au salut solennel du soir. Il traversait un quartier peu fréquenté : deux mauvaises filles l'appelèrent sous prétexte de lui faire l'aumône, l'introduisirent chez elles et fermèrent aussitôt la porte sur lui. Le saint voit le danger où il est tombé : *Laissez-moi*, dit-il avec autorité, *je vous en prie, pour l'amour de Dieu et du compagnon que j'ai avec moi.* Surprises par de telles paroles, ces femmes criminelles regardent qui pouvait être avec Jean qu'elles avaient bien vu entrer seul, et elles aperçoivent un jeune homme d'un air vénérable, resplendissant de lumière, et dont le regard les frappe d'épouvante. Etourdies, confuses et changées, elles s'empressent d'ouvrir la porte et de laisser partir notre bienheureux, qui conserva de cet événement une si pénible impression, qu'il ne voulut jamais repasser dans ce quartier.

Jean s'était assuré de semblables victoires par ses ferventes oraisons et les cruelles mortifications dont nous avons parlé. Il lui arrivait aussi quelquefois que, pour réprimer, par la douleur, les révoltes de la chair, il se mordait les bras et les mains jusqu'au sang. Encore enfant, il avait mis sa chasteté sous la garde des plus saints personnages, et il avait entretenu avec le plus grand soin ces pratiques de dévotion qui lui étaient devenues familières. Il ne cessait d'invoquer sa tendre Mère Marie et d'avoir sous ses yeux le tableau de ses souffrances et de ses incomparables vertus ; il ne se rassasiait pas de contempler ses saintes images, de lui offrir son cœur et ses affections pour qu'elle les conservât à son Jésus pures et sans tache. Il invoquait fréquemment la très chaste vierge et martyre Agnès, et saint Jean, l'apôtre de la virginité et le disciple bien-aimé du Seigneur ; leurs noms seuls, comme celui de Marie, le ravissaient et faisaient goûter à son cœur un avant-goût des délices qui inondent l'armée des vierges à qui il est donné de suivre partout l'Agneau immaculé et de chanter un hymne d'amour que nul ne peut répéter après elles (1).

Aussi Jean était-il véritablement un ange dans la chair et apparaissait-il à tous les yeux semblable à un brillant miroir de virginale pureté ; c'était comme un parfum qui s'exhalait de tout son être et gagnait à cette aimable vertu les plus grands pécheurs.

(1) Apoc., chap. xiv, v. 4.

SON HOSPITALITÉ

Nous croyons inutile de nous arrêter à parler ici de la manière dont notre bienheureux pratiquait l'hospitalité envers les pauvres et les malades, puisque sa vie tout entière ne fut pour ainsi dire que l'exercice continuel de cette vertu. Il sera sans nul doute plus utile de dire quelque chose des faveurs surnaturelles dont Dieu se plut à combler son serviteur, pendant qu'il était encore dans les liens de son corps mortel. Nous allons raconter avec toute la simplicité et la conviction de la foi, sans disputer, ce que ses historiens rapportent là-dessus d'après les témoignages les plus authentiques.

SES DONS SURNATURELS, SES EXTASES ET SES RAVISSEMENTS

L'union de Jean avec Dieu était si intime, qu'il ne pouvait presque pas le prier un seul instant sans être ravi en des extases qui devinrent pour lui, comme plus tard pour l'illustre saint Joseph de Copertino, un état pour ainsi dire habituel. Des milliers de personnes furent témoins de ces ravissements, dont on parle encore de nos jours, dans l'Andalousie, avec des marques non équivoques de vénération et d'amour pour notre saint. Dans le procès instruit pour sa béatification, nous trouvons à ce sujet les dispositions juridiques de vingt-cinq prêtres exerçant le saint ministère ou vivant en communauté, soit à Carmone, soit à Xérès, soit à Cadix, et jouissant tous de l'estime publique. Ils sont unanimes

pour affirmer la fréquence des ravissements du bienheureux pendant ses oraisons, surtout lorsqu'il était
devant le Saint Sacrement, qu'il assistait au saint Sacrifice ou qu'il communiait. « Il ressemblait alors, disent-ils,
plus à un mort qu'à un vivant, immobile comme une
statue, les yeux élevés vers le ciel ; dans sa bouche
entr'ouverte les mouches entraient et sortaient sans
produire en lui la moindre sensation, et de son visage
partaient souvent de splendides rayons de lumière... »
Il n'entendait point les injures de ceux qui le traitaient
d'hypocrite et d'imposteur, et qui le secouaient vivement
pour le rappeler à lui. Il demeurait insensible même
lorsqu'on allait jusqu'à le percer avec un fer rouge. Et
cet état extraordinaire se renouvelait très souvent dans
les différentes églises de la ville, sous les yeux de tous
les fidèles. Le R. P. don Garcias Lopez, commissaire du
Saint-Office, dépose que lui-même, étant jeune et en la
compagnie d'enfants de son âge, il suivait souvent le
bienheureux, un peu par dévotion et aussi par curiosité ;
qu'il l'avait vu plusieurs fois ravi en extase, au point de
ne pas sentir les piqûres que le malicieux enfant lui
faisait avec de longues aiguilles. « Cela m'est arrivé
souvent, ajoutait le révérend religieux, dans l'église de
Saint-Dominique, où le serviteur de Dieu avait coutume
de communier ; car je savais, continuait-il, que, les jours
où il avait reçu Notre-Seigneur, il passait ordinairement
plusieurs heures en contemplation extatique. »

Quelquefois, pendant ces ravissements, le visage du
bienheureux réfléchissait les différentes affections de son
cœur ; de telle sorte que si les habitants de Xérès le
voyaient triste et abattu, ils alléguaient aussitôt qu'ils
étaient menacés de quelque catastrophe publique ; tandis

qu'au contraire ils se livraient aux plus douces espérances, s'ils le voyaient brillant de joie et comme déjà ceint
de l'auréole des élus.

Il arrivait souvent que son corps était soulevé de terre,
soutenu miraculeusement en l'air. Un jour qu'il écoutait
un sermon dans l'église de Saint-François, il fut subitement ravi en extase et élevé avec une telle force du côté
du maître-autel, que, si ses voisins ne l'eussent retenu,
il aurait été porté sans nul doute jusqu'au toit du sanctuaire. Revenu à lui, il fut si affligé de la publicité de
cet événement, qu'il se flagella cruellement pendant la
nuit, comme pour se punir d'avoir troublé la célébration
du divin office. Une autre fois encore, pendant le sermon
du P. Salicio, de l'ordre de Saint-Dominique, il fut tellement élevé dans les airs, que tous les fidèles se tournèrent vers lui pour considérer le prodige ; alors le prédicateur lui dit : « Frère Jean, descendez à terre. » Et Jean
d'obéir aussitôt avec la plus grande humilité.

Un autre jour, dans cette même église, ravi en extase,
élevé dans les airs, et laissant tomber d'abondantes
larmes de ses yeux : *Mes frères*, s'écria-t-il, *prenez garde
que Dieu est las de vous ; faites pénitence.* Ces paroles
firent une grande impression parmi les assistants, qui
comprirent alors la signification de sa tristesse.

Nous passons sur plusieurs autres traits semblables
qui sont consignés dans les pièces du procès de sa
béatification ; nous terminons, pour abréger, par le récit
du fait suivant.

Le jour de la fête de saint Dominique, il alla dans le
couvent des Frères Prêcheurs, situé près des portes de
Séville, s'y confessa et y communia. Le Père prieur, qui
le reconnut, l'engagea à rester pour prendre son repas

avec les religieux ; Jean y consentit, et, continuant son action de grâces, il tomba dans le ravissement. Après l'*Angelus*, on ferma la porte du couvent, et le Supérieur, ne voulant pas, pour un dîner terrestre, priver le bienheureux des délices célestes dont Dieu l'enivrait, dit à ses religieux de le laisser, et tous ensemble ils se rendirent au réfectoire. Lorsque le dîner fut fini et qu'il était déjà deux heures du soir, le sacristain fut envoyé à l'église pour chercher Jean et lui faire prendre de la nourriture. A peine a-t-il mis le pied dans l'église, qu'il voit la chapelle principale toute en feu. Il s'en retourne épouvanté, court à son Supérieur et lui dit avec simplicité : *Quelle espèce de saint nous avez-vous amené ? Voici que la chapelle entière est en flammes et qu'il est impossible d'entrer !* Ne sachant que penser de ce rapport, le Supérieur envoie aussitôt d'autres religieux afin de mieux s'assurer de la chose ; mais ils reviennent bientôt, remplis d'une vive émotion, raconter ce qu'ils ont vu. Le Supérieur fait alors sonner la communauté et se précipite vers l'église avec ses frères. L'incendie paraît moins violent que tout à l'heure. Ils entrent et n'aperçoivent plus que le serviteur de Dieu, dont la tête était encore environnée d'une lumière éblouissante. Leur étonnement est facile à comprendre : pénétrés d'admiration, ils s'éloignent en louant Dieu et laissent Jean dans des communications si intimes avec le ciel. Enfin, lorsque la nuit est tombée, le prieur va le trouver de nouveau et l'appelle en lui disant : *Il faut retourner dans votre couvent, ô Jean ; car il est bien tard, et vous n'avez encore rien mangé. — Eh quoi ! mon frère, est-il possible qu'il soit si tard ?* répond alors Jean avec son aimable simplicité ; *sans doute que je me suis endormi.* Et il reprit le

chemin de son couvent, laissant les religieux aussi édifiés
de son humilité qu'ils avaient été auparavant émerveillés
des faveurs que le ciel lui prodiguait.

SA CONNAISSANCE DE L'AVENIR

C'était au milieu de ces ravissements extraordinaires
que Dieu donnait à son serviteur la connaissance des
événements qui s'accomplissaient au loin ou qui n'étaient
pas encore arrivés. C'était dans ces sublimes communications avec le ciel que notre bienheureux puisait ces
lumières si profondes sur nos plus redoutables mystères.
C'était là qu'il était instruit sur ce qu'il devait faire, sur
les peines qui l'attendaient, sur les consolations qui lui
étaient destinées. Il apprenait là que des malades ou des
aliénés de son hospice avaient besoin d'un prompt secours,
que des enfants affamés et demi-nus étaient délaissés sur
la place publique, qu'une flotte entière était mise en dé-
route par l'ennemi, et enfin que des prisonniers de guerre,
emmenés au loin sur des vaisseaux, revenaient libres au
sein de leurs familles. Nous verrons ce don de claire-vue
ou de prescience se manifester avec éclat dans notre saint
vers les derniers jours de sa vie. Nous nous bornons à
grouper ici quelques traits qui n'ont pu trouver leur
place chronologique dans la suite de notre récit.

Dona Louise Gallégos, qui était fort connue du bienheureux à cause de ses grandes aumônes, reçut la nouvelle de la mort de son mari, alors absent ; une personne
lui assurait avoir assisté à ses funérailles. Dans l'excès
de sa douleur, cette jeune dame eut recours à Jean pour
en recevoir des consolations. Mais avant qu'elle eût eu le

temps de lui dire une seule parole : *Tranquillisez-vous, ma sœur*, s'écria le serviteur de Dieu ; *votre mari se porte bien, et il sera chez vous sain et sauf dans trois jours.* Non content d'avoir ainsi rassuré sa bienfaitrice, il alla la voir deux jours après pour lui répéter que le lendemain elle verrait revenir son époux. En effet, le lendemain, à la pointe du jour, celui-ci arriva sans avoir eu aucun mal.

Un des meilleurs et des plus généreux protecteurs de notre saint, don Jean-Baptiste Baéza, avait fiancé dona Maria Ayala y Gusman. Diverses circonstances avaient toujours retardé la conclusion du mariage, de sorte que la mère de la jeune fille disait un jour à Jean : *Je ne veux plus parler de ce mariage ; voici un an qu'il en est question sans qu'il se soit fait. — Attendez un peu*, répondit Jean ; *avant la fin de l'octave de la Fête-Dieu, votre fille aura épousé don Baéza.* La fiancée qui était là présente ne put s'empêcher de rire de cette assertion, parce que déjà l'octave était bien avancée et que son futur époux se trouvait encore loin de Xérès. Néanmoins la chose arriva ainsi que le bienheureux l'avait annoncée.

Le même seigneur désirait obtenir la dignité de connétable à Séville. Il avait pour concurrent un candidat qui paraissait avoir les chances les plus favorables. La chose fut recommandée aux prières du bienheureux. Celui-ci, quelque temps après, dit à l'épouse de Baéza : *Sachez que nos vœux sont exaucés ; don Jean est connétable. — Comment avez-vous appris cela*, répondit dona Maria, *puisque la chose a dû se faire à Séville, loin de Xérès, et que mon mari n'en sait encore rien ? — Voici comment, ma sœur*, reprit Jean. *J'étais en prière pour recommander à Dieu le succès de cette affaire ; tout à coup je vois sous mes yeux un convoi funèbre. O mon Dieu, me suis-je écrié aussitôt, comme mon cœur est brisé de crainte à ce spectacle ! Eh quoi ! mon Seigneur, je sollicite de votre bonté un poste d'honneur pour mon excellent ami, et voici qu'au lieu de m'exaucer vous le faites mourir ! En ce moment accourt à moi votre mari, qui me montre les lettres patentes qui lui confèrent le titre de connétable.* On ne tarda pas à apprendre, en effet, que le concurrent de Baéza était mort et qu'on avait nommé ce dernier à cette dignité. Jean connut encore, par une inspiration secrète, la naissance du premier fils de Baéza, et arriva à Séville pour tenir l'enfant sur les fonts baptismaux, au grand étonnement de la famille, qui ne lui avait donné aucun avis à ce sujet. Il prédit bientôt après la mort de la pieuse épouse de Baéza, ajoutant que Dieu bénirait l'enfant qui lui survivrait. Il fit la même prédiction relativement à diverses personnes, indiquant avec une étonnante précision le jour et le genre de leur mort.

Il y avait à Xérès un nommé Jean Martin que les habitants appelaient *le Bienheureux* à cause de ses éminentes vertus. Cet homme avait résolu de se faire religieux et était sur le point de laisser deux jeunes sœurs sans appui et sans protection dans le monde. Jean le rencontra un jour, et, sans avoir été averti en aucune manière naturelle du dessein de Martin, il lui dit : *Mon frère, ne songez pas à vous faire religieux ; restez avec vos sœurs et ayez soin d'elles, votre sacrifice n'en sera que plus agréable à Dieu.* Martin, tout confus de voir son projet découvert, se rendit aux conseils de notre saint et resta dans le siècle jusqu'à la mort de ses deux sœurs.

SES MIRACLES

Il n'est pas étonnant que le Seigneur, qui comblait Jean de faveurs si singulières, ait aussi voulu lui accorder le don des miracles. Le récit de la vie de notre bienheureux nous a déjà donné occasion d'en rapporter plusieurs dus à son intervention. En voici quelques autres auxquels il est impossible d'assigner une date, quoiqu'ils soient attestés par les plus graves autorités.

Un jour l'eau manquait à l'hôpital. Il était dix heures du soir, et on en avait inutilement cherché dans le voisinage. Les frères, affligés de voir les malades leur demander cette eau qu'ils ne pouvaient leur procurer, allèrent en prévenir le fidèle serviteur de Dieu, qui leur dit : *Donnez-moi un de vos plus grands vases, et je vous en trouverai.* Aussitôt il se jeta à genoux et fit à Dieu cette prière : « Au nom de ceux qui sont vos membres, au nom de vos infirmes, daignez pourvoir à notre nécessité. » Il priait encore et déjà tous les vases étaient remplis ; et les bons frères ne pouvaient revenir de leur admiration, car ils savaient très bien qu'un instant auparavant il n'y avait pas une goutte d'eau dans aucun d'eux.

Plus d'une fois le Seigneur multiplia, à sa prière, le grain, le pain, la viande et les autres provisions nécessaires à l'entretien des malades. Il fut une nuit attaqué par des voleurs qui lui enlevèrent le pain et l'argent qu'il venait de quêter. Dès que ces brigands se furent éloignés de lui, il tomba à genoux pour remercier Dieu de n'avoir pas reçu d'autre mal ; mais quelle ne fut pas sa surprise lorsqu'en rentrant dans son couvent il vit s'avancer vers lui un inconnu qui lui donna en argent de quoi remplacer la perte qu'il venait de faire et nourrir ses malades le jour suivant ?

Le chevalier don Augustin Spinola raconte qu'il causait un soir avec le serviteur de Dieu. Une femme se présenta pour lui demander l'aumône. Jean, ému de compassion pour elle, mit la main dans ses poches pour voir s'il y trouverait quelque chose à lui remettre : elles étaient vides. *Pardonnez-moi,* dit-il alors à cette malheureuse, *pardonnez-moi pour l'amour de Dieu si je suis obligé de vous renvoyer sans vous rien donner.* La femme insiste : Jean tire sa bourse pour lui faire voir qu'elle ne renfermait aucune monnaie. N'importe : pressée par le besoin, cette misérable s'attache à ses pas et sollicite toujours une aumône. Le bienheureux tire une seconde fois sa bourse, afin de la convaincre qu'il est dans l'impossibilité de la satisfaire. Mais il entend le son de l'argent ; il l'ouvre et y trouve un certain nombre de pièces de monnaie. Don Spinola, témoin de ce prodige, ajoute que le saint lui-même en fut tout étonné, et que, se retournant vers cette femme, il lui dit avec un grand calme : *Ma Sœur, vous êtes une sainte ; voyez ce que Dieu vient de faire pour vous. Je n'avais rien pour la nourriture de mes pauvres ; partageons : voici la moitié de la somme, je garde le reste pour eux.*

Jean avait une vertu particulière pour obtenir de Dieu la guérison des malades auxquels il s'intéressait. Un jour qu'il était en prière, il lui sembla entendre une voix intérieure qui lui disait : *Demande-moi ce que tu désires.* Il se souvint alors qu'une de ses principales bienfaitrices était très malade des suites d'une perte de sang : il la recommanda aussitôt à Dieu, se sentit inspiré d'aller la visiter, et, arrivé auprès d'elle, il fit sur son front le signe de la croix en invoquant le saint nom de Jésus. La malade fut guérie à l'instant même.

Il apprit une autre fois dans l'oraison qu'une fille de dona Marie Adorno devait tomber malade. Il se rendit immédiatement dans cette famille et s'informa s'il n'y avait personne de malade : *Non,* répondit la mère ; *mais pourquoi une pareille demande ?* ajouta-t-elle. Le saint sortit sans répondre directement à cette question. A peine avait-il fait quelques pas qu'un des neveux de dona Maria fut saisi d'un violent accès de fièvre. Dona Maria rappelle Jean : *Je sais pourquoi vous êtes venu,* lui dit-elle ; *vous avez voulu me prévenir que nous allions avoir un malade. Le voici, c'est mon neveu. — Non pas,* dit Jean ; *je ne suis pas venu pour celui-ci.* Et il se retira de nouveau. Mais dans le courant de la même journée la fille de dona Maria ressentit aussi une grave atteinte de fièvre. Dona Maria alla trouver le bienheureux, et d'un air courroucé : *Que j'ai mal fait,* lui cria-t-elle, *de laisser entrer dans ma maison une espèce de saint telle que vous ! Je vous assure,* continua-t-elle sur le même ton, *que si vous ne me rendez pas ma fille en bonne santé, je vous ferai un mauvais parti, si bien que vous vous en souviendrez toute votre vie.*

Le bienheureux, qui aimait si tendrement les amis de ses pauvres, rentra tout attristé dans sa cellule. Il s'y mit en prière ; il tomba dans une extase qui dura trois jours et dont il ne sortit que lorsque dona Maria vint elle-même lui apprendre que sa fille était guérie. Cette pieuse dame n'avait ainsi menacé notre saint que pour l'obliger à demander à Dieu le salut de son enfant, tant elle était persuadée de l'efficacité de ses prières.

Jean rendit l'ouïe à un notaire nommé Fernand de

Saint-Michel, que la surdité empêchait d'exercer ses fonctions. Il calma subitement, par l'imposition des mains, les atroces douleurs dont souffrait depuis trente jours un certain Soarez Carenno, de Xérès. Appelé auprès de dona Elvire Gallégos, dont le fils était mourant et désespéré des médecins, il prit cet enfant dans ses bras, lui fit baiser son rosaire et le rendit à sa mère en lui disant : *Soyez sans crainte, mettez en Dieu toute votre confiance ; avant trois jours votre fils sera sain et sauf*. En effet, avant même que Jean fût sorti, le malade allait déjà mieux et demandait à manger.

Jean guérit ainsi le fils de don Martin de Riquelme de Inoyosa, menacé d'être étouffé par une excroissance de chair dans le gosier, et Elvire Gomez, qu'une fièvre putride mettait dans le plus grand danger. Plus d'une fois il obtint de Dieu des enfants à des époux affligés de leur stérilité.

Nous omettons un grand nombre d'autres faits miraculeux qui sont rapportés dans les pièces du procès de la béatification ; nous terminons seulement par le récit de la résurrection de deux morts que l'opinion publique attribua aux prières de Jean. Le bienheureux était en quête pour ses pauvres ; il rencontra François Ruiz, attaché au Saint-Office, qui lui dit : *Je vous prie de recommander à Dieu mes enfants, ma maison et ma pauvre femme qui vient de mourir ; je vais à Saint-Michel ordonner ce qui est nécessaire pour ses funérailles. Priez aussi pour moi*, ajouta-t-il, *parce que mon avenir est bien triste.* — *N'allez pas plus loin*, reprit aussitôt Jean, *mais retournez chez vous, car votre femme n'est point morte.* François Ruiz hésitait ; il se décida néanmoins, sur les instances du saint, à revenir sur ses pas, et, en rentrant chez lui, il trouva toute sa famille et tous ses voisins dans une grande joie mêlée de stupeur sur ce qui venait d'arriver. Sa femme, assise sur son lit, n'avait plus qu'un petit reste de maladie qui disparut après quelques jours, et elle vécut plusieurs années encore en bonne santé. Quand François Ruiz voulut aller remercier le bienheureux, celui-ci lui dit simplement : *Votre femme n'était pas morte ; si réellement elle l'était, sa résurrection est l'œuvre de Dieu seul ; n'en parlez pas, de crainte de lui déplaire.* Ce fait prodigieux fut attesté après la mort de Jean par Ruiz lui-même, qui le raconta en détail au frère Pierre l'Egyptien, et appuya son récit sur l'affirmation de douze témoins qui vivaient encore.

La seconde résurrection opérée par les prières de Jean nous est connue par la déposition d'une religieuse nommée Marie de Moralès. Le bienheureux traversait une rue, lorsqu'il entendit sortir d'une maison de lamentables gémissements. Il en demanda la cause, et il apprit que c'était une pauvre mère qui pleurait son fils. *Entrez*, lui disait-on, *entrez pour la consoler.* Il entra en effet ; profondément ému à la vue de la désolation de cette mère infortunée, il s'approcha du lit où gisait le cadavre déjà froid de l'enfant, fit sur lui le signe de la croix et lui dit : *Lève-toi au nom de Jésus et par les prières de sa très sainte Mère.* A l'instant l'enfant revint à la vie. Pendant, que la mère, hors d'elle-même, se jetait sur ce fils qui lui était si miraculeusement rendu et le couvrait de ses baisers, le bienheureux s'échappa en remerciant Dieu des miséricordes qu'il lui plaisait d'exercer parmi les hommes.

CHAPITRE XII

**Charité de Jean et son dévouement au milieu
des désastres de son pays.**

Tel était Jean Grande, dit le Pêcheur. Chacune de ses
journées était marquée par les actes des vertus les plus
sublimes et très souvent aussi par les faveurs les plus
signalées du ciel. Il nous reste à parler maintenant de ses
dernières années, pendant lesquelles il porta le dévouement pour ses frères jusqu'à l'héroïsme.

Les événements politiques de l'époque lui fournirent
l'occasion de montrer la véritable affection qu'il nourrissait pour Xérès, sa ville adoptive, et pour l'Espagne entière. Tous ses actes comme tous ses soupirs le portaient
vers le ciel, son immuable patrie, il est vrai; mais il
n'oubliait pas celle que Dieu lui avait donnée sur la terre
et qui est toujours soumise à tant de vicissitudes. Jean
Grande aimait la gloire de sa nation et ressentait vivement
ses infortunes. Il travaillait de tout son pouvoir, et par
ses prières chaque jour plus ferventes, et par la multipli-
cité de ses bonnes œuvres, à adoucir et à cicatriser quelques-unes des plaies cruelles qui étaient faites à son pays
alors si éprouvé; toute sa conduite était une preuve
vivante que la religion et la plus tendre piété, loin de
l'éteindre, purifient et élèvent jusqu'à la plus parfaite
abnégation l'amour sacré de la patrie.

La réunion du Portugal à l'Espagne (1580) avait, avec plusieurs autres causes, excité la jalousie de l'Angleterre. La guerre était déclarée ; l'Angleterre, par le moyen de ses corsaires commandés par le fameux Francis Drake, infestait continuellement les colonies et les côtes mêmes de l'Espagne, et y exerçait chaque jour de nouveaux ravages. Philippe II résolut de s'en venger et de mettre un terme à ces pirateries. Il fit partir de Lisbonne une flotte de trois cents voiles, portant vingt mille hommes de troupes sous les ordres de Médina-Sidonia, successeur du marquis de Sainte-Croix, grand-amiral. L'Espagne tout entière faisait des prières publiques pour l'heureux succès de l'expédition ; l'Andalousie s'y trouvait plus intéressée qu'aucune autre province : placée en partie sur le littoral de la mer, elle comptait sur la flotte un grand nombre de ses enfants, et entre autres l'amiral lui-même, qui était l'un des plus riches et des plus généreux seigneurs du pays et le principal bienfaiteur des pauvres de notre bienheureux et de ses frères, les pieux enfants de saint Jean-de-Dieu.

A cette fin, on faisait à Xérès, dans l'église des Franciscains, une neuvaine solennelle à laquelle assistaient le gouverneur, les magistrats et tout le clergé. Jean Grande, accompagné de quelques-uns de ses frères, ne manquait jamais de venir joindre ses prières aux supplications publiques faites pour une si sainte cause. Or, un jour qu'il priait ainsi, agenouillé dans l'église, il fut ravi en esprit ; son extase continua pendant le sermon que le R. P. Louis de Moralès, gardien du couvent, donnait chaque jour à l'assistance. Le prédicateur était au milieu de son discours, lorsque le saint poussa tout à coup un cri lamentable : en même temps son visage se contracta et fut subitement empreint des marques de la plus profonde tristesse. La stupeur fut générale, la crainte saisit tous les cœurs. Ce fut pour l'assemblée le présage trop certain d'une cruelle catastrophe. Le bienheureux se retira en silence, et raconta peu après, seulement à son confesseur, qu'étant en extase il avait eu connaissance de la perte de la flotte, qui, ajoutait-il, après avoir essuyé trois horribles tempêtes au-dessus du cap Finistère, avait été attaquée et presque totalement détruite par les flottes réunies de l'Angleterre et de la Hollande. Le confesseur attendait avec anxiété la confirmation de cet événement, et ses inquiétudes, qui se trahissaient au dehors, laissaient soupçonner à ceux même qui en ignoraient la cause qu'il s'agissait d'une chose de la plus grande importance. La fatale nouvelle arriva bientôt ; on apprit que cette terrible défaite coïncidait précisément avec le jour où Jean Grande avait eu son extase, et le bruit s'en répandit alors partout (1588).

Cette funeste guerre dura plusieurs années encore avec des succès fort variés ; les Anglais essuyèrent à leur tour un grand revers dans une bataille où fut fait prisonnier le fameux Drake, qui de cruel corsaire était devenu amiral. Pour tirer vengeance de cet affront, ils infligèrent à l'Espagne une cruelle représaille dont les tristes suites donnèrent à Jean l'occasion d'exercer admirablement son immense charité.

Voici le fait tel qu'il est raconté par Mariana. En 1596, l'Angleterre, toujours alliée avec la Hollande, réunit une flotte de cent cinquante vaisseaux et en confia le commandement au comte d'Essex. Celui-ci, profitant de la négligence avec laquelle on gardait les côtes d'Espagne, se dirigea secrètement vers Cadix. Cette ville, située à six lieues de Xérès, sur une langue de terre, est assez mal bâtie ; mais elle possède, entre le continent et l'île de Léon, un port magnifique, capable de contenir plusieurs flottes rassemblées dans ses eaux. Peuplée alors de plus de cent mille habitants, elle était devenue l'entrepôt de tout le commerce avec le Nouveau-Monde, et on y voyait toujours un grand nombre de navires prêts à mettre à la voile et chargés des plus riches marchandises. Comme les ennemis l'avaient prévu, elle n'avait en ce moment ni un général habile, ni une garnison suffisante. Dix-neuf vaisseaux de guerre, encore mal armés, formaient toute sa défense ; pour comble de malheur, son évêque, le célèbre don Antonio Zapota, était absent, et ne pouvait protéger la ville par sa haute intelligence et son rare courage. C'est dans ces circonstances qu'apparaît tout à coup la flotte anglo-néerlandaise, qui commence une vive canonnade. Après cinq heures d'un combat inégal, elle coule ou incendie le petit nombre de vaisseaux qui lui ont résisté, et descend à terre plusieurs milliers de soldats pour tenter l'assaut de Cadix, presque entièrement dégarni de troupes. Les portes sont bientôt enfoncées, et les ennemis entrent comme un torrent dévastateur et portent dans les rues et sur les places la terreur et la mort. Ils ne font aucun quartier à ceux qu'ils rencontrent les armes à la main. Les habitants et le petit nombre de soldats qui ont essayé de combattre ne songent plus qu'à trouver leur salut dans la fuite, et laissent les Anglais brûler et saccager tous les édifices tant sacrés que profanes. Enfin, rassasiés de meurtres et de pillage, et craignant d'être surpris par le duc de Médina-Sidonia, qui accourait avec des troupes considérables qu'il avait réunies, les ennemis se retirent sur leurs navires avec un immense butin et les

personnages les plus distingués de la ville qu'ils emmè-
nent commé prisonniers.

Parmi ceux qui se sauvèrent dans cette fatale journée
et cherchèrent un refuge dans les villes voisines, il y eut
environ trois cents soldats qui arrivèrent presque en
même temps à Xérès. Ils étaient dans un état pitoyable.
Criblés de blessures, épuisés par la lassitude et le sang
qu'ils avaient perdu et par la faim qui les tourmentait,
ils ne pouvaient plus se soutenir, et ils se laissaient
tomber çà et là dans les rues. Dès que Jean Grande l'eut
appris, bien qu'il fût déjà accablé par les soins qu'il
donnait à tant de pauvres et à tant de malades qu'il
avait réunis les jours précédents ou dans la matinée, il
accourut plein de joie et bénissant Dieu de pouvoir aider
ses frères en quelque chose. Il prodigue à tous les mêmes
secours : il n'est arrêté ni par leur nombre, ni par les
cruelles plaies dont ils sont couverts, ni par toutes leurs
autres pressantes nécessités. Il distribue ceux qui sont
blessés ou malades dans les différents hôpitaux de la ville
et confie les autres à des personnes pieuses et aisées. Il
n'oublie personne et donne à chacun les vivres et les
vêtements dont il a besoin. Profondément émus par une
telle charité, les habitants de Xérès lui viennent en aide
avec générosité et lui font à l'envi d'abondantes aumônes :
c'est pour eux un si doux plaisir de seconder le zèle de
leur bien-aimé Jean le Pécheur !

Parmi les personnages les plus illustres qui concourent
ainsi à le soutenir dans l'œuvre de son admirable dévouement, nous devons remarquer la très noble dame Béatrice
de Vergas, épouse de don François Ponce de Léon, seigneur d'un grand mérite et fort distingué par sa bravoure
dans les armées espagnoles. Il se trouvait à la néfaste

affaire de Cadix. A peine dona Béatrice a-t-elle appris par l'arrivée des fuyards la nouvelle du triste événement, qu'elle est saisie de crainte au sujet de son vertueux époux : elle s'informe et ne tarde pas à apprendre qu'il a été fait prisonnier par les Anglais. Le cœur brisé de douleur et toute baignée de ses larmes, elle accourt auprès du bienheureux, qui était ordinairement son refuge et sa consolation dans ses peines : *O cher père*, lui dit-elle, *mon mari, qui est votre ami et le bienfaiteur de vos pauvres, est prisonnier lui aussi... et qui sait ?... — Tranquillisez-vous et confiez-vous en Dieu*, lui répond le saint; *Dieu vous accordera de voir encore votre époux libre et plein de santé, bien qu'il souffre en ce moment sur le vaisseau qui l'emmène : pour preuve de ce que j'affirme, je vous dis qu'en ce moment il a sa tête enveloppée d'un mouchoir.* Cette dame est d'abord stupéfaite de cette révélation et des détails précis qui l'accompagnent sur l'état de son époux, alors si éloigné de son pays; mais habituée qu'elle est à considérer comme des oracles les paroles du bienheureux, elle ne doute point de la vérité de ce qu'il vient de lui annoncer; elle recouvre sa tranquillité et s'applique à redoubler ses prières et à multiplier ses aumônes en faveur des pauvres de Jean. Celui-ci, le 18 décembre de la présente année (1588), lui envoie de grand matin son cher frère Pierre l'Egyptien pour lui dire que, ce jour-là même où l'on se prépare par le chant des grandes antiennes à célébrer bientôt la fête de la Nativité de Notre-Seigneur, elle doit se réjouir, parce que son époux, jusqu'ici prisonnier en Angleterre, vient d'être mis en liberté. Néanmoins, Ponce de Léon ne revenant point encore après de longs jours d'attente, Béatrice, inquiète de ce retard, dit un jour à Jean : *Mais si mon époux est libre, pourquoi*

ne le vois-je jamais arriver? — Je ne sais, répond Jean :
*il est libre ; seulement il sera sans doute retardé par quel-
que motif que j'ignore.* Ponce de Léon reparut enfin le
1er avril de l'année suivante en parfaite santé ; il déclara
que le 17 décembre, vers les premières vêpres de la très
sainte Vierge, il avait été rendu à la liberté, et qu'il n'était
pas parti tout de suite, parce qu'il avait voulu attendre la
délivrance d'un de ses parents qui avait été fait prisonnier
avec lui.

L'inépuisable charité du serviteur de Dieu, ses étonnantes prédictions, connues dans toute l'Andalousie, et
l'éclat de ses vertus attiraient sur lui l'attention universelle. On ne parlait partout que de ses éminentes qualités,
tout le monde avait la plus entière confiance dans l'efficacité de ses prières ; chacun voulait être recommandé à
Dieu par ce puissant intercesseur. C'étaient des bour-
gades, des villages, des grandes villes qui désiraient
l'avoir pour médiateur auprès de Dieu dans les calamités
publiques ; et Dieu se plaisait à justifier ce concours des
fidèles vers son serviteur par les grâces qu'il accordait, à
son intervention, aux cités comme aux individus. Nous
n'avons pas besoin de dire que les habitants de Xérès
étaient, entre tous, l'objet d'une constante prédilection de
la part du bienheureux : pendant trente-deux ans ils
eurent la meilleure part aux bienfaits qu'il répandait
autour de lui ; pendant les deux dernières années de sa vie
surtout et en présence de deux calamités épouvantables,
ce grand saint fit voir à tous combien il aimait sincèrement
la ville qu'il avait adoptée pour le théâtre de ses combats
et combien en même temps il était puissant en sa faveur
auprès de son divin Maître.

En 1599, la province de l'Andalousie, et particulièrement

la ville de Xérès, furent exposées aux rigoureuses épreuves d'une grande disette, amenée par des causes contraires à celle de 1579, dont nous avons parlé précédemment. Une longue sécheresse avait comme brûlé les moissons sur pied ; le grain, devenu rare, enchérissait chaque jour ; le pain commençait à manquer ; non seulement les pauvres, mais les riches eux-mêmes souffraient de cette famine. Les animaux domestiques aussi ne trouvaient plus de fourrage pour se nourrir.

Pour avoir une idée de ce que fit alors Jean Grande pour secourir sa bien-aimée Xérès, il suffit au lecteur de se rappeler ce qu'il avait fait déjà à l'époque de la première disette. Le bienheureux y mit, dans cette circonstance, un zèle d'autant plus grand qu'en outre de la sécheresse il voyait tous les esprits frappés par la crainte de la peste, qui s'était depuis peu déclarée dans quelques villes voisines.

Aussi ne se contenta-t-il pas de travailler à soulager Xérès, il voulut à tout prix la délivrer : tant a de pouvoir une foi vive sur le cœur de Dieu ! tant Dieu aime et récompense une seule âme qui lui est fidèle et a confiance en sa bonté !

Voici donc ce qu'il inspira à son fervent serviteur.

La ville, en signe de pénitence, avait organisé une procession générale dans laquelle on devait porter autour de son enceinte et dans la campagne voisine une image de Notre-Dame de la Merci. Jean Grande, comme on le pense bien, s'y trouvait avec quelques-uns de ses religieux. Sorti à son tour de l'église, il s'arrête à la porte, et quand ceux qui tiennent élevée sur leurs épaules l'image sacrée sont arrivés près de lui, il s'élance subitement au milieu des rangs, se place devant l'image et se met à interpeller à haute voix la très sainte Vierge en faveur de Xérès et

de ses habitants. Ceux-ci, attirés par cette action extraordinaire et remplis d'émotion, se réunissent en foule
autour de lui.

Les témoins qui ont déposé dans le procès de la béatification, et en particulier l'évêque Mascarénas dans son
histoire, racontent que le saint parla à Marie avec une si
grande ferveur, il lui dit des choses si attendrissantes,
que tout le peuple ne put retenir ses pleurs et éclata en
sanglots et en gémissements, de telle sorte que pendant
longtemps on ne put s'entendre ni reformer les rangs de
la procession.

Quant au bienheureux, encore plus ému que tous les
autres et comme hors de lui, il sort du milieu de la foule
et se dirige vers son couvent. Là, il s'agenouille devant
l'image de Marie, et y est aussitôt ravi dans une extase
qui dure deux jours entiers. Ses frères s'approchent pour
le considérer l'un après l'autre, et les malades et les habitants de la ville se succèdent continuellement pour jouir
de ce spectacle. Les uns viennent demander ce qu'est devenu leur père bien-aimé, qu'ils ne voient plus auprès
d'eux ; les autres sont animés par la vénération et la plus
vive reconnaissance. Aussitôt après la procession, en effet,
une abondante pluie était tombée et avait duré toute la nuit,
et tous attribuent cette grâce aux prières de leur saint intercesseur. Celui-ci revint enfin à lui ; se voyant entouré
d'un grand nombre de personnes, il espère cacher la
faveur que le ciel vient de lui accorder, et croyant sans
doute qu'il ne s'est pas écoulé un aussi long temps dans
son ravissement : *O mes frères*, leur dit-il, *pardonnez-
moi ; je suis revenu si fatigué de la procession que c'est
le sommeil qui m'aura sans doute surpris et m'aura fait
vous donner un aussi mauvais exemple.* Les assistants ne

lui répondent rien pour ne pas lui faire de la peine et
ne pas blesser son humilité ; mais dès qu'ils se sont reti-
rés, son cher frère Pierre l'Egyptien, qui jouissait, ainsi
qu'on l'a déjà vu, de toute sa confiance et de sa tendre
affection, à cause de ses vertus, lui raconte comment il
est resté deux jours ravi en extase, et comment aussi,
dans la nuit qui a suivi la procession, le Seigneur a envoyé une pluie très abondante. *Je sais qu'il a plu,* répond
le bienheureux : *Dieu m'a fait voir beaucoup d'eau et
une grande quantité de grains ; mais lui seul,* ajouta-t-il
aussitôt, *lui seul sait qui doit le manger.*

Par ces dernières paroles il faisait allusion au fléau de
la peste, si redouté depuis quelque temps, qui devait
aussi envahir Xérès et y moissonner un si grand nombre
de vies. Une semblable prédiction ne fit qu'accroître le
désir que le frère Pierre avait de connaître les secrets
que Dieu avait révélés à son serviteur pendant son
ravissement. Il le prie donc instamment de les lui raconter, et lui promet d'en garder un silence absolu. Mais il
ne peut obtenir du bienheureux que cette seule confidence :
A peine me suis-je mis à genoux, lui dit Jean Grande,
*après avoir demandé à Dieu miséricorde pour moi et pour
les habitants de la ville, je lui ai dit avec la confiance
d'un ami, trop grande confiance sans doute,* ajoutait le
bienheureux : *Seigneur, donnez-nous de la pluie ; car,
si vous n'envoyez pas du pain aux pauvres, je vous assure
que vous verrez mourir Jean le Pêcheur.*

Qui n'admirerait ici la vivacité de cette foi et la puissance qu'elle donne à l'homme ? Ah ! sans nul doute
qu'elle n'est pas au-dessus de la bonté de Dieu ! Si le
divin Sauveur, en effet, n'a pas trouvé qu'il faisait trop
en mourant dans les plus affreux tourments pour ses

ennemis, que ne doit-il pas être disposé à faire pour ses amis et ses plus fidèles disciples ! C'est pourquoi nous ne devons point nous étonner qu'il ait accordé cette pluie si nécessaire que l'humble Jean sollicitait de lui avec tant d'assurance.

Les champs reprirent donc leur fertilité, et la moisson de cette année fut si abondante que le grain valait à peine sept réaux la fanègue, mesure de vingt-cinq livres, et qu'on l'appelait communément l'*année du miracle*.

Mais la joie de la prospérité publique était empoisonnée par la crainte : depuis quelques mois la peste se rapprochait de Xérès, et les paroles de Jean : *que beaucoup ne goûteraient de cette abondance*, tenaient tout le monde dans l'angoisse. Jean lui-même n'était pas moins soucieux : il aimait si tendrement ses frères ! il les excitait avec tant d'onction à multiplier leurs prières et leurs bonnes œuvres, afin de fléchir la colère du ciel et d'éloigner le terrible fléau, ou du moins d'en amoindrir les cruels ravages ! Il voulait aussi, et principalement, que chacun se tînt prêt, dans l'impossibilité où l'on était de connaître ceux que les décrets divins avaient marqués pour être les victimes de la peste et passer ainsi dans l'éternité. Mais, plus que toutes ses exhortations, son exemple inspirait une sainte émulation à tous ses concitoyens. Le bienheureux semblait plus que jamais redoubler cette année de ferveur dans ses actions, et se multiplier en quelque sorte pour suffire à tout ce que son dévouement le portait à entreprendre pour le bien de ses frères. Le cercle de ses charités allait grandissant chaque jour ; on eût dit qu'il craignait que le temps ne lui manquât, et qu'en conséquence il se hâtait de faire provision de tout ce qui devait lui être nécessaire.

Une telle conduite attirait au plus haut degré l'attention des habitants de Xérès ; ils ne savaient qu'en penser. Ils étaient ravis du spectacle de tant de vertus, ils se sentaient saisis pour leur saint d'une vénération extraordinaire, et tout à la fois ils avaient le cœur percé des plus tristes pressentiments. Devaient-ils bientôt perdre leur ami et leur bienfaiteur ? Lui-même prévoyait-il déjà sa fin prochaine ? Hélas ! tout tendait à justifier ces sinistres pronostics !

CHAPITRE XIII

**Comment Dieu fait connaître au bienheureux Jean Grande
l'époque et le genre de sa mort.**

La divine bonté du Sauveur envers ses saints se manifeste ordinairement avec plus de douceur et d'éclat à
l'approche de leur mort ; elle se plaît à répandre les faveurs et les grâces les plus précieuses sur leurs derniers
jours ; elle veut ainsi les fortifier pour ce terrible moment
qui serait funeste aux justes eux-mêmes s'ils n'étaient
jalousement gardés et victorieusement protégés par le
Dieu auquel ils ont voué tout leur amour.

Parmi les grâces dont ils sont ainsi favorisés, la plus
remarquable comme peut-être la plus habituelle est bien
sans contredit la révélation qui leur est faite du jour de
leur mort, quelque temps avant qu'elle arrive, afin qu'ils
puissent mieux s'y disposer. Jean Grande ne fut pas privé
de cette insigne consolation. L'admirable tendresse de
son Dieu lui fit connaître assez longtemps à l'avance sa
mort et sa sépulture dans leurs circonstances les plus
particulières, et lui apprit en même temps qu'en cela ses
plus chers désirs seraient exaucés.

Ce vrai disciple d'un Dieu anéanti par amour pour nous,
prévoyant en effet, à l'estime qu'on faisait de sa personne,
les honneurs funèbres qu'on voudrait sans doute rendre
à ses restes mortels, conjurait fréquemment le Seigneur,

dans ses affectueux entretiens avec lui, de le faire mourir si secrètement que son corps restât caché à tous les yeux, comme si une montagne fût tombée sur lui et l'eût enseveli. Un jour qu'il en faisait la confidence à son bien-aimé frère Pierre l'Egyptien, celui-ci s'en plaignit tendrement : *Il n'est pas convenable,* lui disait-il, *que vous fassiez à Dieu de telles conditions, ô mon bon père ; je vous en prie, demandez-lui un autre genre de mort.* Cédant au vœu de son frère, l'obéissant serviteur se jette à genoux et demande à Dieu que sa mort arrive de telle manière que les hommes ne puissent lui rendre aucun honneur : *C'est là,* ajoute-t-il, *mon suprême désir. — Ne faites pas cette prière,* s'écrie aussitôt frère Pierre, *ne parlez pas ainsi, parce que, lors même que personne ne vous honorerait, je vous honorerai moi-même. — Rappelez-vous bien, mon cher frère,* lui répond alors Jean, *qu'à ma mort vous-même vous serez le premier à fuir loin de moi.*

A quelque temps de là, conversant avec ses frères, Jean dit : *Un de ceux qui se trouvent ici doit mourir bientôt, et il sera traîné en terre avec un croc.* Affligés d'une semblable prédiction, les frères l'interrogent chacun à son tour : *Est-ce de moi que vous voulez parler? — Tranquillisez-vous,* leur répond-il, *cela n'arrivera à aucun d'entre vous.*

Une autre fois qu'il se trouvait avec don Alvarès de Pérès, seigneur de la ville, son intime ami, celui-ci lui fit cette proposition : *Faisons une convention, frère Jean ; celui de nous deux qui survivra à l'autre sera son exécuteur testamentaire et lui fera d'honorables funérailles. — Il est impossible que votre amitié me rende un tel service,* répliqua le bienheureux ; *je dois bien mourir le premier, mais je serai traîné en terre avec un croc.*

Le frère Pierre l'Egyptien aimait à raconter dans la suite que Jean étant un jour au milieu de ses frères, ceux-ci lui dirent : *Père, lorsque vous serez mort, nous élèverons un superbe catafalque au milieu de l'église ; vous y serez solennellement exposé, afin que tous puissent venir vous y baiser les pieds. — Ne dites pas de pareilles sottises,* leur répondit-il en leur témoignant son mécontentement ; *je mourrai d'une maladie à cause de laquelle tous s'enfuiront loin de moi.* Il leur répéta encore une fois qu'il devait bientôt mourir, qu'on se servirait d'un croc pour l'ensevelir, et qu'il serait abandonné de tous ses amis. *Non, mon père,* s'écria alors frère Pierre qui était présent, *lors même que tous vous abandonneraient, je serai toujours avec vous, dût-il m'en coûter la vie ! — Cela arrivera néanmoins,* repartit Jean, *et vous serez précisément le premier qui vous éloignerez de moi.*

Non seulement le bienheureux faisait clairement connaître par de telles paroles que sa mort était prochaine, mais encore, prévoyant qu'au milieu de la confusion dans laquelle se trouveraient alors ses religieux, ils oublieraient dans les premiers moments de faire prier pour lui, il recueillait quelques aumônes pour faire célébrer des messes pour le repos de son âme, une fois qu'elle serait sortie de son corps. Présentant un jour une de ces aumônes à dona Anna Adorno, qui lui était très dévouée : *Au moins vous, pour l'amour de Dieu,* lui dit-il, *ne m'oubliez point ; mais dès que vous apprendrez ma mort, faites aussitôt célébrer une messe pour moi avec cet argent que J.-B. Baéza m'a donné à cette intention. — Mais comment savez-vous, ô serviteur de Dieu,* lui répondit la pieuse dame, affligée de l'entendre parler ainsi, *comment savez-vous que vous mourrez bientôt et qu'immédiatement après votre mort on oubliera même de prier pour vous ? — Cela arrivera comme je vous l'annonce,* répliqua le bienheureux ; *la miséricorde de Dieu, voulant me donner le temps de me préparer à mon heure dernière, de pleurer mes péchés et d'accomplir quelques bonnes œuvres, m'a fait connaître le jour précis où je dois mourir.* En même temps il indiqua ce jour à sa bienfaitrice, ajoutant : *N'en parlez pas, mais priez bien Dieu pour moi, et à ce moment surtout, oh ! je vous en conjure, n'oubliez pas ma pauvre âme !*

Telle est la conduite des saints au moment de leur mort ; tels sont les sentiments qui les animent : confiants dans la miséricorde de Dieu, ils songent néanmoins à satisfaire sa justice et ne négligent rien de ce qui peut assurer davantage leur salut.

C'est ainsi que Jean, malgré cinquante ans passés dans l'innocence, malgré quarante ans écoulés dans la plus grande fidélité à obéir aux inspirations de la grâce, malgré tant d'amour, de dévouement et de miséricorde, malgré tant d'âmes sauvées par ses prières et ses exhortations, malgré tant de pauvres dont les cœurs reconnaissants prient sans cesse pour lui, malgré tant de pénitences, tant d'austérités, tant de disciplines dans lesquelles il a passé ses jours et ses nuits, malgré enfin tant de faveurs signalées qu'il a reçues du ciel ; c'est ainsi, disons-nous, qu'il craint encore les jugements du Seigneur, qu'il redoute encore les yeux si purs de Celui qui trouve des taches dans le cœur même des anges. Et nous voyons le commun des hommes, après une vie consumée dans l'oisiveté, dans la rébellion à la loi de Dieu, après une jeunesse adonnée aux plus grands vices, s'avancer à pas précipités vers leurs fins dernières sans y arrêter seulement leur pensée un seul instant !

On s'apercevait bien que, longtemps avant sa mort, le bienheureux profitait de la connaissance qu'il en avait, pour tout régler et tout disposer, principalement dans ce qui regardait ses bien-aimés frères, ses pauvres et ses amis. Averti secrètement d'en haut que le fléau redouté éclaterait aussi parmi eux, il prenait en leur faveur toutes les précautions que son ardente charité savait lui inspirer. Don Diègue d'Avila nous apprend, dans sa déposition consignée au procès-verbal de la béatification de notre saint, qu'étant impliqué dans une cause d'homicide, il s'était soustrait aux poursuites de ses ennemis en trouvant un asile dans l'hôpital de Jean. Un jour celui-ci lui dit d'un ton fort ému : *Frère don Diègue, il est utile que vous nous quittiez à présent, car dans peu de jours la peste sera ici.* A ces paroles si extraordinaires, don Diègue se mit à sourire, et demanda à Jean s'il était las d'exercer la charité envers lui et pourquoi il voulait qu'il s'en allât en ce moment. *Non, mon frère,* reprit Jean, *je ne veux point cesser de vous venir en aide ; mais, croyez-moi, je vous parle sérieusement : avant peu la peste sévira cruellement en ces lieux.* Voyant que cet avertissement était donné avec une assurance qui ne permettait pas le moindre doute, don Diègue prit le parti de se retirer ailleurs. Comme il remerciait le bienheureux, avant de se séparer de lui, celui-ci lui dit : *Embrassez-moi, car, lorsque vous reviendrez, vous ne me retrouverez plus.*

Les fréquentes conversations que le saint avait sur sa mort prochaine étaient venues à la connaissance des habitants de Xérès, qui lui appliquèrent sans hésiter une vision qu'eut à cette époque un religieux du couvent de Saint-Dominique. Passant vers le milieu de la nuit sous le vestibule du cloître qui conduit à la chapelle, et attendant l'heure du chœur pour le chant des matines, ce religieux entendit dans les airs comme un suave accord de cantiques sacrés et de voix harmonieuses ; voulant en connaître la cause, il monta sur le mur qui fermait le vestibule, et il vit sortir par la porte de Séville une longue procession, précédée d'une belle croix, et accompagnée de différents chœurs de musiciens ; derrière marchait seul un personnage vénérable vêtu d'une cape. La procession se dirigeait vers l'église de Saint-Sébastien, où était l'hôpital de Jean, qui y faisait sa résidence. Le religieux dominicain demeura tout stupéfait de cette vision ; quand les frères vinrent pour l'office, il la leur raconta, et tous ceux qui en eurent connaissance ne firent aucune difficulté de l'appliquer à la sainte mort de Jean, qui ne pouvait manquer d'arriver bientôt, comme il l'assurait lui-même.

Plus approchait sa fin, plus Jean en discourait clairement, plus aussi Dieu, dans son infinie bonté, se plaisait à le fortifier contre les craintes que son excessive humilité et l'entière défiance qu'il avait de ses vertus pouvaient réveiller en son cœur sur les sévérités de la justice divine. En voici un trait bien touchant.

C'était vers le milieu d'une nuit de janvier de l'année 1600 ; il faisait un temps affreux. Les religieux, réveillés par les éclats de la tempête, se livraient en particulier, selon les prescriptions de leur règle, aux exercices de piété qu'ils accomplissent à l'église lorsque les orages surviennent pendant le jour. Tout à coup, à une heure après minuit, ils entendent une très douce harmonie ; jamais leurs oreilles n'en avaient ouï de pareille. Ils sortent aussitôt de leurs cellules, se dirigent du côté d'où part la musique et arrivent vers la cellule de Jean. De cette cellule il leur semble voir sortir une lumière éclatante et sentir comme un parfum du paradis. Mais à mesure qu'ils s'en approchent, tout cesse ; ils ne voient, ils n'entendent, ils ne sentent plus rien. A la pointe du jour, les témoins de cette merveille se rendent auprès de Jean : *En vérité, ô père,* lui disent ils, *quelle est cette musique céleste que vous avez eue cette nuit près de vous ?* L'humble serviteur de Dieu cherche à détourner la conversation par toutes sortes de moyens aimables ; il ne veut pas révéler les faveurs qu'il a reçues du ciel, mais il ne peut les nier non plus. *O mes chers enfants, bénissez le Seigneur,* s'écrie-t-il ; *prévenez sa présence par vos prières, et vaquez en paix à vos exercices accoutumés.* Mais le frère Pierre, plus ardent et moins facile à décourager que les autres, ne craint pas d'insister : *Dites-moi au moins, mon bon père,* ajoute-t-il, *quel était ce suave parfum que j'ai senti s'exhaler de votre cellule lorsque je suis sorti de la mienne pour découvrir quelle pouvait être cette musique si extraordinaire.* Jean persiste à ne point vouloir répondre : il cherche une défaite pour n'avoir pas à s'expliquer catégoriquement : *Ce sera sans doute,* dit-il doucement, *l'image de mon bien-aimé Enfant Jésus que j'ai dans ma cellule qui aura causé tout cela.* Les bons religieux s'aperçoivent que leurs tentatives sont vaines ; leur vénéré père, encore ému des faveurs qu'il a reçues, ne veut point laisser échapper son secret : c'est pourquoi ils le quittent et attendent une occasion plus favorable.

Quelques jours après, en effet, ayant eu connaissance de la vision du père dominicain dont nous venons de parler, ils éprouvent un plus vif désir de savoir ce que l'humilité du serviteur de Dieu leur avait caché jusqu'alors ; ils se concertent entre eux, et tous ensemble ils lui adressent les plus tendres prières et les plus pressantes sollicitations pour vaincre son silence. N'ont-ils pas les motifs les plus graves pour faire une semblable démarche ? Si leur père bien-aimé consent à parler, ses paroles ne leur donneront-elles pas une nouvelle force et un courage plus inébranlable ? leurs âmes ne seront-elles pas mieux préparées à affronter les maux que leur apportera inévitablement le cruel fléau qui les menace ? Le bienheureux ne peut résister plus longtemps; des larmes de tendresse coulent de ses yeux ; il embrasse tous ses frères, et, après leur avoir fait promettre le secret : « Mes enfants, leur dit-il, c'est avec raison que vous dites que vous avez besoin d'être fortifiés ; mais vous le serez sûrement par ce que je vais vous apprendre. La bonté de Dieu est si grande pour celui qui assiste les pauvres et qui se dévoue aux œuvres de la charité, qu'elle oublie toutes ses fautes, qu'elle les efface, pour faire ensuite de lui le doux objet de ses complaisances et de ses faveurs les plus précieuses. Dans cette nuit dont vous me parlez, mes bons frères, au milieu de ces harmonies les plus suaves et de ces parfums embaumés du paradis, est descendue dans ma pauvre cellule ma très chère mère Agnès, ma sainte et aimable protectrice auprès de Marie immaculée et de son divin Fils Jésus ; elle était accompagnée d'un grand nombre de vierges d'une beauté ravissante, qui faisaient entendre des cantiques dont je ne comprenais pas le sens. Aussitôt je leur demandai de me faire place au milieu d'elles. *Voici trois couronnes qui vous sont préparées,* me répondirent-elles ; *Dieu les déposera sur votre tête dans le ciel. Là sont aussi prêts trois trônes destinés à trois personnes qui doivent vous suivre bientôt dans ce séjour de gloire et de joie éternelle.* »

Le bienheureux cessa de parler, ne voulant plus rien ajouter sur cette mystérieuse vision. Seulement, à partir de ce moment, il annonça à ses frères, non plus en termes vagues et obscurs, mais avec des paroles nettes et précises, qu'avant peu de jours la peste exercerait ses ravages à Xérès, qu'il en serait bientôt frappé lui-même, et qu'il succomberait à cette atteinte au milieu de la plus horrible confusion. Il les exhorta à ne rien craindre et à se consacrer entièrement au service d'un Dieu qui récompense avec une si grande magnificence le peu de bien que ses fidèles amis n'ont encore pu faire que grâce à son secours ; il leur dit enfin tout ce qui était le plus propre à relever le courage de ces bons religieux, qui étaient ses chers enfants, ses frères de prédilection. Pour eux, ils s'éloignèrent de lui pour vaquer à leurs occupations, le cœur plein de tristesse, et se regardant déjà comme des orphelins privés du meilleur des pères.

CHAPITRE XIV

La peste éclate à Xérès. Dévouement de Jean Grande envers les malades. De quelle manière il se prépare à mourir.

L'historien espagnol Mariana raconte que la peste qui désola les plus belles provinces de l'Espagne, dans les années 1599 et 1600, fut apportée par des marchandises venues de la Flandre dans le port si fréquenté de Santander, ville située sur le golfe de Gascogne, dans la Vieille-Castille, et ayant de nombreuses relations, par Burgos, avec tout le pays. De là elle se répandit au loin, en suivant une marche très irrégulière, et en exerçant les plus affreux ravages, de ville en ville, de province en province, jusque dans l'Andalousie.

On commençait l'année 1600, qui devait être la dernière de notre bienheureux, et le fléau s'avançait à grands pas vers Xérès. Chaque jour, au matin, les habitants émus et tremblants se demandaient les uns aux autres s'il n'y avait pas eu quelques cas de la maladie pendant la nuit, si la peste ne s'était pas déclarée par quelques victimes. Les magistrats et le clergé ne négligeaient rien pour rassurer les esprits ; ils employaient, pour tenir le fléau éloigné, toutes les mesures en usage à cette époque, peut-être fort en retard sur la nôtre à ce sujet.

Les communautés religieuses redoublaient de zèle et de ferveur, et s'efforçaient de porter les fidèles à l'exercice de la pénitence et à la confiance en Dieu. S'il n'était pas possible d'éviter entièrement les atteintes d'un mal si redouté, n'était-ce pas le meilleur moyen de rendre ses coups moins sensibles ? Nul n'était plus propre à calmer les inquiétudes que Jean et ses frères : il prenait avec eux d'admirables dispositions, avec une sagesse et une prudence merveilleuses, dans les hospices et les établissements de charité qui lui étaient confiés. On pouvait sans doute compter sur le poids de ses vertus et sur l'efficacité de ses prières auprès du Très-Haut. Néanmoins une indicible terreur avait envahi toutes les âmes. La peste ! ce seul nom apportait avec lui les plus lugubres idées. Un grand nombre de personnes aisées s'étaient retirées dans leurs campagnes et s'y tenaient enfermées comme dans autant de citadelles ; d'autres avaient fait de leurs habitations d'impénétrables asiles : ils s'y étaient comme ensevelis avec une suffisante provision de vivres ; d'autres, hébétés par la peur, erraient par les rues de la ville ou à travers les champs, et allaient ainsi souvent au-devant du mal qu'ils croyaient fuir. La plupart cependant, mieux inspirés, purifiaient leur conscience de ses péchés, faisaient d'abondantes aumônes, multipliaient leurs exercices de piété, et s'abandonnaient avec plus de tranquillité entre les mains de la divine Providence, résignés désormais et attendant avec soumission tout ce qu'elle leur réservait dans ses insondables conseils. Quelques-uns même, remplis d'un héroïque courage, venaient offrir leurs personnes à Jean Grande et à ses compagnons pour les aider à soigner les pestiférés. « Si Dieu, disaient ces chrétiens généreux, veut nous faire mourir de la peste, puissions-nous au moins, par le volontaire sacrifice de tout ce que nous sommes et par nos œuvres de charité, couvrir et expier la multitude de nos offenses envers sa souveraine majesté ! »

Telles étaient les dispositions des habitants de Xérès, tel était le triste aspect qu'offrait cette ville, lorsque tout à coup, on ne sait précisément quel jour du printemps de cette année 1600, retentit et courut en un clin d'œil par toutes les rues ce cri sinistre : « Voilà la peste ! Il y a déjà telle et telle victime ; dans tel quartier beaucoup sont déjà frappés !... » On peut se figurer l'épouvante universelle, on ne saurait la dépeindre ; encore moins pourrait-on retracer les sentiments qui partagèrent alors le cœur de notre bienheureux. Il savait à l'avance, il est bien vrai, l'heure précise de l'invasion du fatal fléau ; il regardait sûrement cette maladie comme l'heureux instrument dont Dieu devait se servir pour briser les liens qui l'attachaient à cette misérable terre et pour le rappeler à lui ; il songeait sans doute aussi que cette fin au milieu du combat, sur le champ de bataille, serait le digne couronnement d'une vie qui s'était consumée en de continuels sacrifices à l'aimable vertu de charité. Mais, pendant que ces douces considérations devaient réjouir son cœur, combien ne devait-il pas être douloureusement affecté par la pensée de ses frères bien-aimés et des habitants de sa chère Xérès ! Combien sa tendresse et son affection bien connue pour eux devaient le faire souffrir, lorsqu'il considérait cette terrible épidémie et les grandes calamités qu'elle amenait avec elle et qui allaient lui survivre ! Ainsi qu'il l'avait déjà fait auparavant, il s'offrait de nouveau dans tout son être, pour que Dieu réunît sur lui seul tous les fléaux, toutes les douleurs, tous les châtiments qui devaient fondre sur son peuple, et consentît à sauver ses chers concitoyens et ses fils bien-aimés et à les traiter selon l'étendue de ses infinies miséricordes.

Nous l'avons dit précédemment, le fléau ne prenait pas au dépourvu les disciples du serviteur de Dieu. Ils étaient prêts à porter leurs secours partout. Ainsi, en temps de guerre, au premier cri d'alarme, dans une ville qui n'offrait à l'œil de l'observateur, pendant la nuit, qu'un séjour de repos et de sécurité à la généreuse troupe qui la garde, voit-on s'agiter aussitôt et les fantassins, et les cavaliers, et les artilleurs : chacun est à son poste, en mesure de repousser l'ennemi.

Les enfants de saint Jean-de-Dieu, dont le nombre s'était considérablement accru à Xérès sous la conduite et par les exemples de notre bienheureux, se trouvaient encore aidés par plusieurs membres de chacune des corporations religieuses de la ville et par ceux des habitants qui s'étaient mis à leur disposition. Il serait difficile de dire le feu de la charité qui les animait en cette solennelle circonstance. Ils avaient pour chef Jean le Pêcheur, et, pour entretenir leur dévouement, les héroïques exemples que leurs frères en religion leur donnaient, depuis un an, dans la Castille et dans les autres provinces d'Espagne frappées par le fléau. Ils savaient que tous s'étaient tenus à la hauteur de leur sainte mission ; ils connaissaient les prodiges d'abnégation et de charité que le frère Eugène de Saint-Barthélemy avait opérés à Tolède, où il avait fini par être la glorieuse victime de son zèle infatigable ; ils entendaient raconter l'admiration générale que le frère Pierre d'Ubéda excitait dans l'hôpital royal de Cordoue par son inépuisable dévouement et par les guérisons miraculeuses que Dieu accordait à son intercession (1).

Mais si les disciples de Jean Grande étaient si bien disposés et si désireux de se consacrer au service des pestiférés dès que le besoin s'en ferait sentir, il nous est impossible d'énumérer tout ce que fit notre bienheureux lui-même pendant le temps que dura la peste à Xérès, jusqu'à l'heure où il en fut frappé et où il en devint la dernière victime. Ce terrible fléau sévit aussitôt avec

(1) Les enfants de saint Jean-de-Dieu n'étaient pas tenus *par vœu*, comme ceux de saint Camille-de-Lellis, à donner leurs soins aux pestiférés. Néanmoins, obligés par leur vœu d'hospitalité à voir dans les malades les membres mêmes du Sauveur, qu'ils doivent servir, ils ont toujours été les premiers à se dévouer, dans les calamités publiques, pour secourir leurs malheureux frères. Les Flandres espagnoles furent édifiées, pendant la peste de 1576, des prodiges de charité qu'accomplissait le vénérable frère Sébastien Arias, envoyé de Rome avec plusieurs autres religieux de son ordre par le souverain pontife Grégoire XIII. Tous ne s'arrêtèrent que frappés par le cruel fléau. A Rome, en 1590, au moment d'une terrible épidémie, au milieu de laquelle on vit les cardinaux et les princes rivaliser de dévouement, les religieux de Saint-Jean-de-Dieu et de Saint-Camille-de-Lellis se consacrèrent avec un accord admirable au soulagement des malades, et improvisèrent pour eux, à frais communs, un vaste hôpital. En France, en 1628, les Frères de la Charité se signalèrent en plusieurs villes en soignant les pestiférés ; et, lorsqu'au siège de la Rochelle tous les religieux trouvaient la mort, on admira à Paris le courage avec lequel la communauté tout entière de l'hospice de Saint-Jean-Basptiste s'offrit au Père provincial pour accourir les remplacer. Lors de la peste de 1630, ils apportèrent leur infatigable concours partout où ils étaient, à Rome, à Naples, à Palerme, à Milan surtout, où le prieur et douze de ses religieux furent frappés de mort parmi les pestiférés. A Rome encore, en 1656, leur héroïque dévouement fut récompensé du ciel, qui accorda, à l'invocation de leur saint patriarche, de nombreuses guérisons qui servirent ensuite la cause de sa canonisation. Nous omettons bien d'autres faits semblables pour rappeler que de nos jours, lors des épouvantables ravages du choléra-morbus en 1837, les Frères de la Charité ne s'épargnèrent pas pour voler au secours de ceux qui en étaient atteints, et qu'enfin à Venise, en 1849, au milieu des horreurs du siège, réduits à NEUF seulement, ils se firent les médecins, les chirurgiens, les infirmiers des blessés et des fous qui leur étaient confiés et dont plus de cent périrent en moins de huit jours des attaques du choléra. Que Dieu nous frappe jamais dans sa justice ou dans sa miséricorde, toujours on verra les fils de saint Jean-de-Dieu prêts à se dévouer et à se sacrifier pour les membres souffrants de Jésus-Christ.

fureur dans cette malheureuse ville ; il y moissonnait de si nombreuses vies humaines, qu'au témoignage de l'histoire il en enlevait jusqu'à trois cents par jour. En sa qualité de supérieur de la famille de saint Jean-de-Dieu à Xérès et de directeur spirituel de tous les hospices de la ville, Jean devait penser à tout : visiter les maisons particulières pour y découvrir les malades, les faire transporter aussitôt aux différentes infirmeries établies pour les recevoir, pourvoir à l'exact et prompt ensevelissement des morts, veiller, en un mot, à ce qu'il ne manquât rien de nécessaire, malgré l'inévitable confusion où l'on était jeté et la fuite de ceux-là même auprès desquels le bienheureux trouvait habituellement les différents objets dont il avait besoin.

Dieu répandait sur son fidèle serviteur des lumières et une énergie vraiment surnaturelles. Jamais, dans une vie toute de dévouement et de sacrifices, il n'avait été plus généreux, plus grand : ainsi une lampe qui brûle depuis longtemps jette quelques flammes plus vives avant de s'éteindre. Au milieu de l'affliction commune, chacun se réjouissait de voir le bienheureux ; jamais sa présence n'avait été plus désirée et plus remplie de consolations. Il apparaissait à tous les yeux comme une étoile merveilleuse apportant la force et promettant le salut. Ceux qui étaient sur le point de rendre le dernier soupir voulaient avoir à leurs côtés cet ange d'amour et d'espérance. Comme il savait leur donner du courage dans cette dernière et suprême lutte contre la mort ! Et puis, ne serait-il pas leur bienveillant et meilleur intercesseur auprès de la divine justice ?

Jean, de son côté, de plus en plus pressé par cette ardente charité qui est plus forte que le péril et la mort même, aurait voulu se multiplier, être présent partout, afin de répondre partout à tous les besoins. Dans les lieux où il lui était impossible de se rendre lui-même, il envoyait ses plus chers disciples, animés de son esprit, et transmettant aux affligés, avec les secours les plus diligents et les plus affectueux, ses précieux conseils et ses plus tendres paroles. Il veillait surtout à ce que tous les malheureux trouvassent dans la pratique de la religion et dans la grâce de ses sacrements les trésors de patience, de résignation, de paix et de consolation dont elle est l'intarissable source. Il en donnait lui-même le plus entraînant exemple ; et il était évident que c'était dans ses oraisons ferventes et dans son union continuelle avec Dieu qu'il puisait cette magnanime générosité, cette force surnaturelle sans laquelle la charité la plus ardente éprouve souvent de douloureuses défaillances.

Habitué depuis longtemps à traiter avec son divin Maître non seulement de son âme, mais de tout ce qui pouvait intéresser les pauvres qui se recommandaient à lui, il savait encore trouver, au milieu de ses innombrables occupations et dans ces difficiles circonstances, le temps d'adorer le très saint Sacrement pendant de longues heures ; c'était là, au pied des autels, qu'on était sûr de le rencontrer ; c'était là aussi qu'on venait en foule pour recourir à son intercession. Celui-ci lui demandait d'obtenir de Dieu pour lui de n'être point frappé par le fatal fléau, celui-là de mourir saintement ; un autre voulait savoir s'il succomberait aux atteintes de l'épidémie. Tous lui adressaient quelques questions, parce que tous le regardaient et l'honoraient comme l'oracle et le fidèle interprète des volontés divines.

Un jour, entre autres, que la peste sévissait avec plus

de fureur que jamais, tandis que le bienheureux faisait oraison dans la sacristie de l'hôpital, le frère Pierre l'Egyptien accourut hors de lui : il avait appris du saint que l'un des religieux de son ordre devait mourir dans cette maison ; il voulait savoir s'il était lui-même la victime désignée par son père spirituel. *Au nom de la charité,* s'écria-t-il en fondant en larmes, *je vous en conjure, mon père, dites-le-moi afin que je mette à profit le peu de temps qu'il me reste à vivre, pour me préparer à bien mourir.* Le bienheureux l'excita à retourner donner ses soins aux pauvres pestiférés, l'assurant que ni lui, ni les compagnons qu'il avait alors dans l'hospice, ne mourraient de cette épidémie.

C'est ainsi que ce grand serviteur de Dieu, comme un vrai père de famille au milieu de ses enfants désolés, trouvait du temps pour donner du courage et de la résignation aux malades, aux habitants de la ville, aux bienfaiteurs de ses chers pauvres, et par-dessus tout à ses bien-aimés frères en religion. *Ne vous troublez pas,* leur disait-il souvent, *ne craignez point, ô mes frères ; servez les pauvres et les malades de tout votre cœur et de toutes vos forces. Croyez-moi, nul de vous ne mourra de ce fléau.* Etant un jour avec deux d'entre eux, il leur fit en souriant cette question : « Que penseriez-vous, mes bons amis, si dans quelques jours l'un de nous trois tombait victime de la peste, et si son corps, traîné par un croc mis au bout d'une corde, était jeté dans une simple fosse creusée en toute hâte ? » Puis, les voyant troublés et abattus par ces paroles, il s'empressa de les consoler, en leur assurant que cela n'arriverait à aucun d'eux.

Ainsi qu'on l'a vu dans le cours de ce récit, Jean Grande avait fondé deux hôpitaux hors de Xérès, et il avait envoyé plusieurs de ses disciples, qu'il avait formés par ses leçons et ses exemples, dans les principales villes de l'Andalousie. En agissant de la sorte, il n'avait fait que céder aux sollicitations des autorités municipales et des populations avides d'avoir au service de leurs malades des enfants de saint Jean-de-Dieu, disciplinés à l'école de notre bienheureux. Or, en ce temps-là, il semble que ce tendre père, qui savait d'une manière certaine que ses jours étaient comptés et touchaient à leur terme, voulût, avant de mourir, visiter ses fils absents et leur laisser, avec une dernière bénédiction, les encouragements de ses amoureux conseils et des douces promesses qu'il leur faisait au nom du ciel.

C'est pourquoi, dès que l'inévitable confusion des premiers jours qui suivirent l'invasion du fléau fut passée, après avoir établi un certain ordre dans les soins à donner aux malades et confié la direction et la distribution des secours à ses généreux frères et compagnons, Jean fit quelques courts voyages en la compagnie de Jean-Baptiste Baéza, son ami et l'un de ses plus grands bienfaiteurs. La peste rendait ces excursions fort difficiles ; mais la merveilleuse assistance du Seigneur ne lui manqua jamais. Voici un fait, entre bien d'autres, dont l'authenticité ne saurait être mise en doute.

Le bienheureux retournait de Séville à Xérès ; après un assez long trajet, Jean et son compagnon se sentirent fatigués et affaiblis, soit par suite de l'accablante chaleur qu'il faisait alors, soit par le besoin de prendre de la nourriture. Les mules elles-mêmes qui les portaient ne pouvaient plus avancer. Dieu, qui sans doute voulait faire éclater son ineffable bonté en leur faveur, ne leur avait pas inspiré la précaution de porter avec eux des provisions. Et néanmoins où s'arrêter maintenant ? à qui s'adresser pour obtenir les aliments qui leur devenaient si nécessaires ? La crainte de la peste, qui resserrait tous les cœurs et faisait éviter d'entrer en relations avec quelque personne que ce fût, les faisait repousser tout le long de la route par les habitants et par ceux-là même qui en d'autres temps avaient accueilli le serviteur de Dieu avec la plus bienveillante et la plus sincère générosité. Toutes les portes des maisons qu'ils rencontraient étaient rigoureusement fermées ; s'ils appelaient, on ne leur répondait point. Nulle part, aucune trace d'âme vivante.

Jean Grande, remarquant l'extrême abattement de son ami Baéza, qui ne pouvait plus se soutenir, lève les yeux vers le ciel et se recommande vivement au Seigneur dans un si pressant besoin. Une confiance surnaturelle entre aussitôt dans son âme ; il se retourne vers Baéza, qui poussait des gémissements plaintifs, et lui dit : *Remettez-vous entre les mains de Dieu, mon ami ; il va nous prêter son assistance. D'ici à quelques pas, nous trouverons une hôtellerie où on nous servira à manger pour nous et pour nos bêtes de somme.* En effet, à peine eurent-ils avancé un peu qu'ils aperçurent une petite chaumière recouverte de paille ; ils s'en approchèrent et en appelèrent les habitants. Ne recevant aucune réponse et voyant que la porte en était ouverte, ils entrèrent. Quel ne fut pas leur étonnement d'y trouver deux petits pains, un vase plein d'eau fraîche, et, dans un coin de la maison, un peu de foin et d'avoine ! *Allons,* dit alors avec simplicité le bienheureux, *prenons et mangeons, mon ami ; ceci est évidemment pour nous : Dieu qui n'abandonne jamais ceux qui se confient en sa providence et qui se dévouent au service de ses pauvres, nous a sans nul doute préparé cette nourriture.* Tous deux ils donnèrent à manger à leurs mules et réparèrent eux-mêmes leurs forces en bénissant le Seigneur dans toute la sincérité de leur cœur. Don Jean-Baptiste Baéza ne cessait néanmoins de regarder de tous côtés s'il ne verrait venir personne; il ne comprenait rien à un tel prodige.

Lorsqu'ils eurent attendu inutilement un assez long espace de temps, ils se levèrent et se remirent en route. A peine avaient-ils fait quelques pas, que don Jean-Baptiste Baéza, se retournant pour voir encore si personne n'apparaissait, fut très surpris de ne plus apercevoir l'humble maison d'où ils venaient de sortir. Tout étourdi de cette inconcevable disparition, il en prévient le bienheureux plutôt par ses gestes que par sa voix qui expirait sur ses lèvres. Mais celui-ci lui répond avec son humilité habituelle : *Faites attention que nous avons déja marché plus longtemps que vous ne croyez; c'est pourquoi vous pourriez bien vous tromper.* C'était une défaite : l'erreur n'était pas possible. Baéza se tut néanmoins : à quoi bon insister? Il était sûr du prodige dont il venait d'être le témoin, et son cœur était partagé entre la reconnaissance qu'il éprouvait envers la bonté paternelle de Dieu et la vive admiration qu'il ressentait pour la vertu de son saint compagnon, si visiblement favorisé du ciel, et cependant toujours si rempli de la plus sincère humilité.

Pendant la courte absence du bienheureux, la peste, loin de cesser ou de diminuer ses ravages, avait chaque jour redoublé d'intensité. Aussi semblait-il aux habitants de Xérès qu'il y avait des siècles qu'ils ne l'avaient point vu, et leur malheur leur avait paru, privés de sa présence, plus insupportable et plus cruel encore. A son retour, la joie fut grande et parmi les religieux de Saint-Jean-de-Dieu et parmi la population entière. Tous ne revoyaient-ils pas en lui le plus puissant des bienfaiteurs et le père le plus tendrement aimé? Les démonstrations de contentement et d'amour furent si vives qu'elles durent naturellement faire présager une prochaine et irréparable séparation. Hélas! tout le monde la redoutait déjà, parce que chacun avait entendu raconter les prédictions que le serviteur de Dieu avait si souvent faites sur sa mort et même sur le genre de sa sépulture. Mais la satisfaction qu'on éprouvait de le revoir et de le posséder de nouveau faisait taire alors toute crainte, même la crainte la plus fondée. Ne pouvait-on pas se flatter que l'heure où elle se réaliserait était encore fort éloignée? On avait tant besoin de ses secours, que Dieu ne voudrait pas le leur enlever au milieu d'une semblable calamité. La conduite de Jean n'était-elle pas faite aussi pour entretenir tout le monde dans une si chère espérance ?

Ce grand serviteur de Dieu, en effet, qui avait si souvent étonné Xérès par les prodiges de sa charité, avait repris le cours de ses bonnes œuvres avec une ardeur qui dépassait encore ce qu'on avait vu de lui jusqu'alors. Présent partout en quelque sorte et multipliant partout ses bienfaits, il versait le baume de la confiance dans les cœurs les plus désespérés, et il annonçait hautement que l'heure de la délivrance générale allait bientôt sonner.

En même temps, il n'omettait aucun de ses offices accoutumés : il ne laissait pas un seul des nombreux hospices qui lui étaient confiés sans le visiter souvent, et il avait un mot pour chacun de ses pauvres et de ses pestiférés. Semblable à une tendre mère qui, à la veille de se séparer pour un temps de ses gracieux et bien-aimés

enfants qui forment sa précieuse couronne, ne peut se
rassasier de les couvrir de nombreux baisers, s'éloigne
un peu, puis revient sur ses pas pour les combler de
nouvelles caresses, sans pouvoir se résoudre à s'en
détacher, même pour quelques jours : tel le bienheureux
ne peut se lasser de voir et de revoir tous ces infortunés
qui sont les plus chères délices de son cœur si compatissant et si affectueux. Oh! avec quel zèle empressé il va
d'un hôpital à l'autre! Il n'oublie pas les maisons qui
sont frappées par le fléau. Combien de malheureux voient
apparaître comme par enchantement sur le seuil de leur
porte cet ambassadeur chargé de distribuer à tous des
consolations divines! Il n'omet personne; il accourt auprès
de ceux avec qui il a eu précédemment quelques rapports. Les bonnes filles de saint François d'Assise, qu'il
avait souvent assistées de ses aumônes, les Franciscains,
les Chartreux, toutes les autres familles religieuses, le
clergé tout entier, ses bienfaiteurs, ses amis, les pauvres,
mais par-dessus tout les pauvres, goûtaient surabondam-
ment la joie de ses visites assidues, de son assistance qui
apportait toujours tant de force; et tous admiraient sans
cesse cette angélique face qui respirait la modestie, la
douceur, la charité, le plus pur amour de Dieu. En vérité,
dans la ville entière, au milieu d'une si cruelle épreuve,
il eût été impossible de trouver un homme plus calme,
plus doux, plus rempli d'aménité que Jean le Pêcheur;
et néanmoins nul n'était plus accablé de travaux de toutes
sortes et n'aurait dû en paraître plus préoccupé. Il était
l'unique centre d'où partait tout ce qui se faisait en faveur
des pestiférés. C'était de lui seul que les autres recevaient
leur direction, leur mouvement et en quelque sorte leur
vie. Il pourvoyait à tout avec une prévoyance et un calme

qui tenaient du prodige. Et, chose étonnante et bien propre à nous confondre, cet homme était assuré dans le moment même qu'il allait bientôt être frappé sans merci par le cruel fléau qui faisait couler tant de larmes, et paraître devant le tribunal de l'éternelle justice. Qui n'admirerait une paix si sublime et cette inaltérable tranquillité à l'approche du dernier jour, ordinairement si redouté et toujours réellement si redoutable ? Ne suffit-il pas souvent de la seule pensée de la mort, ne suffit-il pas même de son nom pour nous faire éprouver un profond saisissement qui pénètre le plus intime de l'âme, et pour nous faire sentir une froide épouvante qui parcourt nos membres et les couvre d'une horrible sueur ? Les justes eux-mêmes ne regardent-ils pas habituellement comme fort à craindre l'heure de leur passage de cette vie à l'éternité ? Si donc notre bienheureux était si paisible et si joyeux même, à la veille de mourir, c'est qu'il savourait tout entière cette douce confiance que donne à l'âme, prête à sortir de son corps, une longue vie consumée dans les œuvres de dévouement et de miséricorde ; c'est surtout que Dieu lui accordait miraculeusement, dans ses derniers jours, comme un avant-goût des pures délices qu'il lui préparait en son paradis. Aussi l'expression de la physionomie du saint religieux, plus encore que ses familiers entretiens, rappelait sans cesse ces belles paroles de David : *Je me suis réjoui à cause de ce qui m'a été dit, que nous irons dans la maison du Seigneur* (1).

Ecoutons encore en quels termes Jean parle lui-même de sa dernière heure. Nous verrons mieux comme il s'y

____

(1) Ps. cxxi, v. 5.

dispose avec une douce paix et une aimable quiétude. On dirait vraiment qu'il ne s'agit pour lui que d'un court sommeil ou d'un agréable délassement qui arrive après les plus rudes fatigues. Nous tirons le récit suivant du procès instruit pour la cause de sa béatification.

Le divin Sauveur, avant de retourner à son Père, avait réuni tous ses apôtres dans une dernière cène, et, après avoir institué l'adorable sacrement de l'Eucharistie, il leur avait adressé ses admirables discours dont saint Jean nous a transmis la substance dans son Evangile, et où se révèle si souvent toute la tendresse de son amour pour les hommes. A l'exemple de son Maître bien-aimé, dont sa vie était, on peut le dire, une vivante copie, Jean le Pécheur voulut réunir une dernière fois autour de sa modeste table tous ceux de ses enfants que ne réclamaient point, à l'heure même, les besoins des pauvres et des pestiférés. Il invita aussi avec eux le licencié Christophe Martin, chanoine de la cathédrale de Xérès, auquel il se confessait quelquefois. Après un frugal repas, il se laissa aller aux plus tendres épanchements ; puis, se tournant plus particulièrement vers le chanoine Martin : « Puisque vous avez été assez bon pour honorer notre table de votre présence, lui dit-il avec une touchante sensibilité, je vais vous raconter une parabole ou une histoire, comme vous le voudrez. Sachez donc, mon vénéré Père, qu'il y avait dans une ville un homme qu'on regardait comme un saint. Tout en lui, en effet, annonçait une vie entièrement détachée du monde et fort pénitente. Ayant continuellement la tête découverte et les pieds nus, cet homme avait passé pendant quarante ans de bien mauvais jours et des nuits pires encore au service du Seigneur. Persécuté par plusieurs personnes qui s'étaient déclarées

ses ennemies, il était néanmoins aimé d'un grand nombre
de gens qu'il avait comblés de ses bienfaits. Or, à une
époque d'épouvantable calamité, Dieu lui envoya une
cruelle maladie de laquelle il mourut peu de jours après.
Les siens laissèrent son corps jusqu'au milieu de la nuit,
sans en prendre soin. « Il a un grand nombre d'amis
« dans la ville, disaient-ils sans doute, voyons ce qu'ils
« feront pour lui rendre les honneurs funèbres et de quelle
« manière ils l'enseveliront. » Mais voilà qu'au moment
des plus épaisses ténèbres, arrivent quatre portefaix
chargés d'enlever les cadavres par mesure de salubrité
publique. On leur abandonne la dépouille mortelle de
celui qui jusque-là avait été réputé un grand saint. Ils
s'en emparent, la traînent à travers les salles de l'hospice
à l'aide d'un croc passé à une corde, la tirant par les pieds
et par les mains, et la font rouler par les escaliers jusqu'à
une cour extérieure. Là, ils creusent une fosse en toute
hâte, y précipitent le corps, et se retirent. »

Les disciples de Jean écoutaient ce récit, plongés dans
un morne silence. Ils se rappelaient bien sans doute
avoir entendu déjà plusieurs fois une pareille histoire que
leur père leur avait racontée et qu'il s'appliquait à lui-
même ; mais, dans cette circonstance, ils étaient saisis de
stupéfaction par les détails si précis que le bienheureux
leur donnait avec une sorte de complaisance.

« Que vous semble de cet homme ? continua le saint ;
que vous en semble-t-il, monsieur le chanoine, de finir
ainsi après ces quarante années passées dans la pénitence
et dans les œuvres de charité ? En vérité, malheur à lui
s'il s'est conduit par des motifs humains, pour obtenir
une vaine gloire ! Ah ! quelle misérable récompense il
reçoit pour tant de travaux et de sacrifices ! Trop tard,

oui, trop tard il est désabusé de son erreur ; trop tard il s'aperçoit de tout le temps qu'il a perdu en de vaines espérances et de la stérilité de tant de peines au milieu desquelles il s'est consumé. Que si, au contraire, il n'a eu que Dieu seul pour fin de toutes ses œuvres, et s'il n'a jamais cherché que lui seul dans tout ce qu'il a fait, aura-t-il jamais une récompense assez belle pour ses frères, qui l'abandonnèrent ainsi, à sa dernière heure, à ces crocheteurs qui traitent ses restes mortels d'une manière si conforme aux plus chers désirs de son cœur ? Pourquoi ? Parce que, dans un pareil moment, rien ne pourra mieux lui faire comprendre combien il aura eu raison de tenir dans un profond mépris le monde et tout ce qui est du monde ; parce que rien ne pourra mieux faire croître en lui cette confiance inébranlable qu'il aura placée uniquement dans les promesses de son Dieu et dans l'espérance des biens éternels. Il verra bien alors réellement qu'ici-bas tout est vanité des vanités, excepté aimer Dieu seul, lui plaire et le servir. »

Nous n'essaierons pas de dire l'étonnement où ces paroles jetèrent les assistants, ni l'édification qu'ils en reçurent tous, et en particulier le chanoine Martin. Ce dernier connaissait bien déjà, comme confesseur du saint, ses héroïques sentiments d'humilité ; il ne pouvait néanmoins se lasser d'admirer, d'un côté, avec quelle condescendance Dieu consentait à satisfaire en cette aimable vertu les désirs de son fidèle serviteur, et, d'un autre côté, avec quelle abondance de joie celui-ci voyait par avance les humiliations inouïes qui fondraient sur lui, même après sa mort.

CHAPITRE XV

**Jean Grande est atteint de la peste. Ses derniers
moments. Sa mort. Sa sépulture.**

L'heure allait sonner où Dieu voulait rappeler à lui
son serviteur et l'admettre aux délices du repos éternel.
C'était le 26 du mois de mai (1600) ; il faisait un temps
horrible, et il venait de se déclarer subitement plus de
trois cents nouveaux cas de peste dans la ville. Le saint
comprit qu'il allait être frappé ce jour-là même. Plein de
confiance et d'une pieuse joie, le cœur déjà fixé dans la
céleste Sion, objet de ses plus ardents soupirs, il parcourait intrépidement toutes les rues de Xérès, entrait dans
les maisons visitées par le fléau, ainsi que dans tous les
hospices, et prodiguait à tous les malades les trésors de
son inépuisable charité. Tout à coup il sent un brûlant
accès de fièvre lui parcourir le corps : c'est la première
atteinte du mal. Ses forces l'ont déjà abandonné, qu'il
cherche encore à donner ses soins aux malheureux auprès desquels il se trouve. Mais cette fois la violence de
la douleur triomphe de l'énergie de sa volonté, jusqu'ici
toujours victorieuse. Le glorieux athlète de Jésus-Christ
tombe au milieu même du combat et des trophées de son
héroïque dévouement amoncelés autour de lui. Comme
Judas Macchabée blessé à mort en donnant une fois
encore la victoire à ses frères, Jean va mourir, mais en

obtenant de Dieu, par sa mort, la cessation du fléau qui a déjà fait tant de victimes ; il en sera la dernière.

Voyez-le : il lève les yeux au ciel pour remercier la bonté de Dieu qui s'apprête à le recevoir dans sa miséricorde, et, songeant aussitôt à ceux au service desquels il a consumé sa vie, il unit le sacrifice qu'il va consommer sur son lit de douleur à celui de Jésus sur la croix, et il s'offre pour ses frères bien-aimés comme un holocauste d'expiation. Il conjure le Seigneur de vouloir l'agréer, et de sauver, en le frappant, cette cité qui lui est si chère et qu'il va laisser aujourd'hui dans une si profonde désolation.

La nouvelle de sa maladie traverse toute la ville avec la rapidité de l'éclair. On se presse autour de lui : il voit accourir à ses côtés, avec les religieux de son couvent, ses amis les plus dévoués et dona Agnès Ponce de Léon, l'illustre bienfaitrice de ses pauvres. On le transporte dans son hôpital. Arrivé à la porte de sa cellule, il fait signe de s'arrêter. Toujours animé de cet esprit de pauvreté, d'économie et de prévoyance avec lequel il savait si bien régler toutes choses, il songe subitement que le modeste mobilier qui est dans l'appartement où on va le déposer deviendra après sa mort la proie des flammes ou tombera entre les mains de ceux qui sont chargés d'enlever les cadavres des pestiférés ; c'est pourquoi il ordonne qu'avant de l'introduire chez lui on en enlève tout ce qui pourra être conservé pour le service des pauvres et des malades.

Puis il rassure ceux qui l'assistent : *L'épidémie,* leur dit-il, *ne frappera aucun de ceux qui entreront dans ma cellule, qui auront désormais quelques rapports avec moi ou qui me rendront quelque service.* Il donne la même assurance en particulier à dona Ponce de Léon, qu'il prie en même temps de vouloir bien mettre en état un de ses vêtements, afin qu'il puisse servir pour un autre.

Notre bienheureux était dans sa misérable cellule, étendu sur des planches nues ; malgré la violence du mal qui tordait ses membres et l'ardeur de la fièvre qui le dévorait, il ne cessait de s'entretenir amoureusement avec son Dieu ou bien de traiter avec ses frères des affaires de la communauté et du service des malades. Il ne tarissait pas en recommandations en faveur de tous ces malheureux qui étaient toujours, après le divin Amant de son cœur, l'objet de toutes ses pensées et de toute sa sollicitude. Il encourageait ses disciples à prodiguer leurs soins aux infortunés qui étaient atteints par le terrible fléau ; il les engageait à ne pas se laisser abattre en voyant que la malaie sévissait en ce moment avec plus de fureur que par le passé, *parce que,* leur disait-il, *elle fait ses derniers efforts, et qu'elle va cesser subitement, dès que j'aurai rendu l'esprit.*

La situation de ces excellents religieux était déchirante ; leur cœur était horriblement partagé : d'un côté, ils auraient voulu ne point quitter leur père bien-aimé et le servir eux-mêmes dans ses besoins ; d'un autre côté leur vœu d'hospitalité les appelait vers les autres malade, qui attendaient en si grand nombre leurs précieux secours, et auprès desquels notre bienheureux leur ordonnait de voler. Ils durent obéir. Les amis et les bienfaiteurs de Jean ne l'abandonnaient point. Chacun voulait le voir et l'entendre une dernière fois. Tous étaient persuadés, sur sa parole, qu'ils ne couraient aucun risque en entrant dans sa cellule et qu'ils seraient exempts de la contagion, ce qui, en effet, fut pleinement justifié par l'événement.

Non seulement l'entrée dans cette cellule consacrée par les souffrances du bienheureux fut comme un préservatif de la peste, mais ceux-là même qui y vinrent malades en sortirent guéris. Nous lisons dans le recueil des pièces qui ont été fournies pour instruire la cause de la béatification, que dona Elvire Galliégo et Jeanne d'Argomédo, la cousine du saint, déposèrent dans la suite que, loin de contracter aucun mal en visitant le serviteur de Dieu, dona Elvire fut, en mettant le pied dans sa cellule, délivrée miraculeusement d'une violente douleur dans la tête qu'elle éprouvait depuis plusieurs jours.

Cependant l'état du malade s'aggravait de moment en moment ; la mort approchait à grands pas. Dès que parut le jour du 3 juin (1600), que Jean Grande appelait de tous ses vœux, il demanda les derniers sacrements, qui lui furent administrés par don Augustin Condé, curé de la paroisse dans laquelle se trouvait l'hôpital. Le bienheureux les reçut avec une angélique ferveur et une tendresse extraordinaire ; d'abondantes larmes coulèrent de ses yeux. Puis il s'entretint quelques minutes avec ses chers disciples ; il leur adressa de touchantes exhortations à la paix, à la concorde, à la charité, à un entier sacrifice d'eux-mêmes pour servir les pestiférés, et il les assura de nouveau que le fléau allait bientôt cesser ses ravages et que personne autre d'entre les religieux ne serait frappé.

Mais pendant que le serviteur de Dieu, à sa dernière heure, faisait aussi clairement une si consolante promesse, la cruelle maladie semblait vouloir lui donner un solennel démenti. Ses attaques furent en effet si multipliées et si terribles que les frères, successivement appelés par de nouveaux et pressants besoins, durent laisser leur père bien-aimé seul dans sa cellule. Par une admirable disposition de la divine Providence, c'était encore un trait de plus de conformité qu'il devait avoir avec son saint patriarche Jean-de-Dieu, dont il s'était efforcé si bien d'imiter les vertus. Celui-ci, comme on le sait, seul dans sa chambre et agenouillé, mourut inondé des divines consolations qui déjà le prévenaient sur la terre. De même Jean Grande, dit le Pécheur, seul dans sa cellule, rendit son âme à Dieu, à ses saints protecteurs et aux saints anges, dont il avait si bien retracé la pureté dans toute sa vie, et avec qui son esprit avait été dans une continuelle union.

Aucun témoignage humain ne peut nous dire quelle assistance il reçut en expirant de saint Jean l'évangéliste et de la vierge sainte Agnès, qui l'avaient si souvent consolé dans ses terribles épreuves. Nulle langue sur la terre ne saurait dire non plus de quelles faveurs la très sainte Vierge Marie dut inonder en ce moment suprême l'âme de son fidèle serviteur, dont elle avait été le guide et la maîtresse dès sa plus tendre enfance. Ne nous serait-il pas permis néanmoins de penser que cette Mère, si compatissante à l'égard des pauvres pécheurs pénitents sur leur lit de mort, se plut à prodiguer ses grâces les plus douces et ses plus tendres faveurs à ce véritable ange d'innocence et de pureté ? Sans doute qu'à son aimable appel, lorsqu'elle lui montrait les délices du ciel qui allaient être sa récompense, elle lui inspira de nouvelles ardeurs vers l'éternelle patrie ; sans doute que, désireux d'entrer aussitôt en possession d'aussi grands biens, Jean aura surmonté la faiblesse de son corps épuisé par le travail de la maladie, et qu'il se sera levé de sa couche de douleurs comme pour voler au céleste séjour. Ce qu'il y a de certain et ce que nous pouvons affirmer d'après les preuves les plus authentiques, c'est que, lorsque les frères de Saint-Jean-de-Dieu purent accourir de nouveau, vers le milieu du jour, auprès de leur père qu'ils avaient été obligés d'abandonner à ses derniers moments, ils le trouvèrent dans sa cellule, hors de son lit, agenouillé et tenant embrassé, avec une grande expression d'amour, un crucifix qu'il avait ordinairement à ses côtés : il était mort !

Maintenant nous allons voir se réaliser toutes les prédictions de notre saint touchant sa sépulture.

Le jour où Jean Grande expira, la peste sévissait à Xérès avec tant d'intensité, qu'il mourut dans cette ville plusieurs centaines de malades. Les habitants étaient consternés ; les religieux hospitaliers eux-mêmes, frappés de stupeur, ne savaient plus ce qu'ils faisaient. Absorbés par les pressantes nécessités des mourants, liés par les fonctions d'un ministère qui ne leur laissait pas une seule minute de répit, ils passèrent toute la journée dans des occupations telles, qu'ils ne songèrent pas même à réciter les dernières prières sur le corps de leur vénéré père. Aucun ami ne s'approcha de son cadavre ; seuls apparurent auprès de lui quelques-uns de ces malfaiteurs qu'on voit toujours prêts à profiter des calamités publiques pour chercher à satisfaire leurs mauvaises passions. Ils espéraient sans doute trouver quelque chose à emporter.

Le frère Pierre l'Egyptien lui-même, en voyant le corps de son maître bien-aimé refroidi par la mort, sentit son cœur se fendre de chagrin, il est vrai, mais il n'eut pas le courage ni surtout le loisir d'accomplir les promesses qu'il avait faites pourtant avec bien de la sincérité. Contraint d'aller d'une infirmerie à l'autre et de courir

partout où l'appelaient les besoins sans cesse renaissants
des nouveaux malades qu'on apportait, il travailla ainsi
que ses frères, sans s'en apercevoir ni les uns ni les
autres, à réaliser à la lettre ce que le bienheureux leur
avait prédit tant de fois avant de mourir. Et qui aurait
la force de les en blâmer et les uns et les autres ? Esclaves
pieux du plus entier dévouement, comprimant sous l'élan
de la charité la plus sublime les sentiments les plus légitimes de vénération, d'amour et de regret que ravivait
en leur cœur la perte cruelle qu'ils venaient de faire, ne
rendirent-ils pas ainsi un plus digne hommage aux précieux restes de leur père, qui tombait, lui aussi, victime
de sa charité, que s'ils eussent abandonné leurs nombreux
malades pour lui faire célébrer les plus solennelles funérailles ?

Néanmoins la nouvelle de la mort de Jean Grande se
répandit rapidement par toute la ville. Quelles que fussent
déjà la confusion et la stupeur des habitants, qui tous
avaient à pleurer des malheurs domestiques, on les voyait
s'arrêter pour parler entre eux des derniers moments du
bienheureux. En prononçant le nom d'un ami si vénéré,
chacun versait des larmes de tendresse et de reconnaissance, et s'affligeait encore davantage en songeant qu'il
n'allait plus revoir celui qui avait été jusque-là son unique
consolateur et son plus ferme soutien au jour des épreuves.
Tout le monde redisait ses vertus, ses austérités, son
dévouement sans bornes. L'un racontait qu'il lui devait
la vie, l'autre son retour au bien ; celui-ci rappelait ses
ferventes oraisons et ses sublimes extases, celui-là quelques traits jusqu'ici inconnus de son inépuisable charité.
Toutes les voix étaient unanimes à porter jusqu'au ciel
l'innocence de sa vie, sa douceur et son inaltérable compas-

sion pour toutes les misères. C'en était fait, ajoutait-on ; on l'avait perdu pour toujours. A cette idée les pleurs et les sanglots redoublaient ; on oubliait ses propres maux et les dangers qu'on courait encore pour ne songer qu'à cette perte qu'on venait de faire, ou plutôt la crainte des affreux malheurs dont on était encore menacé faisait plus vivement sentir le coup dont on venait d'être frappé et qui privait la ville entière de son meilleur rempart.

Cette mort mettait le comble à la désolation universelle. Les Franciscains, qui professaient la plus haute admiration pour les vertus de notre saint, profitèrent de cette circonstance pour annoncer aux fidèles que Dieu, irrité par leurs péchés, leur envoyait un semblable châtiment pour les porter à faire pénitence et à implorer la miséricorde divine. Et, chose singulière, au milieu de ces éloges, de ces regrets cuisants, de ces larmes amères, ou plutôt par suite même de cette douleur générale et de ce deuil universel, personne ne s'occupa des restes mortels du bienheureux, personne ne songea à lui donner une sépulture convenable, telle du moins que pouvaient le permettre d'aussi tristes conjonctures.

Enfin, vers le milieu de la nuit, quatre portefaix, chargés par l'autorité d'enlever les cadavres des pestiférés, entrèrent dans la cellule de Jean Grande, saisirent son corps avec un croc attaché à une longue corde, le traînèrent dans le corridor, le firent rouler au bas de l'escalier, et l'ensevelirent dans un trou qu'ils creusèrent rapidement au milieu de là cour de l'hôpital, qui servait alors de jardin, auprès d'un rosier, selon Mascarénas, ou, selon d'autres auteurs, auprès d'un jasmin.

Le bienheureux Jean le Pécheur mourut à l'âge de cinquante-quatre ans et quatre-vingt-neuf jours. Il était d'une stature moyenne ; son corps conserva toujours un certain embonpoint ; son visage était plein et arrondi, ordinairement d'un blanc pâle, mais souvent animé et coloré, malgré les excessives pénitences auxquelles Jean se livrait chaque jour. Ses yeux gris-bleus étaient vifs et ardents ; ses cheveux et sa barbe tiraient sur le roux ; sa physionomie, dans son ensemble, était pleine de douceur et plaisait à tous. Personne ne prit son portrait pendant sa vie ; seulement, douze ans après sa mort, Hernano Lopez, peintre excellent et ami particulier du bienheureux, désireux d'avoir une copie de ses traits vénérés, se mit à les reproduire sur la toile, après avoir chaudement prié Dieu, et il réussit si bien que tous ceux qui avaient connu Jean furent enchantés de la ressemblance. Ce portrait se voyait encore dans l'hôpital de Saint-Sébastien au moment où écrivait Mgr Mascarénas.

〜〜〜〜〜

CHAPITRE XVI

**Prodiges opérés sur la tombe du B. Jean Grande.
Honneur qu'on rend enfin à ses précieux restes.**

Ainsi que Jean le Pêcheur l'avait clairement prédit avant sa mort, non seulement il ne mourut aucun des religieux ni de ceux qui le visitèrent ou qui eurent des relations avec lui pendant sa maladie, mais la mortalité cessa même parmi les habitants de Xérès, et le glorieux martyr de la charité fut comme la dernière victime de la contagion.

Cette délivrance subite, que tout le monde attribuait aux mérites et à l'intercession du bienheureux dont on connaissait les paroles prophétiques à ce sujet, réveilla dans les cœurs des citoyens de cette ville, qui venaient d'être si cruellement frappés, le souvenir des innombrables bienfaits qu'ils en avaient reçus, et raviva pleinement leur trop juste reconnaissance. Ils ne s'arrêtèrent point à de stériles louanges ; mais, quelque persuadés qu'ils fussent tous de la sainteté de celui qu'ils regardaient déjà comme leur protecteur dans le ciel, sachant aussi combien insondables sont les justices du Seigneur, ils s'empressèrent de faire réciter des prières et célébrer un grand nombre de messes pour le repos de son âme. De toutes parts s'élevèrent vers le ciel de semblables suffrages. Chacun savait bien que là-haut, au séjour des élus, ce grand saint saurait bien en faire l'application à ceux qui en auraient le plus besoin parmi les victimes que la peste avait moissonnées avec lui.

Il y eut à cette occasion de fréquentes réunions dans les églises, où furent prononcés de nombreux discours sur les vertus éminentes du bienheureux. Les Franciscains se distinguèrent entre tous par leur zèle pour faire ressortir à tous les yeux les mérites de celui qu'ils vénéraient à l'égal d'un père et qui les avait tant aimés de son vivant. On rapporte même qu'à un service solennel qu'ils lui firent faire dans leur église, on vit se renouveler le prodige qui avait eu lieu aux funérailles de sa mère, morte à Xérès en odeur de sainteté, ainsi que nous l'avons raconté plus haut. Les cierges qui brûlèrent autour du catafalque qu'on lui avait élevé ne se consumèrent point et donnèrent, après l'office, le même poids qu'ils avaient auparavant.

Il est hors de doute que les religieux de Saint-Jean-de-Dieu, enfants et disciples de Jean le Pêcheur, furent les premiers à rendre hommage à sa mémoire. Nous savons, par des récits qui sont arrivés jusqu'à nous, qu'après quelques mois ils retirèrent de la terre ses restes précieux, qu'ils placèrent dans un cercueil, et qu'ils enfermèrent de nouveau dans le lieu même où ils avaient été déposés au jour de sa mort, sans aucune enveloppe comme sans aucun honneur. Il n'est point dit s'il y eut une cérémonie publique à cette occasion. Il est très probable que cette première exhumation ne fut pas connue hors du couvent : les lois sanitaires alors en vigueur s'y seraient sans nul doute opposées ; car, comme il arrive trop souvent que, même pour les choses les plus sérieuses, on prend des mesures plus sévères lorsque le mal est déjà fait qu'on n'en avait pris pour le prévenir, les magistrats de Xérès avaient défendu, sous les peines les plus graves, tout ce qui aurait pu favoriser le retour de l'épidémie, et principalement tout honneur relatif aux cadavres des pestiférés. Cette dernière défense devait probablement regarder d'une manière spéciale le corps du bienheureux, qui se trouvait enseveli hors du lieu réservé aux malheureux qui avaient succombé sous les coups du terrible fléau. Les bons frères ne crurent pas néanmoins désobéir à l'esprit de cette loi en donnant secrètement un cercueil à Jean Grande, dont les saintes dépouilles pouvaient à si juste titre être considérées comme le plus sûr préservatif de la peste et le bouclier le plus impénétrable pour sa chère ville de Xérès.

Au reste, les rudes épreuves auxquelles ces pieux religieux furent soumis à cette époque par suite de la mort de leur bien-aimé père les empêchèrent bien, non moins que les prohibitions des magistrats, de payer à sa sainte mémoire le tribut d'amour et de reconnaissance dont leur cœur était si justement rempli.

Les évêques avaient à cette époque une pleine juridiction sur tous les établissements de charité. Le licencié Augustin Condé, devenu vicaire général de l'archevêque de Séville à Xérès, se rappelant que don Rodrigue de Castro, cardinal et archevêque de cette ville, avait confié en 1592 au bienheureux Jean Grande l'administration de tous les hospices de Xérès, et voyant après sa mort la tranquillité rétablie par la cessation de la peste, voulut enlever aux frères de saint Jean-de-Dieu cette administration pour l'exercer lui-même. Les frères lui firent d'un commun accord d'humbles mais pressantes remontrances pour arrêter l'exécution d'un projet qui ne pouvait réjouir que ceux qui avaient vu avec tant de peine, huit ans auparavant, la décision contraire du cardinal de Castro.

Cette décision n'était-elle pas en effet admirablement bien justifiée par l'état florissant où se trouvaient en ce moment ces mêmes hospices que Jean avait reçus écrasés de dettes énormes ? Les abondantes ressources qu'ils possédaient actuellement étaient-elles une tentation plus violente pour en faire ambitionner la direction par tous ceux qui en avaient été si légitimement dépouillés auparavant à cause de leurs malversations ? Nous ne saurions préciser sur quels motifs don Augustin Condé appuyait ses nouvelles prétentions.

Jean Grande, à son lit de mort, avait confié la charge de diriger ses frères à Pierre l'Egyptien. Fort de cette mission sacrée, celui-ci, dont la vertu et la capacité n'étaient ignorées de personne, pressait vivement le vicaire général de se désister de son dessein. Mais Augustin Condé, poussé sans doute par les mêmes personnes qui avaient précédemment causé tant de chagrin à notre bienheureux, en vint à une déplorable extrémité. Bien que le frère Pierre fût en grande estime dans toute la ville et que lui-même en eût fait jusque-là beaucoup de cas, se croyant offensé par sa courageuse résistance, et pensant intimider l'opposition des autres religieux s'il lui infligeait un châtiment public, il le fit conduire en prison, en vertu de son autorité, sans aucun avertissement préalable. Arrêté publiquement, le frère Pierre fut conduit de l'hôpital, où il donnait sa vie pour le soulagement des malades, dans le triste lieu où l'on enfermait les criminels !

Tout le monde fut scandalisé d'une telle violence, car tous reconnaissaient la charité, la mortification et la singulière piété de l'humble religieux. N'avait-il pas été l'ami intime de leur vénérable bienfaiteur Jean Grande ? Ne faisait-il pas des œuvres aussi merveilleuses que celles de son cher maître ? Qui pouvait ignorer comment il consumait sa vie sur l'autel du sacrifice ? Tous ses jours n'étaient-ils pas consacrés au service des pauvres, et toutes ses nuits à s'entretenir avec le Dieu auquel il s'était donné sans retour ? Semblable à son bienheureux père, n'apparaissait-il pas comme un autre séraphin en adoration devant le très saint Sacrement ou en prières devant les images de la très sainte Vierge ? Ne l'avait-on pas même surpris quelquefois en extase ? Et combien de guérisons miraculeuses n'opérait-il pas presque chaque jour ? Aussi comme on l'aimait, comme on le vénérait !

Chacun ressentit donc une peine cruelle pour cette injure qui était faite à un aussi saint homme. Quelques honorables habitants de Xérès s'entremirent aussitôt pour arranger cette malheureuse affaire. Pendant que les uns allaient auprès du vicaire général, afin de dissiper les funestes préventions de son esprit, d'autres se rendirent à la prison pour en retirer le frère Pierre, qu'ils y trouvèrent plein d'une humble joie et bénissant le Seigneur, qui l'avait jugé digne de le faire souffrir pour son amour.

En même temps, pour couper court à toute difficulté et faire de leur côté quelques concessions, se rappelant la grande réputation dont jouissait à Xérès le frère Ferdinant l'Indigne, qui était favorablement connu du vicaire général, et qui avait eu l'entière confiance de Jean Grande, avec qui il avait entretenu de bienveillants rapports, les religieux hospitaliers de Xérès l'élurent pour leur supérieur. Le choix d'un homme si capable de succéder à Jean le Pécheur et de continuer son œuvre de dévouement fut agréé par Augustin Condé, déjà revenu de son erreur. Ferdinand l'Indigne fut rappelé de l'hospice d'Arcos, où il avait été établi supérieur par Pierre le Pécheur, le célèbre ermite de Ronda dont nous avons eu précédemment occasion de raconter les étonnantes vertus. Et la bonne harmonie régna dès lors, pour ne plus être troublée, entre l'autorité ecclésiastique et les excellents frères de Saint-Jean-de-Dieu.

Mais si ces tristes difficultés avaient comprimé momentanément l'enthousiasme des frères pour leur bienheureux père et les avaient empêchés de réparer plus tôt ostensiblement l'abandon où ils avaient été contraints de le laisser au jour de sa mort, en rendant enfin à ses restes mortels les honneurs qui lui étaient si légitimement dus, Dieu qui, pour condescendre aux vœux de son fidèle serviteur, lui avait accordé la sépulture que son humilité lui avait fait désirer, n'avait pas tardé à donner lui-même un vêtement de gloire à une si éclatante vertu, et il se plaisait à faire de l'indigne fosse qui renfermait de si précieuses reliques un lieu de grâces et de bénédictions.

C'était là, en effet, qu'accouraient les habitants de Xérès dans leurs besoins et leurs afflictions ; et c'était aussi de là qu'ils s'en retournaient ordinairement consolés et comblés dans les vœux qu'ils avaient déposés sur le tombeau de leur commun bienfaiteur.

Ainsi Martin Bazan de Valenzuola, l'un des principaux habitants de Xérès, y trouva la guérison immédiate d'une fièvre qui le faisait beaucoup souffrir. Elvire Gallégos déposa juridiquement qu'elle avait toujours recouru au tombeau du saint dans ses plus pressantes nécessités, et qu'elle y avait toujours été exaucée dans ses demandes.

Une autre dame dont le nom n'a pas été conservé, apprenant que son frère, religieux minime, était à toute extrémité, eut aussi recours, dans sa désolation, au bienheureux. A genoux sur sa tombe, elle lui disait avec une grande simplicité et une foi bien vive : *Si vous étiez encore vivant, sans doute vous ne laisseriez pas mourir mon frère*. Pendant qu'elle se laissait aller à ces justes plaintes, elle entendit clairement, ainsi que ceux qui étaient avec elle, ces paroles sortir de la fosse : *Ne vous affligez point ; votre frère est en bonne santé*. Confiante et joyeuse, elle rentra chez elle et y trouva une lettre qui lui confirmait l'assurance de la parfaite santé de celui qu'elle avait cru aux prises avec la mort.

Marie Sanchez, épouse de Jean Cantéro, s'était cassé un bras. Les traitements de quelques médecins maladroits ne firent qu'accroître ses douleurs. Elle se retourna vers le bienheureux. Un matin, accompagnée d'une de ses amies, Antoinette Rodriguez, épouse de Pierre Lopez de Truxillo, qui en a rendu témoignage lors des premières informations officielles, elle se rendit auprès des restes vénérés de Jean, et le souvenir des grâces qu'elle en avait reçues précédemment augmentant sa foi : *Mon père,* lui dit-elle, *guérissez-moi ce bras, car je n'en puis plus*. Là-dessus elle prit en pleurant un peu de la terre qui couvrait le cercueil du bienheureux et s'en frotta légèrement le bras malade. Aussitôt toute souffrance disparut ; elle s'en retourna parfaitement guérie et sans aucune trace de son accident.

Le lecteur se rappelle ce Diégo d'Avila qui, condamné à l'amende pour un crime qui lui était imputé, s'était d'abord réfugié auprès de Jean Grande, dont le couvent lui servait d'asile alors inviolable. Il en était sorti, ainsi

que nous l'avons raconté, lorsque Jean lui avait prédit
l'invasion prochaine de la peste. Quelque temps après,
il en était venu à une composition avec ceux qui le pour-
suivaient : moyennant une amende qu'il s'engageait à
payer, il pourrait désormais rester chez lui libre et tran-
quille. A défaut d'autres ressources, sa sœur Anna
comptait, pour l'aider à s'acquitter de sa dette, sur le
prix de trente tonneaux de vin, ses seules richesses.
Malheureusement, comme elle s'apprêtait à les vendre,
elle s'aperçut que le vin s'était gâté et était devenu
comme du vinaigre. Dans sa détresse, et craignant de
nouveau de voir son frère emprisonné, elle courut au lieu
où reposaient les restes de Jean, et tombant à genoux sur
son cercueil : *Père bien-aimé,* s'écria-t-elle, *vous qui avez
si efficacement protégé mon frère pendant que vous viviez,
vous pouvez bien plus facilement le secourir maintenant
que vous êtes au ciel. Faites-moi donc vendre ce vin, ou
envoyez-moi les ressources qu'il vous plaira.*

Rassurée après cette prière, Anna rentra chez elle et
attendit avec confiance le secours qu'elle avait demandé.
Le lendemain, elle vit passer devant sa porte des étrangers venus pour acheter du vin : elle osa leur offrir le sien ;
ceux-ci le goûtèrent et le trouvèrent si délicieux, qu'ils le
payèrent aussitôt un prix bien supérieur à celui auquel
ils avaient acquis d'autres vins à Xérès. De sorte qu'Anna,
récompensée dans sa foi, put sauver son frère de la prison
et pourvoir en outre à ses plus pressants besoins.

Pendant que ces grâces signalées, obtenues par l'intercession du bienheureux Jean Grande, répandaient au
dehors par toute la ville la gloire de ce fidèle serviteur
de Dieu, il se passait au couvent des frères de Saint-Jean-
de-Dieu une autre merveille non moins étonnante, et qu'on

tint d'abord cachée, parce qu'on ne pouvait l'expliquer et qu'on craignait d'être la proie d'une illusion.

Le jardin ou plutôt la cour intérieure dans laquelle Jean était enseveli servait de passage aux frères pour se rendre à l'église. Fidèles à la pratique de leur vénéré père, ces bons religieux traversaient cette cour tous les jours à minuit pour aller de leurs cellules devant le très saint Sacrement. Une nuit qu'ils y passaient, ils aperçurent le sol se soulever de lui-même et le cercueil du bienheureux monter jusqu'à fleur de terre. Surpris à cette vision, ils ne surent que penser d'une chose si extraordinaire. Le jour venu, ils ne virent aucune trace de ce prodige, qui se renouvelait néanmoins chaque nuit à la même heure. A la fin, après bien des hésitations, les frères, ne pouvant le cacher plus longtemps, se résolurent à en avertir le vicaire général.

Celui-ci, bien qu'il professât une grande dévotion envers le bienheureux et qu'il eût redonné toute son affection à ses enfants spirituels, ne voulut ajouter aucune foi à leur récit; il les renvoya même d'un air moqueur, en les traitant de visionnaires. Les religieux gardèrent de nouveau le silence et n'en ouvrirent la bouche à personne. Mais le prodige continuait toujours et d'une manière encore plus manifeste. Il devenait évident que le ciel donnait ainsi à entendre qu'il était nécessaire de transporter ce cercueil dans un lieu plus convenable.

Il fallut donc recourir une seconde fois au vicaire général. Ce fut Ferdinand l'Indigne qui se chargea de faire cette nouvelle communication. Après avoir donné toutes les raisons qui pouvaient prouver à Augustin Condé que les frères n'étaient point le jouet de leur imagination, mais que ce phénomène se reproduisait régulièrement toutes les nuits, à minuit précis, Ferdinand invita cet ecclésiastique à prendre la peine de s'en assurer par ses propres yeux. Ebranlé par ces instances, le vicaire général se rendit au couvent et vit en effet le prodige tel qu'on le lui avait dépeint. Frappé d'étonnement et ne pouvant expliquer par les raisons naturelles ce qu'il voyait, il craignit encore de se tromper ; c'est pourquoi il suspendit son jugement. Quelques jours après, il revint subitement sans être attendu, accompagné de plusieurs personnes pour constater le phénomène avec lui, et il entra dans la cour au moment où le sol s'ouvrait et où apparaissait le cercueil. A ce spectacle, il est attendri jusqu'aux larmes ; il demeure tout à fait convaincu du miracle, et il approuve le projet de transférer ce sacré dépôt dans une tombe plus décente.

Les éclatantes vertus du bienheureux, le souvenir encore récent de ses innombrables bienfaits, la connaissance de toutes les grâces qui sont accordées presque chaque jour par son intercession, le bruit d'un si étonnant prodige qui se répand enfin partout, tous ces motifs justifiaient sans nul doute pleinement une telle décision. Aussi ne se laissa-t-on point détourner de son exécution par quelques oppositions isolées qui osèrent s'élever contre le vœu universel. Certaines voix suspectes prétextèrent vainement les précautions sanitaires à garder et le peu de temps qui s'était écoulé depuis la disparition de la peste ; on n'en prépara pas moins tout ce qui devait rendre la cérémonie plus glorieuse pour le serviteur de Dieu.

La nouvelle de la translation prochaine de ses précieux restes excita une joie extraordinaire dans toute la ville de Xérès : chacun attendit impatiemment le jour où on devait leur donner une place distinguée dans l'église de Saint-Sébastien, attenante à l'hôpital.

Le bon frère Pierre l'Egyptien se faisait remarquer entre tous par le contentement qui débordait de son cœur. Il lui semblait qu'il allait enfin réparer envers son père bien-aimé l'abandon où il l'avait laissé au moment de sa mort. Il se le reprochait amèrement. C'était pour prodiguer ses soins aux pestiférés qu'il avait tenu une semblable conduite, il est vrai ; mais ce motif ne le justifiait pas encore assez à ses propres yeux ; il se regardait comme un parjure qui avait manqué à des promesses plusieurs fois réitérées, en souffrant que de vils crocheteurs aient donné à son cher maître une aussi indigne sépulture.

Aidé des frères Jean de Castro et Alphonse Romano de la Conception, tous les deux, comme lui, enfants spirituels et fervents disciples du bienheureux, il retira, quelques jours avant la translation solennelle, le prodigieux cercueil de l'humble fosse qui refusait de le garder, et l'ayant ouvert avec eux, il retrouva la tête de Jean dans un parfait état de conservation ; la poitrine était déjà entrée en décomposition et offrait cependant çà et là quelques lambeaux d'une chair encore vive et très fraîche ; les autres membres, à l'exception des genoux, étaient entièrement dépouillés, et il n'en restait que les os, que les pieux frères réunirent ensemble au moyen d'un fil tressé d'or et de soie bleu de ciel. Ils mirent le chef dans une bourse de satin cramoisi et placèrent séparément dans une bourse semblable les morceaux de chair qui étaient conservés. Ils déposèrent ensuite ces chères reliques dans une châsse de bois enrichie au dehors de filets d'or incrustés sur un fond blanc, recouverte entièrement de damas cramoisi et fermant avec deux clefs.

La ville de Xérès se préparait aussi de son côté à rendre la fête digne de sa légitime reconnaissance. L'élan des citoyens n'était point arrêté par la situation encore si critique où ils se trouvaient par suite des affreux ravages exercés parmi eux par le fléau dévastateur. Mais ce qui parla plus haut que toute la pompe qu'ils déployèrent, ce qui fut véritablement le triomphe de la charité et le plus beau tribut d'une sincère gratitude, ce furent les larmes qui coulèrent de tous les yeux lorsque leur apparut la précieuse châsse qui renfermait les restes vénérés de celui qui fut toute sa vie leur ami dévoué et leur infatigable bienfaiteur. Il y avait dans ces larmes un indicible mélange de joie pure, d'affection profonde et en même temps d'amers regrets. On était heureux d'assister au triomphe du bienheureux ; mais ce triomphe ne rappelait-il pas sa mort, et ne faisait-il pas plus vivement sentir le vide immense que son absence avait creusé dans tous les cœurs ?

Nous ignorons le jour précis où se fit la translation des reliques de Jean Grande. Nous savons seulement qu'elle eut lieu vers la fin de l'année 1601. La cérémonie fut honorée de la présence de tout le clergé de la ville, des membres des diverses communautés religieuses, des magistrats et de la noblesse. Les seigneurs les plus distingués portèrent eux-mêmes la châsse pendant le trajet assez long que fit la procession pour augmenter la solennité de la fête. Une foule immense de citoyens de tout âge et de toute condition se tenait rangée de chaque côté de la rue dans laquelle passait le cortège ; les uns exprimaient leur amour par des démonstrations de joie, les autres se recommandaient au bienheureux ; tous célébraient ses louanges. Ceux qui étaient le plus près de la châsse s'efforçaient d'y faire toucher leurs chapelets ou d'autres objets, qu'ils considéraient ensuite comme des reliques précieuses, propres à les préserver de bien des maux.

C'était un touchant spectacle que de voir cet empressement universel. Sur les balcons étaient les vieillards et les mères de famille; les uns tendaient les mains vers le sacré dépôt, les autres élevaient leurs petits enfants dans leurs bras et leur montraient encore une fois ce père qui les avait tant aimés et vers lequel ils se plaisaient tant d'accourir. Les plus âgés de ces innocentes créatures se le rappelaient encore et lui envoyaient de gracieux baisers, mêlant leurs larmes à celles de leurs parents.

Au milieu de tout ce concours, on remarquait principalement les pauvres, les infirmes, les convalescents, les nombreuses femmes que le serviteur de Dieu avait retirées du vice, tous ceux enfin en faveur desquels s'était si bien exercé son sublime dévouement.

L'église de Saint-Sébastien était splendidement décorée. Le corps de Jean le Pécheur fut déposé sur un catafalque fort élevé et entouré d'un grand nombre de cierges allumés. Il resta ainsi plusieurs jours, pendant lesquels se succédèrent plusieurs services solennels et furent prononcés plusieurs discours sur les vertus de ce grand serviteur de Dieu. Le chanoine Rendon entre autres, qui avait été le confesseur ordinaire de Jean, parla si bien de ses belles qualités, de ses rares mérites et des prodiges que le Seigneur opérait par son intercession, que le peuple réuni dans l'église ne put contenir l'élan de son enthousiasme et acclama publiquement le bienheureux : *C'est un saint! c'est notre saint!* cria-t-on de tous les côtés de l'église à la fois.

Lorsque les solennités furent terminées, la châsse fut descendue du catafalque et placée près du maître-autel, du côté de l'épître, dans une niche pratiquée à cet effet dans la muraille.

~~~~~~~~~
~~~~~~~~~

CHAPITRE XVII

Guérisons obtenues par l'intercession du bienheureux Jean Grande. Il apparaît au Père de Diosdado et au frère Pierre l'Egyptien.

Avec cette fête ne finirent point les démonstrations de reconnaissance et d'amour des habitants de Xérès envers le bienheureux Jean Grande. Le concours vers son tombeau s'accrut, au contraire, chaque jour davantage ; et les informations juridiques, commencées seulement trente ans après sa mort, nous apprennent avec quel empressement et quelle confiance on recourait toujours à son intercession, et combien s'estimaient heureux ceux qui possédaient quelques parcelles de ses reliques, qu'ils gardaient comme les plus précieux joyaux. Le Seigneur se plaisait à s'en servir pour faire éclater la gloire de son serviteur et opérer de nombreux miracles ; leur simple application sur les malades les guérissait quelquefois subitement (1).

C'est ainsi que Françoise de Lima, fille de Constance Grosso et d'Anne de Lima, et Jacques de Soberanes, fils du premier alcade et gouverneur perpétuel de Cadix, furent délivrés, en quelques heures, d'une esquinancie dont la malice résistait à tous les remèdes. C'est ainsi

(1) Voir *Processi*, p. 870.

qu'Anne Adorno d'Avila et Marie de Cueva Ponce de Léon, sa cousine, virent disparaître, à leur grande joie, la première, de cruelles douleurs d'estomac qui la tourmentaient depuis longtemps ; la seconde, de fréquents vomissements de sang qui épouvantaient sa famille et menaçaient de mettre bientôt fin à ses jours.

Dieu, par une juste compensation, exaltait ainsi la gloire de celui qui avait si fort soupiré après une entière obscurité même dans le sépulcre ; et Jean Grande, si délaissé à sa dernière heure, privé d'abord de tous les honneurs funèbres et paraissant condamné à l'oubli parmi les hommes, apparut sur la terre dans tout l'éclat de la félicité dont il avait été couronné à la consommation de son sacrifice.

Pendant les dernières années de sa vie, Jean passait habituellement huit ou dix jours, chaque carême, en retraite et en oraison dans la célèbre Chartreuse de Xérès. Le P. don Gonzalo de Diosdado, souvent témoin de sa piété et de ses fréquents ravissements en esprit, songeait un jour, après la mort du bienheureux, aux dons surnaturels dont celui-ci avait été favorisé et qu'il avait lui-même si souvent constatés de ses propres yeux. Ce souvenir attendrissait son cœur ; et voilà que dans sa cellule même il aperçoit tout à coup Jean le Pêcheur environné de brillantes clartés, tenant de la main droite une blanche colombe et de la gauche un cierge allumé : touchants symboles de sa virginale innocence et de son ardente charité. Le religieux, tout émerveillé d'une telle vision, ne se lasse point de contempler les yeux du bienheureux qui sont remplis d'un bienveillant sourire : il veut lui parler, il ouvre la bouche, mais le saisissement dans lequel il est, fait expirer la parole sur ses lèvres ;

son cœur est inondé d'une douce et suave joie et supplée à son discours par la vivacité de ses affections. Jean disparaît après quelques instants et laisse le bon Père comme enivré des délices du paradis.

Jean se montra une seconde fois, dans une occasion plus solennelle, à son cher frère Pierre l'Egyptien.

Le lecteur se rappelle sans nul doute comment notre bienheureux avait, contrairement à l'avis de ses frères, donné l'habit religieux au jeune Pierre et prédit qu'il serait un jour d'une grande utilité à l'ordre tout entier de Saint-Jean-de-Dieu. Il n'a pas oublié non plus les touchants rapports qui s'étaient établis entre le père spirituel et son docile enfant, rapports que la mort elle-même ne put rompre entièrement. La bienveillance de Jean le Pécheur accompagna du haut du ciel les pieux travaux du frère Pierre l'Egyptien, et se manifesta surtout dans une circonstance dont l'intelligence semble demander que nous entrions dans quelques détails.

Après la solennelle translation du corps du bienheureux dans l'église de Saint-Sébastien, le frère Ferdinand 'Indigne. son successeur, nomma, aux applaudissements des religieux et de tous les habitants de Xérès, le frère Pierre infirmier majeur, c'est-à-dire supérieur de l'hôpital de Notre-Dame de la Chandeleur, où l'on traitait plus spécialement les malades. Le frère Pierre, au rapport du chroniqueur Santos, les assistait avec un tel dévouement qu'il ne pouvait s'en séparer ni le jour ni la nuit. Le Seigneur bénissait à tel point son singulier amour pour ses membres souffrants, qu'il permettait que son digne serviteur en guérît un grand nombre par l'onc ion seule de l'huile de la lampe qui brûlait devant le Très Saint Sacrement.

Pendant une absence que le frère Pierre fit de Xérès, une épidémie s'étant déclarée, les malades devinrent si nombreux que tous les lits de l'hôpital ne suffisaient plus, et la mortalité faisait beaucoup de victimes. Les médecins supplièrent alors Ferdinand de faire revenir aussitôt le frère Pierre, déclarant leurs efforts impuissants pour arrêter le mal. Pierre l'Egyptien accourut, et au bout de quelques jours, de cent malades qu'il avait trouvés à l'hospice, il en rendit soixante et dix à la santé. Ce fut, comme on peut le penser aisément, une explosion de joie et d'enthousiasme dans toute la ville et dans les environs en faveur du merveilleux guérisseur. De toutes parts on recourut à lui, et l'autorité de ses supérieurs était sans cesse employée pour obtenir qu'il allât où l'appelaient de grands besoins.

C'est ainsi qu'il vient à Grenade et qu'il conserve à la vie deux jeunes gens appartenant à de principaux bienfaiteurs de l'ordre de Saint-Jean-de-Dieu, et déjà désespérés à cause de la gravité de leur maladie. De là il est envoyé auprès de la duchesse de Sessa qui se mourait, et qu'il guérit subitement en faisant appliquer une petite croix sur sa tête par le comte de Ribadavia. Pour échapper à la foule qui se presse à l'hôpital de Grenade, afin de contempler cet extraordinaire médecin, ou plutôt ce nouveau thaumaturge, l'humble frère s'enfuit secrètement de cette ville et revient en toute hâte à Xérès; mais bientôt il est obligé, sur l'appel de l'alcade de Grenade, d'y retourner pour arracher à la mort un des parents de ce premier magistrat qui succombait sous les cruelles étreintes du mal de la pierre.

Le bruit de ces merveilles arriva jusqu'à la cour. Leurs Majestés Philippe III et Marguerite d'Autriche désirèrent voir le frère Pierre et chargèrent du soin de le décider à venir auprès d'elles don François de Texada, attaché à la chancellerie royale. Celui-ci sollicita un ordre exprès du prieur du couvent de Xérès, et le frère Pierre fut conduit à Valladolid. Leurs Majestés se disposaient alors à aller en pèlerinage jusqu'au très saint crucifix de Burgos, afin d'y faire une neuvaine dans l'intention d'obtenir une postérité. Elles voulurent se recommander à ce sujet aux prières du saint religieux qui leur était présenté pour la première fois. Mais à peine la reine eut-elle dit ce qu'elle désirait, que le frère Pierre répondit aussitôt : *Il n'est pas nécessaire, madame, que Votre Majesté entreprenne ce voyage, parce que Dieu vous a déjà accordé de concevoir un fils qui sera un jour roi d'Espagne.* Ce qui fut pleinement vérifié, le 8 avril 1605, par la naissance de l'enfant, qui régna dans la suite sous le nom de Philippe IV.

On conçoit combien cet événement dut accroître la réputation du thaumaturge qui y mit encore le comble par de nouvelles guérisons opérées sur le fils aîné du marquis de Velada, sur le duc de Hyar et sur un grand nombre d'autres malades déjà à toute extrémité.

Cependant le prieur de Xérès, Ferdinand l'Indigne, venait de mourir. Les religieux, qui pleuraient encore l'absence du frère Pierre et qui étaient jaloux de le posséder au milieu d'eux, l'élurent d'une voix unanime pour supérieur et le pressèrent vivement de se rendre à leurs vœux. Son retour fut une fête publique ; la ville le reçut comme un ange envoyé du ciel.

Mais cette joie fut de courte durée. La reine Marguerite d'Autriche ne pouvait plus se passer du frère Pierre, et, d'un commun accord avec son auguste époux, elle lui fit dire par le gouverneur de Xérès, don Louis Brabo, combien sa présence était désormais nécessaire à la cour. Quelque cruelle que dût être cette nouvelle séparation aux religieux et à leur Père bien-aimé, tous crurent devoir y consentir. La volonté de leurs souverains leur imposait ce douloureux sacrifice, et tout, du reste, leur faisait pressentir que le ciel en tirerait sa gloire en faveur de l'institut de Saint-Jean-de-Dieu qui se trouvait alors dans des circonstances fort critiques (1).

C'était le moment où la Congrégation d'Italie venait de nommer pour supérieur général le P. Paul Gallo de Lucques. La Congrégation d'Espagne, déjà fort nombreuse, désirait avoir aussi son général et jouir des mêmes privilèges que le Souverain Pontife Clément VIII avait accordés à celle d'Italie. Les religieux songèrent à profiter de la faveur dont Pierre l'Egyptien était honoré à la cour, et le chargèrent en conséquence d'appuyer chaudement leurs intérêts auprès de Leurs Majestés. Le frère Pierre n'eut pas de peine à gagner à sa cause Philippe III et Marguerite d'Autriche. Il fut bien vite décidé qu'il irait lui-même soutenir cette affaire à Rome. On lui donna de nombreuses et puissantes lettres de recommandation. Il partit à la suite du cardinal de Mellino, légat du Saint-Siège, alors rappelé auprès de son souverain.

Le vaisseau de l'Etat qui portait ces illustres voyageurs eut d'abord un vent favorable; il était sur le point de quitter le golfe du Lion pour entrer dans les eaux de Gênes, lorsqu'il s'éleva une si furieuse tempête que toute espérance de salut s'évanouit de tous les cœurs,

---

(1) Voir l'Introduction.

même les plus courageux. Le frère Pierre, se souvenant de son père bien-aimé Jean le Pêcheur, s'adresse à lui avec sa ferveur habituelle et une confiance doublée encore par l'imminence du danger. Il se recommande à son intercession, et il recommande avec lui le cardinal et tous les passagers : *O mon père*, s'écrie-t-il en terminant sa prière, *ô mon père, non, vous ne permettrez pas que périssent ainsi tant d'espérances pour l'institut qui vous fut si cher et pour le bien de l'Église universelle !* A peine achevait-il ces paroles qu'une vive lumière brille à la cime du grand mât, et l'on aperçoit, au milieu de ces rayons éclatants, le bienheureux Jean Grande. Le cardinal de Mellino et le frère Pierre jouissent par dessus tous de cette douce vision. La joie entre aussitôt dans tous les cœurs et redouble bien vite lorsqu'on voit le vent se calmer tout à coup, les ondes s'apaiser et le ciel redevenir pur et serein (1).

Précédé à Rome par la renommée de tous les prodiges qu'on attribuait à sa sainteté, le frère Pierre obtint le décret qu'il était venu solliciter du Souverain Pontife ; fut élu, à son retour, premier général de la Congrégation d'Espagne et des colonies ; sauva par deux fois la vie du jeune fils de Philippe III, dont il avait prédit la naissance si attendue ; refusa, malgré les vives instances de la reine, le titre de son premier aumônier, *se montrant par son honorable refus*, dit son historien, *plus véritablement* GRAND *que ses successeurs qui se laissèrent revêtir de la grandesse du royaume ;* gouverna sagement sa Congrégation pendant douze années consécutives, au milieu des obstacles que suscite toujours un nouvel

____

(1) Voir *Processi*, page 861.

établissement ; s'opposa fermement, sans qu'aucune autorité pût vaincre sa résistance, à ce qu'on le nommât général une troisième fois ; redevint simple religieux (1620) ; fit tous ses efforts afin de pouvoir se retirer à Xérès, auprès des reliques de son bienheureux père, ce qu'il ne put obtenir de la cour, et mourut à Madrid, le 13 octobre 1630, dans la pratique des exercices de charité et de pénitence les plus édifiants, à l'âge de soixante-trois ans.

Le roi Philippe IV et Isabelle de Bourbon, son épouse, lui firent faire des funérailles dignes d'un prince. Le concours du peuple fut immense. Tous l'acclamaient comme un saint. Son corps fut d'abord déposé dans un tombeau particulier de l'église du couvent des Frères de la Charité. En 1640, il en fut retiré pour être placé près du maître-autel, du côté de l'épître, vis-à-vis le tombeau du vénérable frère Antoine Martin, l'un des premiers compagnons et le successeur de saint Jean-de-Dieu. Ce fut dans ce lieu que la piété des fidèles lui érigea un magnifique mausolée, en 1693. Le roi, les seigneurs de la cour, le clergé et la ville de Madrid tout entière firent de pressantes instances auprès du Saint-Siège pour obtenir qu'on instruisît la cause de ce grand serviteur de Dieu. Mais les malheurs des temps, la pauvreté de l'ordre, qui était alors à poursuivre la canonisation de son patriarche et commençait l'introduction de la cause de notre bienheureux, empêchèrent qu'on y donnât suite.

CHAPITRE XVIII

Béatification de Jean le Pêcheur.

Peu de temps après la mort de Jean Grande, on s'était empressé de demander au Saint-Siège l'introduction de la cause de sa béatification. Mais les premières instructions ne purent commencer que vers l'année 1629. Elles portèrent sur les vertus du saint et sur les miracles qu'il avait opérés soit à Cadix, soit à Carmone, soit à Xérès. Le licencié Diégo Gonzalez Bazan, délégué à cet effet par l'archevêqne de Séville, conclut son rapport par ces paroles : « Les vertus de Jean le Pêcheur sont si éclatantes et les prodiges dus à son intercession si évidents, qu'il nous eût été facile d'en constater juridiquement un bien plus grand nombre, si l'instruction de cette cause eût pu être commencée plus tôt. Trente années se sont déjà écoulées, et la mort a enlevé bien des témoins dont l'absence nous a empêché de consigner ici des faits nombreux qui manquaient dès lors des preuves exigées en pareille circonstance. Néanmoins nous avons pu recueillir, comme le rapport le constate, quatre-vingt-deux témoignages irréprochables sur l'éminente sainteté de ce grand serviteur de Dieu. »

Ce rapport fut envoyé à Rome avec de nouvelles instances. La Sacrée Congrégation des Rites en confia l'examen au cardinal Césarini, dont la mort apporta des retards déplorables dans cette affaire. Reprise en 1665, sous le pontificat d'Alexandre VII, la cause fit un pas sous Clément IX et paraissait en bon chemin, lorsqu'elle demeura tout à coup suspendue pendant plus de soixante-dix ans. Le défaut de ressources en empêchait la poursuite. Tous les efforts des frères hospitaliers se tournaient vers la canonisation de leur saint patriarche, qui ne put avoir lieu que le 18 octobre 1690. La bulle en fut publiée par Innocent XII le 15 juillet 1691.

Dans cet intervalle, on dut refaire l'église de Saint-Sébastien où reposaient les restes du bienheureux. Alphonse de Ortéga, général de l'ordre de Saint-Jean-de-Dieu en Espagne, obtint de Benoît XIV, en 1748, l'autorisation de faire la translation de ces précieuses reliques, qu'il fit enfermer dans une nouvelle châsse richement ornée et déposer dans le sanctuaire de la nouvelle église.

Par les soins de ce même général, les instances pour la reprise de la cause du bienheureux Jean Grande furent poussées avec plus de persévérance. On fit la recherche de ses écrits : il ne s'en trouva qu'une seule page, qui traitait de la réunion des hospices de Xérès. Elle fut expédiée à Rome, où il fut reconnu qu'elle ne renfermait rien qui pût s'opposer à la poursuite de la cause (1723). Enfin, le 4 avril 1775, la Congrégation des Rites déclara, en présence du Souverain Pontife Pie VI, l'héroïcité des vertus de notre saint, ajoutant que, par suite de l'absence des témoins auriculaires, il était nécessaire, avant d'en venir au décret de béatification, d'exiger les preuves de trois miracles, ainsi que l'avait prescrit Benoît XIV.

Le décret sur l'héroïcité des vertus de Jean fut publié le 3 mai de la même année (1775).

A peine ce décret eut-il paru, que Dieu se plut à faire éclater la gloire de son serviteur. L'hôpital que les frères de Saint-Jean-de-Dieu avaient à Tivoli parut changé en une autre *piscine probatique,* selon l'expression du cardinal Erskine, promoteur de la foi. On y vit, en quelques années, plusieurs guérisons miraculeuses dues à l'intercession de notre bienheureux et dont l'évidence attira l'attention des plus indifférents.

Un paysan, nommé François Ercolano, était dans cet hôpital de Tivoli, affligé d'une hernie déjà atteinte par la gangrène. Les religieux hospitaliers célébraient, le 14 mai 1775, une fête d'actions de grâces au sujet de la promulgation du décret dont nous venons de parler. Ils inspirèrent au malade la pensée de se recommander au vénérable serviteur de Dieu. Le malade le fit avec une foi si vive qu'il fut instantanément guéri.

Jacques Bonamonéta, marchand d'huile, avait reçu, dans une querelle avec son propre frère, un si violent coup à la tempe gauche, qu'il fut porté plutôt mort que vif à l'hôpital de Tivoli. Sa femme se mit à prier avec ferveur Jean Grande, fit célébrer une messe en son honneur, et eut la joie de voir son mari subitement rendu à la santé.

Ces miracles et quelques autres que nous ne rapportons pas firent reprendre la cause de la béatification de Jean. Tout semblait prêt pour la décision, lorsque, dans la Congrégation des Rites, le 28 août 1787, Sa Sainteté Pie VI, sans qu'on ait pu jamais savoir pour quels motifs, imposa un perpétuel silence sur deux des trois miracles qui avaient été discutés dans les réunions précédentes.

La défense de Pie VI laissait la discussion libre sur le troisième miracle et sur ceux qui pouvaient encore être constatés. C'est pourquoi, huit ans après, la cause fut reprise, mais pour être suspendue par les terribles événements de la Révolution française, jusqu'en 1832. Elle fit un nouveau pas à cette époque ; puis elle se trouva arrêtée par les tristes guerres civiles d'Espagne, jusqu'à ce qu'enfin elle fut heureusement terminée, le 17 février 1852, par le Souverain Pontife Pie IX, qui se contenta de proclamer deux miracles opérés par l'intercession de Jean le Pécheur, et, par un bref du 1er octobre suivant, décréta sa béatification et fixa sa fête au 3 juin (1).

La cause avait duré 223 ans.

(1) Vers les premiers jours d'octobre 1840, le bruit courut tout d'un coup à Xérès que l'hôpital de Saint-Sébastien allait être transféré au couvent des Capucins, qu'on avait supprimé. Deux pieuses dames, deux sœurs, craignant que les précieuses reliques de Jean Grande ne fussent profanées et peut-être perdues pour toujours, prièrent l'aumônier de l'hôpital, don Joseph Machado, ex-dominicain, d'enlever à tout prix ce dépôt sacré et de le cacher dans leur chapelle domestique.

Dans la soirée du 9 octobre, l'aumônier se fit accompagner d'un maçon, d'un autre prêtre, nommé Simon Cavallero, et d'un domestique de ces dames. Ils trouvèrent la châsse telle que la décrivait la relation de la translation de 1745 : mais l'humidité l'avait détériorée au point que les serrures ne tenaient plus au bois. Ils en retirèrent les ossements, les renfermèrent dans un magnifique reliquaire préparé par ces dames, tout revêtu de velours et d'argent et fermant bien à clef, et les placèrent dans la chapelle de famille de ces deux pieuses sœurs.

A peine cette translation clandestine fut-elle accomplie, que les deux prêtres s'aperçurent de l'irrégularité de leur conduite. La cause de la béatification de Jean Grande était pendante, et dès lors on ne pouvait transférer ses restes vénérés sans une permission expresse de la Sacrée Congrégation des Rites. Ils donnèrent aussitôt avis de leur faute au cardinal-archevêque de Séville, qui s'empressa de déléguer son provicaire à Xérès, don Emmanuel Lopez y Pizzaro, afin qu'il examinât la chose, fît sur elle un rapport officiel et transportât les reliques dans une église de la ville.

Les instructions du cardinal furent scrupuleusement remplies, et, après avoir reconnu les restes du bienheureux, on les enferma de nouveau dans la châsse dont nous venons de parler ; elle fut fermée à clef et placée dans une autre châsse de plomb qui portait cette inscription : *E. V. Fr. Juan Pecador, 18 gennaro 1841* (Reliques du vénérable frère Jean le Pécheur, 18 janvier 1841). On déposa ensuite cette double châsse dans l'église de Saint-Denis, derrière le petit autel, dans une niche ayant une porte à trois clefs.

Voici maintenant les deux miracles approuvés par la Congrégation des Rites et proclamés par Sa Sainteté :

Anne-Lucie Pétrosanti, âgée d'environ trente ans, habitait près de Tivoli, avec son époux, dans une ferme qui appartenait à Etienne Pétrucci. Cette femme, qui se nourrissait mal et travaillait fort péniblement, négligea pendant longtemps une mauvaise fièvre tierce qui la tourmentait beaucoup, et finit par être atteinte d'une hydropisie qui dégénéra en ascite. Transportée à l'hôpital que les frères hospitaliers ont à Tivoli, elle y fut reconnue comme incurable par les médecins, le 15 octobre 1776. Instruite de la gravité de son état, cette pauvre femme voulut aussitôt quitter l'hôpital, malgré tout ce que les médecins et le prieur de la communauté purent lui dire contre sa détermination. Toute son ambition, disait-elle, était de mourir dans son humble maison, au milieu de ses enfants. Son mari la ramena donc avec beaucoup de peine sur une monture. Là, sans médecin, sans secours, elle passait ses tristes jours en proie à la douleur et à la plus affreuse misère. Tourmentée par la fièvre, par une toux opiniâtre et une soif qu'elle ne pouvait satisfaire, elle voyait son enflure empirer chaque jour, et déjà elle avait bien de la difficulté à faire le moindre mouvement. Aussi appelait-elle la mort comme une délivrance.

Le 6 janvier 1777, Pierre Bombelli, graveur romain assez habile pour l'époque, et par-dessus tout fervent catholique, vint à Tivoli voir Etienne Pétrucci. On parla de la pauvre malade ; Bombelli voulut lui faire une visite. Il la trouva, avec une de ses filles, assise sur une pierre auprès du foyer, où elle se chauffait. Emu de compassion à la vue d'une si cruelle souffrance, il lui offrit de la faire entrer à l'hôpital de Saint-Jean-de-Latran, où elle recevrait tous les secours que réclamait son état, et où il se ferait un plaisir de la visiter. Comme la malade refusait, résolue qu'elle était à mourir dans sa maison, le pieux graveur lui dit : *Acceptez au moins un bon médecin.* Et à l'instant il lui présenta une image du bienheureux Jean Grande qu'il avait gravée lui-même, lui raconta les guérisons opérées par l'intercession de ce grand serviteur de Dieu, et l'assura que, si elle se confiait en lui, elle en recevrait certainement une merveilleuse assistance. Anne-Lucie prit l'image, la baisa et la plaça sur sa poitrine ; puis, se recommandant au bienheureux, elle éprouva comme un pressentiment d'une faveur singulière qui allait lui être accordée. Mais voyant s'écouler plusieurs jours sans recevoir aucun soulagement à ses douleurs, quoiqu'elle continuât à baiser la pieuse image et à la promener, avec des signes de croix, sur les parties les plus affligées de son corps, elle se prit à dire, en s'adressant au serviteur de Dieu : *Ou faites-moi guérir, ou faites-moi mourir plutôt que de me laisser dans un état si pénible pour moi et si triste pour mon pauvre mari.* Elle répétait ces paroles surtout dans la soirée du 13 janvier, parce que ses souffrances avaient augmenté outre mesure. Elle se recommanda néanmoins avec une ferveur inusitée à Jean Grande, jusqu'à ce qu'elle finît par s'endormir. Vers le milieu de la nuit, elle se réveille, et quels ne sont pas son étonnement et sa joie ! elle peut facilement se remuer, elle respire librement, elle se lève sans l'aide de personne, ne trouve plus sur elle aucune trace d'enflure, et se sent si parfaitement guérie que, d'après son propre témoignage, elle va dès le matin à la rivière laver le linge de ses enfants, portant sur sa tête la corbeille qui le renfermait,

pleurant de joie et remerciant avec effusion Jean le-
Pécheur de l'avoir si miraculeusement guérie.

L'autre miracle, encore plus étonnant, arriva en faveur
d'un paysan nommé Généroso Mariani, connu sous le
sobriquet d'*Anche-Anche* (1). L'an 1780, vers le soir du
4 mai, fête de l'Ascension de Notre-Seigneur, ce malheureux se prit de querelle, sur la place publique de Tivoli,
avec le cocher de l'évêque. Le fils du cocher, voyant la
dispute s'échauffer et craignant pour son père, se préci-
pita, un couteau à la main, sur Mariani, et lui en porta
deux violents coups, l'un à la poitrine et l'autre à la gorge.
Le sang coula à flots. On appela un prêtre qui fit aussitôt
tout préparer pour transporter le blessé à l'hôpital.
Comme celui-ci s'y refusait, il s'affaisa sur lui-même.
épuisé qu'il était par le sang qu'il avait répandu, et il
reçut en cet état l'Extrême-Onction. A peine était-il entré
à l'hôpital, qu'arriva le chirurgien Pierre Emmanuel.
L'homme de l'art écarta le linge avec lequel on avait pro-
visoirement bandé les deux blessures. Le sang se mit de
nouveau à couler avec abondance. Après un examen
attentif, Pierre Emmanuel reconnut que la blessure de la
poitrine était légère, mais que celle du cou était mortelle.
La lame du meurtrier avait pénétré la gorge entre deux
muscles mastoïdiens et fait une ouverture oblique longue
de trois doigts, large d'un doigt et demi et profonde de
trois. La trachée et deux de ses anneaux étaient offensés,
ainsi que l'œsophage. Le médecin déclara alors sans
détour au malade qu'il devait se hâter de régler ses
comptes avec Dieu, parce qu'il ne lui restait aucune
chance de guérison ; puis il essaya, pour arrêter l'hémor-

(1) *Encore-Encore.*

ragie, de bander la blessure, croyant inutile d'augmenter les souffrances du patient en recousant les chairs séparées. Mais ses efforts étaient impuissants, à cause de l'état agité de Mariani. Il le recommanda alors au Père Pascal Galeota, prêtre de l'ordre de Saint-Jean-de-Dieu, afin que celui-ci le disposât à bien mourir. Mais ce n'était pas chose aisée. Le malheureux Mariani protestait toujours qu'il ne voulait pas mourir de cette blessure, et conjurait tous ceux qui l'entouraient de lui trouver quelque remède pour le guérir. Vers le soir du 6 mai, le Père Galeota, ému de compassion de sa persistance à vouloir vivre, l'engagea à se recommander au vénérable Jean le Pécheur, et il lui offrit en même temps une de ses images. Le blessé la saisit avec transport, la porta à ses lèvres avec amour, et, l'appliquant ensuite sur sa blessure, il se mit à prier avec d'abondantes larmes le serviteur de Dieu. Aussitôt il se sentit plus calme, et un paisible sommeil succéda aux convulsions de la douleur et à l'agitation de la fièvre.

Au grand étonnement de tout le monde, il continua à dormir jusqu'au lendemain matin. Lorsqu'il se réveilla, il était parfaitement guéri. La surprise des spectateurs fut aussi grande que leur joie. Le chirurgien arrivait pour sa visite ; il est impossible de se représenter sa stupéfaction de trouver Mariani, non seulement respirant encore, mais en pleine santé. « En le voyant, dit-il dans sa déposition juridique, je fus tout saisi ; je le fis lever, j'ôtai l'appareil qui était sur sa blessure, et je restai sans respiration en constatant une guérison aussi instantanée et aussi radicale. Je ne pus me contenir ; je fis part de mon émotion au frère infirmier et aux novices qui étaient présents ; puis, soupçonnant que la blessure n'était que cicatrisée à l'extérieur, je la pressai fortement dans tous les sens, et je trouvai que les chairs qui avaient été coupées s'étaient rejointes comme s'il n'y avait jamais eu de rupture. Le blessé ne ressentit aucune incommodité de mes tentatives, et se trouva si bien depuis, qu'il jouit pendant plusieurs années d'une santé et d'une vigueur telles qu'il ne les avait jamais eues auparavant. »

Nous donnons, en terminant cette histoire de notre saint, le bref par lequel le Souverain Pontife Pie IX a proclamé sa béatification.

PIE IX, PAPE

Quod, juxta effatum Salvatoris absconditum a sapientibus et prudentibus ac revelatum parvulis fuit, id aliqua ex parte perfectum admiramur in illis qui e christiana humilitate vitam exigentes cæterorum bono se totos devoverunt et in ea cura magna quæque gessere. Quid enim ex humana sapientia præstare debet magis qui præclara pro communi salute suscipere velit, quam omnia de se confidere, omnia de se polliceri ? Ac tamen iste qui in se uno ponit omnia sua sæpe infirmitate fractus nequidquam quod cupit, perficere conatur. E contra heros ab Christiana doctrina institutus dum se nihil posse confitetur cuncta se posse sentit in Deo ; ac Deus qui ponit humiles in sublimi efficit, ut ex hac animi modestia tantæ vires exurgant quæ humanam conditionem prope exuperent, tanta facinora

Ce qui, selon la parole du Sauveur, a été caché aux sages et aux prudents et révélé aux petits, nous le voyons avec admiration accompli dans ces hommes qui, passant leur vie dans l'humilité chrétienne, se sont dévoués tout entiers au bien du prochain, et, par cette charité, ont opéré les plus grandes choses. Avoir en soi une confiance absolue, attendre tout de soi, n'est-ce point là le conseil le plus efficace que donne la sagesse humaine à celui qui veut entreprendre une œuvre éclatante pour le salut commun ? Et pourtant le présomptueux qui ne veut tirer que de lui seul toutes ses ressources, souvent abattu par sa faiblesse, s'efforce en vain d'accomplir ce qu'il désire. Au contraire, le héros instruit à l'école du Christ, tout en confessant qu'il ne peut rien par lui-même, sent qu'il peut tout par Dieu ; et Dieu, qui se plaît à élever les humbles, donne à

ces âmes modestes des élans
si vigoureux qu'ils semblent
supérieurs à la condition humaine, et leur fait produire des
actions si éclatantes que l'intelligence des hommes peut
à peine les concevoir. Tel
fut *Jean Grande, le Pécheur*,
comme il se surnomma, l'orne-
ment et la gloire de l'ordre de
Saint-Jean-de-Dieu, le merveilleux imitateur du fondateur de
son institut. Né à Carmone en
Andalousie, le 6 mars 1546, il
donna dès sa plus tendre enfance des signes remarquables
de sa sainteté future. En grandissant, il ne puisa point dans
le contact du monde des sentiments profanes ; son excellent
naturel et l'éducation lui inspirèrent l'amour de la vertu, une
simplicité admirable, un sentiment très humble de sa personne et de tous ses avantages,
une rare piété, une charité qui
s'épanchait sur les malheureux
d'une manière proportionnée à
son âge et à sa condition. A
quinze ans, il entra dans le
commerce pour obéir à ses parents ; mais ces occupations ne
lui firent rien retrancher de ses
premières pratiques. Plus tard,
poussé par le désir de la perfection, il dit adieu au commerce,
à sa patrie, à sa famille, se
retira dans un désert voisin de
Marcéna, et là s'abandonna
sans réserve à une passion qui
embrasait son cœur, la passion

efflorescant, quæ vix mens
hominum capere valeat. Hu-
jusmodi fuit *Joannes Grande,*
vulgari quod sibi sumpsit
agnomine *Peccator,* Ordinis
S. Joannis de Deo ornamen-
tum ac decus et Patris Le-
giferi sui egregius imitator.
Natus ille Carmonæ in An-
dalusia die VI mensis Martii
anni MDXLVI, vel prima in
pueritia peculiarem porten-
dere sanctitatem visus est.
Cum ætate adolesceret non
profanos ab mundi conta-
gione spiritus hausit, bene
vero ab præclara indole, et
institutione studium virtutis:
unde animi candor mirus,
humillimus de se rebusque
suis sensus, singularis pie-
tas, effusa, quantum ætas
et conditio patiebatur, erga
ærumnosos charitas. Quinto-
decimo ætatis anno de pa-
rentum voluntate mercatu-
ram fecit, quin tamen de
pristino vitæ instituto quid-
quam remitteret ; sed enim
postea perfectionis desiderio
negotiationem, patriam, pa-
rentes reliquit, et in Here-
mum prope Marcenam se
recepit, quo loco et orandi
et patiendi cupiditati qua
medullitas flagrabat, plane
indulsit. Interea gravis illum
urgebat cura quid et in posterum ageret quodque potis-
simum vitæ genus eligeret :
ac multa de re ista cogitanti

Deus qui cuncta suaviter disponit, paulatim demonstrabat quid vellet, primum cum illi duos miseros ægrotosque objecit, quos dum certo loco excepit et omni ope juvit, alii, atque alii eo curationis causa confluxerunt ; deinde cum eumdem ad publicum Xeresii valetudinarium divertit, in quo toto homine adlaboraret, ac paulo post cum novo in dicta Urbe Nosocomio fundato illud ejus charitati credi, et plurimos ei socios adjungi disposuit. Tandem oborta illi splendide divinæ voluntatis lux est ; qua scilicet admonebatur, ut quæ ægrotorum bono susceperat obedientiæ merito adornaret, ac recens tunc temporis S. Joannis de Deo Institutum amplecteretur. Quis hic verbis exprimat alacritatem qua Deo vocanti paruit ? Dicto enim citius Granatam advolavit, ibique cum veteribus sui consilii sociis illius Ordinis habitum suscepit, ac stato tempore eidem se solemni Sacramento obligavit. Hinc porro occasionem cepit animum perficiendi suum, et perfecit reapse Sanctimonia in dies majori tredecim annis, quibus adhuc vita superabat. Relictis semel rebus omnibus, iis carere perpetuo summa religione voluit, nec

de la prière et des souffrances. Cependant une grave inquiétude le tourmentait : qu'allait-il faire dans la suite ? à quel genre de vie devait-il donner la préférence ? Comme il réfléchissait beaucoup sur la résolution à prendre, Dieu, qui dispose tout avec suavité, lui manifesta graduellement sa volonté. D'abord il lui fit rencontrer deux personnes pauvres et malades, que l'homme charitable mit en lieu sûr et qu'il soulagea de tout son pouvoir ; ce qui en attira une foule d'autres, désireux des mêmes soins. En second lieu, il lui inspira d'aller dans le grand hôpital de Xérès pour y travailler de toutes ses forces ; et peu après, un nouvel hôpital ayant été fondé dans cette ville, on le confia à sa charité, et plusieurs compagnons se joignirent à lui. Enfin, la volonté divine se manifesta d'une manière éclatante ; il lui fut révélé d'embellir du mérite de l'obéissance son dévouement pour les malades et d'embrasser l'institut alors récent de Saint-Jean-de-Dieu. Quelles paroles pourraient peindre l'ardeur avec laquelle il obéit à la vocation d'en haut ? Il court, il vole à Grenade, y reçoit l'habit de cet ordre avec les associés de son projet, et, au temps fixé, il s'y engage par un vœu solennel. Ce fut là pour lui une occasion de perfectionner son âme. Et, en effet, durant les treize ans qu'il vécut encore, chaque jour ajouta un nouvel accroissement à sa vertu. Il s'était une bonne fois dépouillé de tout, et il voulut pratiquer ce dépouillement avec une constance et une fidélité rigoureuses ; et tandis qu'il ne put jamais se résoudre à se servir d'un objet quelconque qui ne lui fût pas d'une absolue nécessité, il rechercha avec avidité toutes les saintes industries qu'emploie un bon religieux pour s'avancer dans la perfection. Sa chasteté, plus angélique qu'humaine, réglait ses actions et ses paroles, et affermissait son esprit et son cœur au point de rendre inutiles les assauts les plus violents qu'il eut à essuyer de la part du démon et des hommes pervers. Dans cette lutte, il éprouva la protection de la bienheureuse Vierge Marie, de saint Jean l'Evangéliste et de sainte Agnès, à qui il avait spécialement confié sa pureté. Enfin l'obéissance, qui renferme la perfection, fut sa vertu préférée. Les paroles de son confesseur et de ses supérieurs, il les respectait comme des oracles ; et quand il ne pouvait les consulter, il demandait l'avis de ses égaux, des malades même, pour ne rien faire de son propre mouvement. Il ne négligea point l'humilité, qu'il regardait comme la source des

unquam adduci potuit, ut re quapiam uteretur, quæ non esset prorsus necessaria, pari studio cætera excoluit quæ Religiosi viri propria sibi ad proficiendum sumunt, castimonia enim ejus Angelis prope digna visa est, eaque non facta solum, et dicta illius composuit, sed animum mentemque ita obfirmavit, ut irrita cederent gravissima bella ab dæmone pravisque hominibus eidem intentata ; qua in re singularem Beatæ Mariæ Virginis, S. Joannis Evangelistæ, et S. Agnetis quibus peculiariter munditiem suam commendaverat, opem expertus est. Demum obedientiam in qua perfectionis summa continetur cæteris omnibus antetulit, Confessarii et Antistitum suorum voluntatem oraculi loco habuit cumque hos consulere non posset, consulebat æquales, ac sæpe etiam infirmos, ut ne aliquid sua sponte gereret. Atqui modestiam et demissionem animi spectavit, maxime e qua veluti ex fonte, et eas quas diximus, et reliquas virtutes oriri sentiebat, atque hæc ex intimo sensu perfecta Joannem coegit, ut et durius ipse contra se faceret, et durius item ab aliis in se fieri pateretur. Ab adolescente funes, catenulas, cilicia in sui cruciatum adhibuit, religiosus factus vili cibatu, eodemque tenui contentus fuit, imo plures hebdomadæ dies jejunus transegit ; somni parcissimus aut humo nuda, aut super tabulam cubabat. Contumelias autem, et probra lætus atque hilaris devoravit, ac sæpe veniam petiit ab iis qui injurias intulissent quasi in sua culpa factum esset. Porro quandoquidem Deus humilia respicit et humilibus dat gratiam, ex hac ille virtute vim quandam, uti initio diximus, supra naturam nactus est, qua magna in aliorum bonum perficeret. Deo ille plenus, quem viva fide, firma spe, ardenti charitate prosequebatur, non poterat non Deum ipsum in pauperibus contemplari, ac diligere valetudinariis moderandis Xeresii præpositus ; ægrorum causa ostiatim emendicare, suis illos humeris adsportare, lectulos sternere, vulneribus vel fœdissimis mederi, unus omnibus adesse ; tum extra valetudinaria curas proferens viduis, pupillis, egentibus quibuscumque opitulari, neque id corporis tantum, sed et animæ præsidiis, atque in hunc ferme modum adjuvante Domino, plures a vitiorum fœditate ad studium

vertus que nous lui avons reconnues et de toutes les autres, et ce fut cette humilité, profondément enracinée dans son cœur, qui le porta à endurer les mauvais traitements des autres et à se traiter durement lui-même. Encore enfant, il employait pour torturer sa chair les cordes, les chaînes, les cilices ; devenu religieux, il se contentait d'une nourriture grossière, encore ne la prenait-il qu'en petite quantité, et même il passait plusieurs jours de la semaine dans un jeûne absolu. Il dormait très peu, couchant sur la terre nue ou sur une planche. Il endurait les insultes et les outrages avec joie et gaîté, et souvent il lui arriva de demander pardon à ceux qui l'injuriaient, comme s'il s'était attiré ce traitement par sa faute. Or, Dieu, qui regarde les humbles et leur donne sa grâce, fit trouver à son serviteur dans cette vertu une énergie surnaturelle pour opérer de grandes choses dans l'intérêt d'autrui. Tout plein de Dieu, vers lequel il tendait par une foi vive, une espérance ferme et une ardente charité, pouvait-il ne pas voir, ne pas aimer Dieu lui-même dans la personne des pauvres et des malades quand il fut à la tête de l'hôpital de Xérès ? Il mendiait de porte en porte pour les malades, les portait sur ses épaules, faisait leurs lits, pansait leurs plaies les plus dégoûtantes, et seul était aux côtés de tous. Son zèle, franchissant les murs de l'hôpital, allait secourir les veuves, les orphelins, les indigents, donnant ses soins au corps et ne négligeant point l'âme. Aussi, avec l'aide du Seigneur, en retira-t-il plusieurs de la fange du vice pour les remettre dans le chemin du bonheur éternel. Mais le Dieu tout-puissant n'avait ouvert au zèle de son bon et fidèle serviteur cette carrière si vaste que pour le faire passer de là aux joies de l'éternité. L'an 1579, la cherté des vivres à Xérès amena bientôt la famine ; alors la pauvreté de Jean fut plus puissante que les trésors des riches ; il se procura une grande quantité de blé pour soulager la détresse des malheureux. Il fit plus : un fléau plus affreux, la peste, affligea la cité et diminua considérablement la population. Dans ces conjonctures apparut d'une manière éclatante ce que peut l'homme qui s'oublie pour se dévouer tout entier à Dieu. L'hôpital, les maisons particulières, les rues, tous les lieux enfin où avait pénétré la maladie devenaient le théâtre du dévouement assidu de Jean, et d'actions si nombreuses et si héroïques qu'elles tenaient du prodige. Et ce fut cette charité, source de soulagement

æternæ beatitudinis revocavit. Sed enim Deus Optimus Maximus in amplissimo campo virtutem tantam collocavit e quo suis ipse manibus bonum fidelemque servum in gaudium sempiternum adduceret. Anno 1579, summa annonæ caritas Xeresii fuit, unde brevi fames consecuta ; hic equidem Joannes pauperculus potuit quod divitum nemo, scilicet vim frumenti præsto habuit, qua miserorum calamitates relevarentur. Nec ea satis : malum tetrius paulo post civitatem afflixit pestilitas tanta, ex qua magna civium imminutio fieret. Hæc inter demonstratum solemni experimento est quid ille possit qui sui oblitus totum se Deo permittit. Valetudinarium, privatorum ædes, compita, omnis denique locus quo morbus penetrasset, cura Joannis quotidiana erant, et ubique tot ac tanta faciebat quæ prodigio ac portento similia viderentur. Et ea sane charitas quæ tantum levamenti per Joannem cæteris attulit dedit Joanni ipsi gloriæ coronam, ut omni vita optaverat. Concepto namque morbo dies octo decubuit ; quibus gravissimas dolorum acerbitates, et animi patientia, et cœlesti quam sentiebat consolatione leniens, III Nonas Junii anni 1600, cœlo maturus mortalem hanc vitam cum æterna commutavit. Cives Xeresii Joannis interitu plane afflictos, unum consolabatur, memoria virtutum ejus, quam animis alte defixam retinebant atque alii aliis commendabant, dein fama Joannis in dies magis crescente publicæ probationum tabulæ confectæ sunt. Tum de earumdem virtutum præstantia legitimo examine Congregationis Sacrorum Rituum cognosci ceptum est et denique Generali Conventu Cardinalium et Consultorum dictæ Congregationis coram fel. rec. PP. Pio VI, Prædecessore Nostro, die IV Aprilis anni 1775, habito, idem Pontifex de unanimi prædicti consilii sententia heroicitatem quidem virtutum Servi Dei sanciendam, sed, cum in Apostolica inquisitione testes auriti primi gradus deessent, juxta Decretum s. m. Benedicti PP. XIV, Prædecessoris item Nostri, editum die XVII mensis Julii anni 1754, tria miracula ad illius canonizationem requirenda censuit, ac Deo Patre luminum etiam atque etiam exorato die III mensis Maii memorati anni 1775 decrevit atque edixit : « Ita constare de virtutibus

pour autrui, qui donna au serviteur de Dieu la couronne de gloire, objet des désirs de toute sa vie. Atteint de la maladie, il languit pendant huit jours, endurant avec patience les douleurs les plus cuisantes, mais adoucies par les consolations que le Seigneur lui envoyait. Enfin, mûr pour le ciel, il échangea cette vie mortelle contre la vie éternelle le 3 des nones de juin de l'an 1600. Une seule chose adoucissait l'affliction profonde des habitants de Xérès : c'était le souvenir des vertus de Jean, souvenir qu'ils conservèrent profondément gravé dans leurs cœurs et qu'ils se transmettaient successivement. Puis, la réputation de l'homme de Dieu croissant de jour en jour, on fit des registres publics de preuves. Enfin la Sacrée Congrégation des Rites commença un examen dans les formes sur l'excellence de ses vertus, et dans une assemblée générale des cardinaux et des consulteurs de ladite Congrégation, tenue en présence de notre prédécesseur Pie VI, d'heureuse mémoire, le 4 avril 1775, le même Pontife, d'après l'avis unanime du Conseil, jugea qu'il y avait lieu de décréter que le serviteur de Dieu avait pratiqué les vertus dans un degré héroïque. Toutefois, comme dans la procédure apostolique il n'y avait pas eu de témoins auriculaires du premier degré, pour se conformer au décret d'un de nos prédécesseurs, Benoît XIV, en date du 17 juillet 1754, il demanda pour la canonisation l'examen de trois miracles, et après avoir invoqué fréquemment Dieu, le Père des lumières, le 3 mai de l'année 1775, il porta le décret suivant : « Il est constant que le vénérable serviteur de Dieu *Jean Grande* a pratiqué les vertus dans un degré héroïque, et l'on peut passer plus loin, c'est-à-dire à la discussion des trois miracles. » Alors les poursuivants de la cause, pour prouver plus complètement la sainteté de Jean, proposèrent trois miracles que l'on disait accomplis par son intercession, afin que le Siège apostolique les approuvât selon les règles. Ces miracles ayant été examinés plus d'une fois, Nous qui, quoique indigne, sommes assis sur cette chaire de Pierre, Nous avons, le 6 des calendes de février de l'année courante, convoqué l'assemblée générale des Cardinaux de ladite Congrégation, Nous avons pris leur avis, et après avoir prié et fait prier dans une conjoncture si importante, la 3ᵉ férie de la semaine de la Sexagésime de cette même année, dans un grand consistoire du Collège romain, Nous avons prononcé solennellement « qu'il constait de deux miracles

Ven. Servi Dei Joannis Grande in gradu heroico, ut procedi possit ad ulteriora, nempe ad discussionem trium miraculorum. » Tum Causæ Postulatores ad Joannis Sanctitatem plenius comprobandam huic Apostolicæ Sedi miracula, quæ Illo intercessore patrata dicebantur, proposuere, ut rite probarentur. Iis non semel expensis, Nos tandem, qui nullis Nostris meritis in hac Petri Cathedra considemus, die VI Kal. Februarii currentis anni coegimus Generalem Cœtum Cardinalium dictæ Congregationis, auditaque illorum sententia, et fusis indictisque in re tanti negotii precibus, dein feria III infra hebdomadam Sexagesimæ anni ejusdem in Aula Maxima Collegii Romani solemniter pronunciavimus : « Constare de duobus miraculis a Deo Optimo Maximo patratis intercessore adhibito Venerabili Servo Dei Joanne Grande. » Dum eo Decreto Alumni Ordinis S. Joannis de Deo summo gaudio perfundebantur, illico animadverterunt ad exoptata Beatificationis solemnia deveniri statim non posse, nisi hæc Sancta Sedes, inspecta causæ indole, et peculiaribus circumstantiis dispensare dignaretur super tertio miraculo a Pio PP. VI uti diximus requisito ; eamque in rem preces Nobis porrexerunt. Nos vero auditis Cardinalium delectorum Congregationis Sacrorum Rituum suffragiis, die XII Augusti volventis anni, attentis omnibus et specialibus circumstantiis hac in Causa concurrentibus, inhærendo etiam vestigiis Decreti s. m. Benedicti XIV editi Nonis Augusti anni 1747, in Causa tunc Ven. Hieronymi Æmiliani declaravimus : « Causam Venerabilis Joannis Grande non esse comprehensam sub lege Decreti anno 1854, XVI Kal. Augusti editi, ac procedi posse ad Beatificationem via ordinaria, nimirum cum duorum miraculorum approbatione. » Unum de more restabat, ut scilicet Consilium Cardinalium Sacris Ritibus cognoscendis audiretur, num Ipsum Beatis Cœlitibus adscribi posse existimaret; quod sub die XXVIII Septembris unanimiter censuit, posse cum Nobis videretur, præfatum Dei Servum Beatum declarari cum omnibus indultis, donec solemnis illius canonizatio fieret. Nos igitur cœlesti lumine, sicut par est, implorato, ut novum Christi fidelibus humilitatis et charitatis exemplar proponeretur, de memoratæ

faits par le Dieu tout-puissant à l'intercession de son serviteur Jean Grande. » Ce décret combla de joie les membres de l'ordre de Saint-Jean-de-Dieu ; cependant ils comprirent bien vite qu'on n'en pourrait venir de si tôt à la béatification solennelle, objet de leurs désirs, si le Saint-Siège, vu le caractère de la cause et ses circonstances particulières, ne daignait accorder dispense au sujet du troisième miracle exigé par Pie VI, comme il a été dit; et ils nous adressèrent des prières dans ce but. Après avoir consulté quelques Cardinaux de la Congrégation des Rites, le 12 août de l'année courante, et examiné toutes les circonstances de cette cause, en Nous attachant au décret porté par Benoît XIV, aux nones d'août de l'année 1747, dans la cause du vénérable Jérôme Emilien, nous avons déclaré que la cause du vénérable Jean Grande n'était point comprise dans le décret porté l'an 1754, le 16 des calendes d'août, et que l'on pouvait procéder à la béatification par la voie ordinaire, c'est-à-dire l'approbation de deux miracles. Une chose restait encore : il fallait entendre le Conseil des cardinaux de la Sacrée Congrégation des Rites, pour savoir s'il pensait que Jean Grande pouvait être mis au nombre des bienheureux du ciel. Le

28 septembre, le Conseil déclara à l'unanimité que ledit serviteur de Dieu pourrait, quand il Nous semblerait bon, être déclaré bienheureux, avec tous les indults jusqu'à sa canonisation solennelle. Nous donc, après avoir, comme il convenait, imploré la lumière céleste, afin qu'un nouveau modèle d'humilité et de charité fût proposé aux fidèles, d'après le conseil et l'assentiment de la susdite Congrégation des Cardinaux, sur la prière de tout l'ordre de Saint-Jean-de-Dieu, en vertu de Notre autorité apostolique, Nous permettons, par les présentes, que le serviteur de Dieu Jean Grande, profès de l'ordre de Saint-Jean-de-Dieu, soit à l'avenir appelé du nom de bienheureux, que son corps et son image soient proposés publiquement à la vénération des fidèles, mais non cependant portés dans les processions solennelles. En vertu de la même autorité, Nous permettons de réciter chaque année son office et de dire la messe du commun d'un confesseur non pontife, avec les oraisons propres, approuvées par Nous, selon les rubriques du missel et du bréviaire romain. La récitation de cet office, Nous ne l'accordons que pour le diocèse de Séville et pour toutes les églises et les monastères de l'ordre de Saint-Jean-

Congregationis Cardinalium consilio et assensu, deprecanto universo Ordine S. Joannis de Deo, auctoritate Nostra Apostolica per præsentes litteras facultatem facimus, ut idem Dei Servus Joannes Grande professus Ordinis S. Joannis de Deo Beati nomine in posterum appelletur. Ejusque Corpus et Sacra Lipsana (non tamen in solemnibus supplicationibus deferenda) ad venerandum Christifidelibus publice proponantur. Tum eadem auctoritate concedimus, ut de Illo quotannis recitetur Officium, et Missa de communi Confessoris non Pontificis cum orationibus propriis a Nobis approbatis juxta Missalis et Breviarii Romani rubricas, cujus Officii recitationem fieri concedimus in Diœcesi tantum Hispalensi et item per omnia templa ac Cœnobia Ordinis prædicti S. Joannis de Deo III Nonas Junii die ejus mortis Anniversario ab omnibus Christifidelibus Sæcularibus et Regularibus, qui ad horas canonicas persolvendas tenentur, et quod ad Missas ab omnibus Sacerdotibus qui ad Ecclesias celebrent ubi dictum festum agitur. Denique concedimus, ut anno primo ab hisce Litteris datis Solemnia Beatificationis Servi Dei Joannis

Grande in templis Diœcesis et Ordinis, de quibus supra, celebrentur cum officio et Missis ritus duplicis majoris; hoc autem fieri volumus die ab Sacris Præsidibus Ordinariis indicendo, et postquam ea solemnia in Basilica Vaticana peracta fuerint. Non obstantibus Constitutionibus et Ordinationibus Apostolicis, necnon Decretis de non cultu editis, cæterisque contrariis quibuscumque. Volumus autem, ut harum Litterarum exemplis etiam impressis, dummodo manu Secretarii dicti Ordinis subscripta sint, et sigillo Præfecti munita, eadem prorsus in disceptationibus etiam judicialibus fides habeatur, quæ Nostræ voluntatis significationi, præsentibus Litteris ostensis haberetur.

Datum Romæ apud S. Petrum sub annulo Piscatoris die I mensis Octobris anno MDCCCLII, Pontificatus Nostri anno septimo.

A. Card. Lambruschini.

de-Dieu, le 3 des nones de juin, jour anniversaire de sa mort, à tous les fidèles séculiers et réguliers qui sont obligés aux heures canoniques ; et, pour les messes, la permission s'étend à tous les prêtres qui célèbrent dans les églises où l'on fait ladite fête. Enfin, Nous accordons que la fête de la béatification du serviteur de Dieu Jean Grande soit célébrée dans les églises du diocèse et de l'ordre ci-dessus désignés, avec l'office et la messe du rit double-majeur, un an après l'envoi de ces lettres, le jour désigné par l'Ordinaire, après toutefois qu'elle aura été célébrée dans la basilique Vaticane, nonobstant toute constitution, toute ordonnance, tout décret contraires. Et Nous voulons qu'aux copies de ces lettres, même imprimées, pourvu qu'elles soient signées par le secrétaire dudit ordre et munies du sceau du Préfet, soit accordée, même dans les discussions judiciaires, la même confiance qu'on aurait à la manifestation de Notre volonté à l'exhibition de l'original lui-même.

Donné à Saint-Pierre de Rome, sous l'anneau du Pêcheur, le 1er octobre de l'an 1852 et de Notre Pontificat le septième.

Lieu ✝ du sceau.

COLLECTE

O Dieu, qui avez accordé au bienheureux Jean la grâce de s'immoler à vous comme une victime de la charité dont vous l'aviez embrasé, faites que par son intercession nous soyons toujours appliqués aux œuvres de miséricorde, et nous méritions d'obtenir les récompenses que vous avez promises aux miséricordieux. Par Notre-Seigneur Jésus-Christ.

Deus, cujus munere Beatus Joannes tuæ charitatis ardore succensus, seipsum Tibi victimam immolavit, concede propitius, ut illius adjuti præsidio, nos quoque misericordiæ operibus indesinenter intenti ad promissa misericordibus præmia pervenire mereamur. Per Dominum nostrum.

SECRÈTE

Recevez, ô Dieu clément, ce sacrifice de louanges que nous vous offrons, et accordez-nous, s'il vous plaît, par les mérites et l'intercession de Jean votre bienheureux confesseur, d'être revêtus de l'esprit de force qu'il puisa lui-même si souvent en participant au céleste banquet. Par Notre-Seigneur Jésus-Christ.

Suscipe, quæsumus, misericors Deus, quod Tibi offerimus Sacrificium laudis, et Beati Joannis Confessoris tui intercedentibus meritis tribue, ut quam ille ex hoc Cœlesti Convivio percepit, nos quoque spiritus fortitudine roboremur. Per Dominum nostrum.

POST-COMMUNION

Fortifiés par la nourriture du Sacrement de votre amour, nous implorons votre clémence, ô Dieu, afin que, marchant sur les traces de Jean votre bienheureux confesseur, nous ne nous écartions jamais du sentier de vos commandements. Par Notre-Seigneur Jésus-Christ.

Cœlestis Mysterii alimonia refecti, imploramus Deus clementiam tuam, ut Beati Joannis Confessoris tui vestigiis inhærentes, mandatorum tuorum semitam nunquam percurrere desistamus. Per Dominum nostrum Jesum Christum.

TABLE DES MATIÈRES

Bar-le-Duc. — Impr. de l'Œuvre de Saint-Paul. — 1011,94.